Hauskreise im Aufwind

Ein Leitfaden für Kleingruppen

Eide Schwing

**Korntaler Reihe
Band 9**

VTR

Bibliographische Information der Deutschen Nationalbibliothek
Die Deutsche Nationalbibliothek verzeichnet diese Publikation in der
Deutschen Nationalbibliografie; detaillierte bibliografische Daten sind
im Internet über http://dnb.dnb.de abrufbar.

Korntaler Reihe
herausgegeben von der
Akademie für Weltmission Korntal gGmbH
Hindenburgstr. 36
70825 Korntal-Münchingen
Germany

ISBN 978-3-941750-69-2
Verlag für Theologie und Religionswissenschaft (VTR),
Gogolstr. 33, 90475 Nürnberg, Germany, http://www.vtr-online.de

Umschlaggestaltung: Susanne Hardt / Matthias Reeck / VTR
Umschlagfoto: Peter Dargatz
Satz: VTR

Printed by Lightning Source

Inhalt

Vorwort

„Woran liegt es, dass die Gruppe so schwerfällig ist?" „Wie kann ich unsere Dynamik erhalten?" „Die Vielfalt unserer Hauskreise ist so groß, wie können wir da eine Gemeinsamkeit entwickeln?"

Die Fragen kommen gezielt und mit ganz viel Interesse. Eine muntere Diskussion ist entstanden. Wir sitzen um den Tisch in unserer Wohnung – und haben entdeckt, dass Eide Schwing ein kompetenter Fachmann für Hauskreise und Kleingruppen ist.

Eide antwortet – ruhig, kompetent, mit Hinweisen auf Literatur und viele Praxiserfahrungen. Dabei wird seine tiefe Überzeugung spürbar: Kleingruppen sind zentral für Gemeindeentwicklung.

Eide fragt aber auch zurück. Wie sind die Hauskreise eingebettet in das Ganze der Gemeindearbeit? Wie wird geleitet? Welche Ziele verfolgt eine Kleingruppe? Wie wird kommuniziert?

Am Ende unseres Gesprächs wird den Teilnehmern klar: wir haben alle etwas gelernt. Jeder hat seine eigene Erfahrung reflektiert, wir haben unsere Gruppen in einem neuen Licht gesehen. Uns wurden Entwicklungsmöglichkeiten aufgezeigt. Außerdem hat das Gespräch mit Eide motiviert. Wir wollen mehr lernen, denn der Einsatz für Hauskreise lohnt sich. Das Potenzial ist groß. Gott bewirkt so viel in kleinen Gruppen. Das lässt sich schon in der Bibel nachlesen – und durch die Geschichte aufweisen.

Eide Schwing hat seit jenem Gespräch jährlich einen Kurs im Masterprogramm der Akademie für Weltmission unterrichtet, in dem es um „Aufwind für Hauskreise" ging. Viele Studenten haben inzwischen profitiert von seiner Kompetenz, Erfahrung und von seiner Liebe zur Gemeinde – gelebt in vielen kleinen Gruppen. Eide hat sowohl in seinen Gemeindegründungen, wie auch im pastoralen Dienst gelebt, was er lehrt. Sein Buch ist authentisch, fundiert, praktisch und beständig Mut machend.

Wenn Sie diesen Leitfaden lesen mit Kopf, Herz und der Bereitschaft zum Umsetzen – wird auch für Ihre Hauskreisarbeit „Aufwind" entstehen, entfacht von Gottes gutem Geist. Viele gute Anregungen und konkrete Unterstützung durch diesen Leitfaden wünscht Ihnen,

Ihr Traugott Hopp
Rektor der Akademie für Weltmission,
11. Februar 2013

Zum praktischen Gebrauch dieses Buches

Die Bibelzitate sind, soweit es nicht anders vermerkt ist, folgender Übersetzung entnommen: *Die Bibel: nach der Übersetzung Martin Luthers* in der revidierten Fassung von 1984. Stuttgart: Deutsche Bibelgesellschaft.

Wenn das Wort „Leiter" gebraucht wird, kann durchaus auch auf eine Leiterin Bezug genommen werden. Beide Formen (maskulin und feminin) sind hier und bei ähnlichen Begriffen gleichzeitig gemeint. Wegen der leichteren Lesbarkeit entschied ich mich jedoch für eine Form.

Wo in den Beispielen nur der Vor- oder Nachname genannt ist, handelt es sich meistens nicht um die wirklichen Namen.

Die Diagramme wurden mit Hilfe von Microsoft Office 2007 erstellt.

Ein Vorschlag: Wenn Sie dieses Buch gelesen und sich einzelne Aussagen angestrichen haben, dann teilen Sie Ihre Entdeckungen einem anderen mit. Das festigt Ihre Überzeugungen und fördert andere Mitarbeiter.

Dank

Danken möchte ich ...

Jesus Christus: Er hat mir Menschen mit treffenden Worten und Ideen über den Weg geschickt oder auch helfende Bücher zur rechten Zeit. Er hat uns Menschen anvertraut, die er in unsere Hauskreise schickte.

Christopher Schwing: Zusammen mit seiner Frau Anne leitet er einen Hauskreis. Schon in jungen Jahren hat er Hauskreise erlebt, Gäste kennengelernt, mit deren Kindern zusammen gespielt und manche Spielzeuge geteilt. Anne hat das Skript durchgearbeitet und wertvolle Verbesserungen genannt.

Silvia Schwing: Unsere Tochter setzt praktisch um, was sie erlebt und studiert hat. Als Jugendreferentin empfängt sie immer wieder Jugendliche und Erwachsene in ihrer Wohnung. Sie setzt Bewährtes ein und Innovatives bleibt nicht lange Theorie.

Elburn, Illinois: Hier gehörten die Hauskreise ganz strategisch zum Start und Bau der Evangelical Fellowship Church.

Hannover und Laatzen: Viele aus der Christus-Gemeinde Hannover beteiligten sich an den Hauskreisen. Manche tragen das Konzept der Kleingruppenarbeit voller Überzeugung weiter.

Michael Dennstedt: Als Lektor und Freund hat er den Text verbessert und auch inhaltlich manches mit mir besprochen.

Samuel Trick: Seine Buchreflexion brachte einige weise Änderungen in diesem Text. Auch von anderen Studierenden an der Akademie für Weltmission (AWM) habe ich in den letzten Jahren durch unsere gemeinsame Arbeit über das Coaching für Kleingruppensysteme viele Erkenntnisse gewonnen.

Helga Schwing: Meiner Frau widme ich dieses Buch. Wenn ich alles nennen würde, was sie, von der Gastfreundschaft bis zur Seelsorge, für die Menschen in den Hauskreisen eingebracht hat – es gäbe viel zu schreiben.

Als ihn [Apollos] Aquila und Priszilla hörten, nahmen sie ihn zu sich und legten ihm den Weg Gottes noch genauer aus (Apg 18,26).

Einleitung

Sie haben sich schon einige Monate auf diesen Tag gefreut, Bastian und Carmen. Beide sind jetzt einige Tage bei Andy und Maria zu Gast. Bastian und Carmen könnten schon in einer Gemeindegründung mitarbeiten, denn sie haben ihre Bibelschulausbildung abgeschlossen. Vor einem Jahr haben sie geheiratet, nachdem sie sich auf der Bibelschule kennengelernt hatten. Zwischen dem Verarbeiten der Konzepte vom Unterricht und den Ausarbeitungen von Referaten fanden sie auch Zeit, über ihre Zukunft zu reden. War es mehr die Not, keine Gemeinde zu finden, die sie anstellen würde, die sie zu dieser Entscheidung gebracht hatte? Oder war es vielleicht der Vortrag des Gemeindegründers Andy, der an einem Missionsabend seine Arbeit vorstellte? Der Vortrag war zwar interessant gewesen, aber an dem Abend hatten die beiden nur Augen für sich selbst. Irgendetwas war damals dennoch in ihren Herzen hängen geblieben. Sicherheitshalber hatte Carmen sich ein Faltblatt des Missionars mitgenommen.

Nun waren sie da. Sie hatten einige Tage bei Andy und Maria gewohnt und viele Gespräche geführt. Dabei hatten sie die Gelegenheit, einige Hauskreise kennenzulernen, wobei ihnen auffiel, dass manches in den Kreisen ähnlich war. Und doch gestaltete sich jeder Kreis wieder einzigartig, geprägt durch die Menschen, die daran teilnahmen.

Ähnlich wie Carmen und Bastian haben die Leser dieses Buches die Gelegenheit, einen tieferen Blick in ein soziales Gefüge zu werfen, das man Kleingruppe nennt. Nicht jeder von uns hat die Gelegenheit, viele Hauskreise zu besuchen und von ihnen zu lernen. Dieses Buch will den Leser in Hauskreise und andere Kleingruppen mitnehmen, sie vorstellen und erklären, was dort geschieht und weshalb sie sich so gestalten. Es wird zeigen, wie Hauskreise noch effektiver sein können, woran sie leiden und woran sie wachsen.

Durch dieses Buch soll es Nachfolgern Jesu leichter fallen, den Anweisungen Jesu zu folgen und seine Fürsorge zu genießen. Es soll helfen von Wunschvorstellungen über christliche Gemeinschaft, die oft als Träume der echten Gemeinschaft im Wege stehen, zur ehrlichen – wenn auch bruchstückhaften – Erfahrung zu führen. Gemeinschaft ist für Christen keine Option, sonder sie gehört zur Packung dazu – sie ist Geschenk und Aufgabe. Das kann man auch vom Weitersagen der Botschaft des Sieges von Jesus Christus sagen und von der Fürsorge für andere Christen – es sind alles Aufträge, die sich in der Gruppe besser durchführen lassen. Abgesehen davon ist doch unbestritten, dass diese wundervollen Aufgaben in der Gruppe auch viel mehr Spaß machen.

Vor allen Dingen will es Menschen helfen, ermutigen und Ideen geben, die schon jahrelang ihren wichtigen Dienst in Kleingruppen tun. Es will außerdem denen handfeste Möglichkeiten anbieten, die vor der Aufgabe stehen, einen Hauskreis oder eine andere Gruppe zu beginnen. Sollte der Hauskreis die Startgruppe einer neuen Gemeinde darstellen, so empfehle ich mein Buch *Gemeindegründung praktisch* als Fortsetzungslektüre.

Doch halten wir noch mal fest, um was es geht: Joel Comiskey, der sehr viel mit Kleingruppen erlebt hat, sie erforscht und über sie lehrt, schreibt nun, dass er dabei ist, sein Denken radikal zu ändern. Statt den Schwerpunkt auf die Frage zu legen, wie die Zell-Gemeinde in Nord Amerika funktionieren kann, fragt er nun, wie wir der Bibel gehorchen können, die uns sagt, wir sollen in Gemeinschaft leben. Der Unterschied zwischen beiden Überzeugungen ist gewaltig: eine basiert auf Pragmatismus, die andere auf der Schrift.[1] Es geht darum, Jesus Christus zu gehorchen. Zur Rettung und Hilfe für Menschen und zur Ehre Gottes soll dies geschehen.

---

[1] Joel Comiskey schreibt in seinem „Newsletter" in 2010: „My thinking is radically shifting from the question, ‚How can we make cell church work in North America?' to ‚How can we obey Scripture that tells us to live in community?' There's a huge difference between the two convictions. One is based on pragmatism, the other on Scripture." http://joelcomiskey group.com/articles/Newsletters-CCS/January2011ReformationORchurchgrowth.html (24.10.2012).

1 Dabeisein, wenn Gott handelt

Hauskreisleiter sind Schlüsselpersonen in der Gemeinde. Sie wissen, was an der Basis geschieht und können sehr zum Wachstum der einzelnen Christen und der ganzen Gemeinde beitragen. Sie dürfen davon ausgehen, dass der Heilige Geist sie eingesetzt hat. Sie erfahren, dass die nahe Zusammenarbeit mit Menschen Freude mit sich bringt, manchmal aber auch Frustration.

Doch bevor es überhaupt zu einem Hauskreis kommen kann, muss etwas anderes geschehen. Irgendwie muss es zu Kontakten mit Menschen kommen, muss jemand daran interessiert sein. Ein Beispiel, wo diese Beziehungen bewusst gesucht wurden, will ich erzählen: Wie viele andere aus unserer Jugendgruppe und Gemeinde waren auch wir an diesem Vormittag unterwegs, um zu einer Veranstaltung unseres Verbands einzuladen, die in diesem Jahr ganz in unserer Nähe stattfinden sollte. Zu diesem Zeitpunkt wussten mein Mitarbeiter und ich noch nicht, dass Gott unsere Einladeaktion so belohnen würde: Wir trafen ein junges Ehepaar an der Haustür – zehn Minuten später wären sie zum Dienst aus dem Haus gewesen. Nun aber ergab sich ein kurzes Gespräch – ein Kontakt, der Wochen später zu einem Besuch führen sollte. Weil der Mitarbeiter, der beim ersten Besuch dabei war, in einem anderen Bezirk Berlins wohnte, bat ich eine Mitarbeiterin aus der Nachbarschaft, mich zu begleiten. Wir staunten nicht schlecht, als wir zu dem vereinbarten Termin zur Wohnung des Ehepaares kamen, denn diese hatten ihre Freunde eingeladen, ebenfalls an diesem Abend teilzunehmen. Da unsere neuen Bekannten wussten, dass es bei dem Gespräch mit uns um Jesus Christus und die Gemeinde gehen würde, konnten wir recht bald ganz konkret über Glaubensfragen reden. Weitere Einladungen folgten. Aus den sporadischen Treffen dieser Gruppe entwickelte sich ein Hausbibelkreis. Einige fanden zum Glauben an Jesus Christus und auch den Anschluss an eine Gemeinde.

Was ich mit dieser Gruppe erlebte, war eine nützliche Ausbildung für meinen weiteren Weg in der Gemeindearbeit. Es gab noch viel zu lernen, aber der Anfang zum wirkungsvollen Einsatz von Kleingruppen war gemacht. Gott zu erleben, wie er an Menschen handelt, in ihnen Interesse an der Bibel weckt, beflügelte mich in meinem Dienst. Ich war hoch motiviert, die nächsten Schritte zu planen, weil diese Arbeit Sinn ergab.

Als Helga und ich später in die USA gesandt wurden, um dort eine Gemeinde zu beginnen, war uns klar, dass Kleingruppen zur Strategie gehören würden. Seitdem haben wir viel erlebt mit Kleingruppen, in den USA und später wieder hier in Deutschland. Dabei war alles Ausprobieren und Lehren von intensivem Lernen begleitet, wie die Namen in den Fußnoten und der Bibliografie immer wieder deutlich machen.

Begriffserklärung

Hauskreise sind Gruppen, die sich in Wohnhäusern treffen, um Gemeinschaft zu fördern, die Bibel und ihre Inhalte bekannt zu machen, Gott zu loben, um zu planen usw.

Ein Hauskreis ist eine Kleingruppe, aber nicht jede Kleingruppe ist ein Hauskreis.

So kann eine Arbeitsgruppe oder ein Team in der Gemeinde, wie ein Musikteam, eine Kleingruppe sein, aber noch nicht zwangsläufig ein Hauskreis.

1.1 Dran bleiben

Schon seit Jahren spricht Christian A. Schwarz über die Merkmale einer gesunden Gemeinde. Er hat acht Qualitätsmerkmale einer gesunden Gemeinde beobachtet. Eines davon nennt er „ganzheitliche Kleingruppen".[2]

Es dürfte keine Ausbildung für Pastoren und Prediger geben, wo nicht diese Säule im Gemeindebau vorgestellt, dafür motiviert und gründlich darüber gelehrt wird. Dabei darf es nicht nur um die pädagogischen, theologischen und soziologischen Aspekte gehen, die zu berücksichtigen sind. Was und wie hier gelehrt wird, muss motivieren, muss in die Praxis führen, muss begeistern und so überzeugen, dass die Beteiligten das Gelernte gleich in einer Gruppe anwenden wollen.

Es ist auffällig, dass in den letzten Jahrzehnten überall in der Welt Kleingruppen entstehen, viele Gemeinden Kleingruppen einrichten oder auch aus Kleingruppen neue Gemeinden entstehen. Das gilt für alle Länder der Welt, für fast alle Denominationen. An vielen Orten gab es vorher keine Gemeinden. Aber auch viele, die mehr wollen als ein traditionelles oder auch modernes Gemeindeprogramm, finden sich in Kleingruppen wieder, wo es familiärer zugeht. „Gott ruft seine Gemeinde zurück zur Einfachheit und zum geistlichen Familienleben."[3]

---

[2] Christian A. Schwarz, *Die natürliche Gemeindeentwicklung* (Emmelsbüll: C&P, 1996); im Folgenden zitiert als: Schwarz, *Natürliche Gemeindeentwicklung.*
[3] Larry Kreider, *The Cry for Spiritual Fathers and Mothers* (Ephrata: House to House Publications, 2000), 18.

1.2   Bevor Sie weiter lesen

Hier möchte ich aufzeigen, wer von dem Folgenden profitieren kann. Wer eine Kleingruppe beginnen möchte, wird wichtige Hilfen für den Start finden. Wer bereits eine Kleingruppe oder ein Team in einem Bereich der Gemeinde leitet oder sich auf die Leitung vorbereitet, der kann mit diesem Buch viel erleben.

Es ist nichts Ungewöhnliches, wenn ein Hauskreis an Schwung verliert und bei den Mitgliedern das Interesse an der Gruppe nachlässt. Hier könnte das Buch in der Gruppe gelesen und einige Gesprächsrunden damit durchgeführt werden. Wenn die Gruppe gerade wächst, sich die einzelnen Teilnehmer angenommen fühlen und im Glauben wachsen, dann wird ein Gespräch mit Hilfe dieses Buchs über die Situation zu weiteren guten Schritten führen.

Nicht zuletzt ist dieses Buch für Unterstützer geschrieben, für Coaches im Bereich der Kleingruppen und Teams. Coaching wird deshalb so betont, weil dies nach Joel Comiskey[4] – und ich stimme ihm zu – wesentlich dafür ist, dass ein Kleingruppensystem gut gelingt. „System" schreibe ich deshalb, weil Kleingruppen oft ein vernachlässigtes Dasein führen und kein Konzept dahintersteckt. Sie sollten gezielt vermitteln, was Gott für uns getan hat und was er von uns will. Hier geht es besonders um die Gute Nachricht von Jesus Christus. Die Gruppen übernehmen zudem einen großen Teil des pastoralen Dienstes: Durch sie werden die jungen und älteren Christen im Glauben gefördert, und es wird ihnen geholfen, bei Jesus und seiner Gemeinde zu bleiben. Ganz wichtig ist auch, dass in den Kleingruppen gezeigt wird, wie Christen einander und anderen Menschen dienen. Leiter müssen das vormachen. Kurz gesagt: Durch die Kleingruppen geschieht Evangelisation, Hirtendienst und Leiterschaft.

Es geht um diese Beobachtung: Wo Hauskreissysteme zum Wachstum oder zur Multiplikation einer Gemeinde beitragen, erhalten die Gruppenleiter persönliche Unterstützung. Anders gesagt, wo eine Gemeinde mit Hauskreisen und anderen Kleingruppen arbeitet und diese Gruppen in der Planung der Gemeinde bewusst vorkommen, z. B. in Protokollen, im Budget, im Monatsprogramm, da werden sie wirklich ernst genommen. Das Gelingen eines Kleingruppensystems hängt im Wesentlichen von der Arbeit der Kleingruppenleiter ab, und diese Leiter werden auf Dauer nur Erfolg haben, wenn sie systematisch gefördert werden.

Der Autor geht davon aus, dass Hauskreisleiter nicht alles wissen und sie in Theorie und Praxis am Lernen bleiben. Des Weiteren geht er davon aus, dass auch Coaches oder Unterstützer nicht die Lösung für alle Fragen haben, son-

---

[4] Joel Comiskey. *How to Be a Great Cell Group Coach* (Houston: TOUCH Publications, 2003) im Folgenden zitiert als: Comiskey, *Cell Group Coach.*

dern gemeinsam mit den Gruppenleitern in der Abhängigkeit von Jesus Christus planen und handeln.

Kleingruppenleiter sollen ermutigt werden, im Namen Jesu zu arbeiten und etwas für ihn zu wagen. Sie tun das in großer Freiheit, weil sie als Kleingruppenleiter eine gute Beziehung zu ihrem Coach oder Unterstützer haben, der – wie Barnabas bei Paulus – bei ihnen das Handeln Gottes erkennt und sie zum Umsetzen der guten Erkenntnisse ermutigt (Apg 11,22-24).

In diesem Buch werden also Strategien vorgestellt, die sich auf verschiedene Ebenen der Leiterschaft beziehen: den Bereich des Kleingruppenleiters, den des Coaches und den des Pastors, Predigers oder Missionars. Auf allen drei Ebenen müssen die Mitarbeiter wissen, um was es geht und wie alles zusammenwirkt, damit sie gemeinsam Menschen für Jesus Christus gewinnen, ausbilden, senden und ermutigen – alles mit dem Verlangen, dadurch den Gott der Bibel, den einzigen wahren Gott, bekannt zu machen, zu rühmen, zu ehren.

1.3 Das könnten Sie erreichen

Wer sich gründlich mit diesem Buch befasst und mit anderen darüber ins Gespräch kommt, sollte anschließend …

- anhand der Bibel die Bedeutsamkeit von Kleingruppen aufzeigen können.
- die wichtigsten Elemente für eine gesunde Kleingruppe beschreiben können.
- gelernt haben, gute Fragen, die Gemeinschaft fördern und Glauben vertiefen, zu formulieren und anzuwenden.
- eine dynamische Kleingruppe leiten können.
- wissen, auf welche Kriterien er als Leiter bei der Suche nach neuen Gruppenleitern achten muss und wie er solche Leiter gewinnt.
- erklären können, wie Fürsorge und Ausbildung in Kleingruppen geschieht.
- erklären können, wie Nicht-Christen durch Kleingruppen für Jesus Christus und seine Gemeinde gewonnen werden können.
- die Rolle von Unterstützern/Coaches im System der Kleingruppen beschreiben und vertreten können.
- fähig sein zu erläutern, auf welche Weise Kleingruppen zum gesunden Gemeindebau beitragen – und welche wesentlichen Unterschiede es zwischen den wichtigsten Strategien gibt.
- analysieren können, welche Strategie und welche Form für Hauskreise in seinem Kontext (ländlich oder städtisch, innerhalb seiner Kultur oder interkulturell) angebracht wären.

- einen Plan entwickeln können, der zeigt, wie man Kleingruppen in einer bestehenden Gemeinde einführen kann, die bisher ohne sie auszukommen meinte – einen Plan entwickeln können, der den Weg weist für den Aufbau von Kleingruppen mit dem Ziel einer Gemeindegründung.

Kreuzen Sie an, welche davon Ihre persönlichen Wünsche sind!

Bevor Sie weiterlesen, erlauben Sie mir einige Fragen – und sich einige Zeit, darüber nachzudenken:

- Wie würden Sie Ihre bisherigen Erfahrungen mit Kleingruppen beschreiben?

- Wie und wo hat Gott bereits in Ihrem Leben und in dem der anderen in Ihrer Gruppe helfend eingegriffen?

- Glauben Sie, dass Jesus Christus durch so ein einfaches Buch wie dieses zu Ihnen reden kann, so dass Ihr Leben bereichert, Ihr Dienst wirkungsvoller und der Vater unseres Herrn Jesus Christus geehrt wird?

Ein Vorschlag zum Gebet: *Herr Jesus Christus, die Beschäftigung mit dem Thema des Buches soll keine vergeudete Zeit sein. Schenke mir, dass das Nachdenken über die Aussagen dieses Buches mich mit dir ins Gespräch bringt. Lass mich erfassen, was mir gilt und halte fern, was du nicht willst. Amen*

1.4 Klein und attraktiv

Eine gesunde Kleingruppe wirkt so attraktiv auf Christen und auf Noch-nicht-Christen, dass sie wächst und sich die Verantwortlichen Gedanken machen müssen, wie sie wieder klein wird. Das Kleinsein der Gruppe ist nicht das Ziel, sondern beschreibt die Form, in der die spezielle Aufgabe am effektivsten durchgeführt werden kann. Eine gesunde Kleingruppe zieht Menschen an und sendet sie aus – ausgerüstet und beauftragt.

Was verstehen wir in diesem Buch unter einer Kleingruppe? **Eine Kleingruppe ist eine Zusammenkunft von Menschen, in der sie sich von Angesicht zu Angesicht begegnen können. Diese Gruppe ist wiederum ein Teil einer größeren Gemeinschaft – der Gemeinde.**[5]

---

[5] Carl F. George definiert den Begriff wie folgt: „A small group is a face-to-face meeting that is a sub-unit of the overall fellowship." Carl F. George und Warren Bird, *Nine Keys to Effective Small Group Leadership: How Lay Leaders Can Establish Dynamic and Healthy Cells, Classes, or Teams* (Mansfield: Kingdom Publishing, 2001), 11; im Folgenden zitiert als: George, *Nine Keys*.

Ein Hauskreis ist eine Kleingruppe; aber auch das Vorbereitungsteam für die Kinderarbeit, das sich regelmäßig trifft, oder das Musikteam, sind Kleingruppen.

Hauskreis – was ist das? (ein Beispiel)

Hauskreise sind Orte, wo wir unser ganzes Leben teilen und uns ganzheitlich unterstützen – im geistlichen und natürlichen Leben. Hier setzen wir das biblische Hauptwort „einander" um: einander dienen, … tragen, … ermutigen, … ermahnen, … aufbauen, … vergeben, … trösten, … die Sünden bekennen, … für einander beten, … miteinander dienen, einander …

Hauskreise sind Orte der Fürsorge, Seelsorge und Lehre, wo wir Beten, Bibellesen, Dienen, Evangelisieren, Gastfreundschaft und Leiten einüben können – „einer dem andern" und gemeinsam.

(Klaus Brandt)

Hauskreis – was ist das? (ein Beispiel)

Während der Woche treffen sich die jungen Erwachsenen (ab 18 Jahre) im Hauskreis. Hinter dem Wort „Hauskreis" steckt nichts anderes als ein lockeres Treffen in den Häusern, Wohnungen und WGs, bei denen man sich über Themen des christlichen Glaubens unterhalten kann. Dabei entdecken wir, wie relevant die Bibel für unser Leben ist und wie wir Jesus in unserem Alltag erleben können. Wir nehmen nicht alles hin, sondern hinterfragen und tauschen uns über unsere Gedanken aus.

Hauskreise sind ideal, um mehr über den christlichen Glauben zu erfahren, zu diskutieren und Fragen zu stellen.

(Silvia Schwing)

1.5   Wer gehört zum *Hauskreis*?

Was wir uns vorstellen, wenn wir über eine Sache reden, bestimmt die Art und Weise, wie wir damit umgehen. Welche Menschen gehören zu einem Hauskreis? Oft werden Hauskreise innerhalb der verschiedenen Altersgruppen der Gemeinde gebildet: Hier treffen sich ältere Menschen zu einem Hauskreis, da treffen sich jüngere Menschen. Oder wir denken an Berufsgruppen, zum Beispiel an einen Gebetskreis, der sich in der Mittagspause in der Firma trifft. Sehr bereichernd können Kreise sein, in denen Menschen aus verschiedenen Altersgruppen vertreten sind.

Der Hauskreis von Michael und Joy war etwas Besonderes in seiner Zusammensetzung. Von der Jugendreferentin in ihren Zwanzigern bis zum pensionierten Schulleiter in den Achtzigern waren fast alle Generationen vertreten. Sie alle hatten zwei Dinge gemeinsam: Sie waren Christen und wollten sich die eigenen Englischkenntnisse erhalten oder aufbauen; Englisch war nur für die wenigsten von ihnen die Muttersprache. Der Kreis zeichnete sich durch intensiven Austausch über Gebetsanliegen und durch das Gebet füreinander aus. Es ist wichtig, solche Kreise zu haben, wo sich Christen aus verschiedenen Generationen herzlich begegnen und voneinander lernen. Wir dürfen also den Begriff *Hauskreis* nicht auf die Zusammensetzung der Hauskreise beschränken, die wir selbst erlebt haben, denn es gibt weit mehr Varianten.

1.6 Das Haus im Haus

An was denken wir, wenn wir *Hauskreis* sagen? Es könnte sein, dass unsere Gedanken sehr an einem Gebäude hängen. Das ist richtig, aber es ist nicht genug. Wie man leider auch bei dem Begriff *Kirche* zu sehr an das Gebäude denkt, statt an die Gemeinde – also an Menschen –, kann es ebenso passieren, dass jemand bei dem Wort *Hauskreis* zu sehr an das Gebäude oder die Wohnung denkt. Dabei geht es gerade bei dem Begriff *Haus* um viel mehr.

Eine kurze Beschäftigung mit dem griechischen Wort *oikos* wird hier eine echte Bereicherung darstellen. In der griechischen Übersetzung des Alten Testaments wird das Wort *oikos* nicht nur für Gebäude benutzt. Es beschreibt vielmehr auch die Hausgemeinde, also die Familie, die in diesem Gebäude lebt.[6] Zur Familie wiederum zählten alle, die unter dem Dach oder den Dächern des Hauses oder Hofes wohnten, also Großeltern, weitere Verwandte, Angestellte, Sklaven, Freigelassene und Flüchtlinge.

Die Familie „war eine der Säulen der griechisch-römischen Gesellschaft. Die christlichen Missionare haben es bewusst darauf angelegt, alle möglichen Haushalte zu gewinnen, damit sie sozusagen als Leuchttürme dienten, von denen aus das Evangelium die umgebende Finsternis erleuchten sollte."[7] Wenn dann ein Vater Vertrauen in die Botschaft von Jesus Christus gewonnen hatte und sich entschied, Christ zu werden, dann dachte er dabei nicht nur an sich, sondern an seine ganze Familie. So war es auch im Fall eines Gefängnisdirektors in Philippi, der sich die Predigt des Paulus nicht alleine anhörte, sondern mit seinem ganzen Haus, also mit allen in der erweiterten Familie. Sie wurden

---

[6] J. Goetzmann, „Haus, bauen", *Theologisches Begriffslexikon zum Neuen Testament,* Hg. Lothar Coenen u. a., 3 Bände (Wuppertal: R. Brockhaus, 1972), 637.
[7] Michael Green, *Evangelisation zur Zeit der ersten Christen* (Neuhausen-Stuttgart: Hänssler, 1970), 242; im Folgenden zitiert als: Green, *Evangelisation.*

dann auch alle getauft (Apg 16,32-34). Vorher hatte sich in der Stadt Philippi schon eine andere Großfamilie taufen lassen. Eine Frau, von der diese Entscheidung ausging, war Lydia, eine Geschäftsfrau, die Textilien verkaufte. Sie hatte dem Apostel Paulus zugehört, wobei Gott ihr Vertrauen in die Worte geschenkt hatte. Die Worte Gottes hatten in ihr Glauben bewirkt, und das hatte Folgen für die ganze Großfamilie.

1.7 Gastgeber müssen noch keine Christen sein

Die Gastgeber eines Hauskreises müssen noch nicht Christen sein. Als Kornelius den Boten Gottes empfing, hatte er seine gesamte Familie und Angestellten zu einem Treffen in diesem Haus eingeladen. Er war damals noch kein Christ (Apg 10). Doch dort zuhause bei Kornelius fühlten sie sich wohl, dort konnten sie alle dabei sein. Hätte Petrus sie alle eingeladen, in das Haus seines Gastgebers Simon (Apg 10,6) zu kommen, wer weiß, ob sie alle die Botschaft gehört hätten?

Es reicht schon aus, wenn die Gastgeber bereit sind, ihre Wohnung zur Verfügung zu stellen und andere einzuladen. Sie wissen, wer zu ihnen gehört und wer aus der Nachbarschaft zu ihnen passt. Sie wissen, wem sie vertrauen können und wer ebenfalls gern diese neue Botschaft hören würde.

Während der Hauskreisleiter nicht unbedingt aus der Nachbarschaft und vom Ort stammt, wohnt der Gastgeber zumeist schon länger in der Gegend. Über diese gewachsenen Beziehungsschienen können Einladungen leichter ausgesprochen werden, weil man einander vertraut. Natürlich ist es nützlich, wenn der Gastgeber einen guten Ruf hat, wie das bei Kornelius der Fall war (Apg 10,2). Aber selbst die Frau am Jakobsbrunnen, die wegen ihrer ungeordneten Beziehungen zu Männern sicherlich keinen guten Ruf am Ort hatte, war, nach ihrer Begegnung mit Jesus, sehr erfolgreich im Einladen zu Jesus. Dennoch ist es weise darauf zu achten, wo man sich in einem Ort oder Stadtteil als erstes niederlässt, d. h. von wo aus man mit der Verkündigung des Evangeliums beginnen möchte. Wie auch immer, wir dürfen den Ersten einer Gruppe oder den Ersten einer Familie, der auf das Evangelium positiv reagiert, als jemanden sehen, dem andere aus seiner Gruppe folgen werden.

Peters, der sehr für Familienevangelisation spricht, stellt fest, dass sie wohl auf alle Kulturen anwendbar ist. Weiter schreibt er: „Bekehrung ganzer Häuser sind im Neuen Testament keine Ausnahme. *Sie sind ein göttliches Ideal und eine apostolische Norm.* Sie sind der Bibel angemessen, sozial heilsam für das Wachstum und die Stärke der Gemeinde fördernd."[8]

---

[8] George W. Peters, *Gemeindewachstum. Ein theologischer Grundriss* (Bad Liebenzell: Verlag der Liebenzeller Mission, 1982), 257. [Hervorhebung im Original.] Im Folgenden zitiert als: Peters, *Gemeindewachstum*.

Leidenschaftlich tritt Peters dafür ein, dass Missionare und Gemeinden das Ziel bewusst verfolgen, ganze Familien mit dem Evangelium zu erreichen. Er begründet es noch näher:

> „Die Familienevangelisation ist in den Häusern am erfolgreichsten, dem Ort, wo die Familie zusammenkommt, wo sich die einzelnen zwanglos benehmen und ungeniert Fragen stellen und reagieren. Kleine, personenbezogene Hausbibelkreise, die sich aus einzelnen Familien zusammensetzen, eignen sich für die Familienevangelisation besser als große, öffentliche Versammlungen. Es ist wohl psychologisch vorteilhafter und sozial zweckmäßiger, wenn man selbst in die Häuser der Menschen geht, anstatt sie in unsere Häuser einzuladen, damit sie da das Evangelium hören. Sie werden sich bei uns mehr zurückhalten und eher auf ‚Abwehr‘ eingestellt sein als in ihren eigenen Häusern.

> Jesus ist uns hier ein ausgezeichnetes Vorbild. Es ist gut, einmal die Evangelien durchzugehen und festzustellen, wie oft Jesus in Häuser ging, wie oft er sich in Familien aufhielt und wie viele Wunder er in Häusern vollbrachte. Für das Haus gibt es einfach keinen Ersatz, nicht einmal das Kirchengebäude.

> Es ist eine Tragödie, dass das abendländische Christentum aus den Häusern entfernt worden ist und sich gegenwärtig fast ausschließlich auf das Kirchengebäude beschränkt. Das Christentum wurde von den Häusern heraus in die Kirchen 'hineinprogrammiert'. Wir brauchen eine Erweckung, die diese allgemeine Richtung umkehrt. Das Christentum spricht in allererster Linie die Familie an und ist am besten im Familienkreis in den Häusern zu propagieren. Hier muss unsere Hauptbetonung liegen."[9]

Weil Familien für die Hauskreise so wichtig sind, sollte ein Hauskreisleiter z. B. nicht nur ein Auge für die Eltern haben, sondern auch für die Kinder der Familie, wo der Hauskreis stattfindet. Gerade Teenager fühlen sich oft übersehen und nicht „für voll genommen". Wenn sie begrüßt werden und sehen, dass sich jemand aufrichtig für sie und ihre Belange interessiert, bewirkt das eine gesunde Aufgeschlossenheit für das Anliegen des Hauskreises. Kinder sollten also nicht als Störenfriede gesehen werden, sie sind sogar willkommen, in irgendeiner Weise beteiligt zu werden, sei es nun durch freundliche Begrüßung und kurze Unterhaltungen zu Beginn des Hauskreises oder dadurch, dass ein Besucher ihnen dankt, dass sie an dem Abend des Hauskreises auf ihr Wohnzimmer verzichten oder auch das Spielzeug mit anderen Kindern teilen. Bei Teenagern könnte man überlegen, ob sie nicht auch mal beim Gespräch im Hauskreis teilnehmen. Es könnte auch parallel ein Hauskreis für Teenager

---

[9] George W. Peters, *Evangelisation – total – durchdringend – umfassend* (Bad Liebenzell: Verlag der Liebenzeller Mission, 1977), 179. [Hervorhebung im Original.]

durchgeführt werden. Kinder und Bekannte der Familie sollten auch eingeladen werden, an Freizeitaktivitäten wie Grillen oder Kanutouren teilzunehmen. Entscheidend ist, dass die Mitarbeiter der Hauskreise über die direkten Kontakte hinaus die gesamte Familie sehen.

1.8 Nicht allein

Es wäre doch erfreulich, wenn alle Leiter von Kleingruppen sagen könnten: „Wir waren nicht die Ersten, die mit Kleingruppen arbeiten – vielleicht sind wir deshalb heute so gut."[10] Ein Leiter braucht das Verlangen, zusätzliche Leiter auszubilden, damit es weiter geht. In anderen Worten, die Kleingruppe soll keine Sackgasse darstellen, in der die Weitergabe des Evangeliums endet, sondern ein Autobahnabschnitt, über den weitergegeben wird, was Menschen gelernt und erlebt haben. Manche dieser treuen Mitarbeiter werden durch seine Hauskreisarbeit entdeckt und langfristig gefördert worden sein, andere werden dazukommen und sich neben ihm als Leiter entwickeln. Bei allen müht er sich darum, dass sie die entscheidenden Zusammenhänge für eine wirkungsvolle Kleingruppenarbeit verstehen und anwenden.

Ein weiteres wünschenswertes Verlangen für einen Leiter ist, einen Unterstützer oder Mentor zu gewinnen. Es wird heute viel darüber gesprochen. Keiner sollte von einem Unterstützer oder Mentor abhängig werden; man sollte in erster Linie selbst Leiter sein und eigenständig Entscheidungen treffen und handeln. Dennoch spielen Mentoren eine wichtige Rolle, denn die Herausforderungen sind groß, manchmal undurchsichtig und rauben unsere Kraft. Da tut ein Gespräch gut, das uns neuen Durchblick eröffnet und uns zum Dranbleiben ermutigt. Mehr darüber später im Text.

---

[10] In Anlehnung an einen alten Slogan eines großen deutschen Konzerns über ihre Computer.

2 Herr, sende Arbeiter in die Ernte – wir brauchen Unterstützer

2.1 Vom Ziel her planen

Mein GPS-Gerät hat mir schon oft geholfen, ans Ziel zu kommen. Doch manchmal beschleicht mich der Gedanke, ob ich genau das richtige Ziel einge-tippt habe. Mein Schalten und Gasgeben, das Warten an den Ampeln, das Tan-ken und das Überholen – alles würde mich nicht wirklich weiter bringen, wäre das richtige Ziel nicht angegeben. So muss auch das Ziel für die Kleingruppen-arbeit stimmen.

So stelle ich mir Menschen vor, die in einer großen Versammlung vor Gott stehen, die sich dabei so wohlfühlen wie in einer kleinen Familie, ihre Lebens-geschichte erzählen und dabei Gott von ganzem Herzen danken und ihn ehren. In jubelnder Freude berichten sie auch davon, wie Jesus eine Kleingruppe be-nutzt hat, um sie zu Gott zu ziehen, um ihnen zur Freude im Glauben zu verhel-fen und sie durchhalten zu lassen, um ihrem Leben Sinn und Richtung zu ge-ben, um sie Freunde finden zu lassen, um sie ans Ziel zu bringen. Und obwohl sie sich in der Menge der Menschen vor Gott nicht fremd fühlen, freuen sie sich doch besonders, dass sie dort Freunde wiedererkennen.

Weil man bei jeder effektiven Planung vom Ziel her denken muss, gehören die Gedanken an dieses große Ziel an den Anfang der Planung eines neuen Haus-kreises.[11]

Denkt man vom Ziel her, so wird man an die vielen Gemeinden erinnert, die gegründet wurden, weil es Gemeinden gab, die nicht nur an sich, sondern an neue Gemeindegründungen dachten. Das wiederum war möglich, weil es in diesen Gemeinden Pastoren gab – ob bezahlt oder unbezahlt –, die Unterstützer einsetzten, begleiteten und ermutigten. Diese Unterstützer – manche nennen sie auch Coaches oder Mentoren – mühten sich z. B. um zwei bis drei Gruppenlei-ter. Diese Leiter blieben ihrerseits in Kontakt mit den ihnen anvertrauten Grup-penmitgliedern.

Wenn jemand einen neuen Hauskreis gründen will, tut er gut daran, ans Ziel zu denken. Er stelle sich mal vor, wie Gott in der Ewigkeit geehrt wird, wie Men-

---

[11] Dass man zum Beispiel bei einer Gemeindegründung seine Planung mit dem Endergebnis in Sicht beginnen soll, wird in folgendem Buch gezeigt: Johan Lukasse und Teo Kamp, Divide … and Multiply: A Vision and a Way to Go for Self Multiplying Churches (Hasselt, Belgium: European Church Planting Consultation, 2010), 59.

schen dann auf ihn selbst zukommen und sich bei ihm bedanken werden – bedanken für den Hauskreis, den er gestartet hat. Dann kommen andere, die er gar nicht kannte, weil sie in der siebten Generation – also dem siebten Hauskreis, der nach dem ursprünglichen Kreis gegründet wurde – zu Jesus fanden.

Was sollte die nächste Stufe der Planung sein, wenn wir vom Ziel her denken? Manche mögen von Gemeindegründungsbewegungen her denken, andere von einer Gemeindegründung. Wir wollen bei unserer Planung die Pastoren im Auge haben, die wiederum an ihre zwei wichtigsten Gruppen von Mitarbeitern denken: die Unterstützer und die Leiter der Kleingruppen.

Fangen wir also die Planung eines neuen Hauskreises – um es konkret zu machen – nicht mit der Frage an, wen wir denn einladen könnten, sondern mit der Frage, wie die Unterstützer gefunden und unterstützt werden. Vom Ziel her denken, heißt hier z. B. vor Beginn eines Hauskreises zu fragen: „Nils, du möchtest einen Hauskreis beginnen. Das ist ein gutes Vorhaben. Sage mir, wer ist dein Unterstützer?" Und die andere Frage ist der gleich: „Wer ist dein ‚Timotheus' – wen nimmst du mit in dein engstes Team?"

2.2   Wer ist ein Unterstützer?

Die wichtigste Aufgabe eines Unterstützers ist das Ermutigen. In der Regel ist es so, dass er gern in der Gruppe gesehen ist, weil er positive Beiträge leistet, weil er auf der Seite des Hauskreisleiters steht und weil dieser gemerkt hat, dass es ihm und der Gruppe gut tut, diesen Unterstützer zu haben. Der Unterstützer kommt mit der Haltung eines Barnabas, der von Jerusalem nach Antiochien geschickt wurde, um zu sehen, was es mit den Berichten über die neuen Christen dort auf sich hat. Er kam mit wohlwollendem Herzen. Und er sah die Gnade Gottes am Wirken.

Aus der Sicht eines Kleingruppenleiters ist ein Unterstützer jemand, dem er vertraut. Einmal im Monat oder auch öfter kommt er in seine Kleingruppe und macht mit wie die anderen. Der Unterstützer ist jemand, der wohlwollend zuhört und sich am Gespräch beteiligt. Er ist jemand, der anschließend oder in den Tagen danach mit dem Leiter Kontakt aufnimmt, der sich mit ihm an dem Erfolg des Hauskreises freut, der motiviert, weiterzumachen. Er wird auch hin und wieder sehen, was nicht so gut läuft und behutsam darauf aufmerksam machen. Er ist kein Inspektor, kein Kontrolleur, sondern ein Ermutiger. Er hilft dem Hauskreisleiter, seine Ziele zu stecken und sie zu erreichen.

Der Unterstützer sieht seine Aufgabe darin, dem Hauskreisleiter zu helfen, seine Aufgabe gut durchzuführen. Er hilft ihm, Ziele zu setzen und diese im Auge zu behalten. Er achtet darauf, dass der Leiter mit einem Kernteam der Gruppe zusammenarbeitet. Er achtet darauf, dass dieser engere Kreis der Gruppe die Multiplikation im Auge hat. Der Unterstützer hilft dem Leiter zu sehen, wie wichtig seine Aufgabe in Bezug auf die ganze Gemeinde ist. Er zeigt ihm, wie der Hauskreis den evangelistischen Dienst und den Hirtendienst durchführt. Immer steht die Ermutigung im Vordergrund.

So lautet die erste Frage eines Hauskreisleiters: Wer ist mein Unterstützer? Und die Frage eines Pastors lautet: Wer unterstützt diesen Hauskreisleiter? Und die Frage eines ausgewählten Unterstützers lautet: Wen hat der Hauskreisleiter als 'Timotheus' an seiner Seite? Also, wer wird durch ihn ausgebildet?

Wenn sich also ein Hauskreisleiter einen Christen als Unterstützer ausgesucht hat, muss dieser natürlich gefragt werden, ob er diese Aufgabe annehmen möchte. Er muss erfahren, was von ihm erwartet wird. Dann sollten die beiden klären, was sie von dieser Beziehung erwarten und wie sie inhaltlich strukturiert sein soll. Von Zeit zu Zeit ist es gut, wenn beide miteinander reden, ob sie sich die Unterstützerbeziehung so oder anders vorgestellt hatten.

2.3 Wann braucht ein Kleingruppensystem Unterstützer?

Wie viele Hauskreise sollte eine Gemeinde haben, bis sie mit Unterstützern zu arbeiten beginnt? Ist das nur etwas für größere Gemeinden? Je früher, desto besser, also am besten gleich mit dem ersten Hauskreis.

Eine Gemeinde, die das nicht so gemacht hat, versuchte Folgendes, um nachträglich Unterstützer einzusetzen. Sie waren im Leitertreffen zusammen und hörten, wie wichtig Unterstützer für Hauskreise und ihre Leiter sind. Auf einem Blatt schrieben die Leiter zusammen mit den Co-Leitern die Namen ihrer Gruppenmitglieder auf und überlegten, wen sie sich als Unterstützer für ihre Kleingruppe vorstellen könnten. Werden sich aus der Gemeinde Leute dafür eignen? Wenn der Gruppenleiter sich selbst einen Unterstützer aussucht, versteht er diesen nicht so schnell als Vorgesetzten. Das soll er auch nicht sein, denn es geht bei der Position des Unterstützers nicht um jemanden, für den man arbeitet.

Zwei Hürden sind beim Einsetzen von Unterstützern zu überwinden. Zum einen sehen die Kleingruppenleiter vielleicht nicht ein, weshalb sie einen Unterstützer brauchen. Hier müssen die Vorteile klar aufgezeigt werden. Noch besser ist, wenn einige Hauskreisleiter die Möglichkeit haben, von dem zu berichten, was Gott durch die Unterstützer in ihrer Gruppe bewirkt hat. Andererseits kommt der Trend, sich beraten zu lassen, unserem Anliegen sehr entgegen.

Die zweite Hürde könnte sein, dass jemand, der zum Beispiel vom Pastor als Unterstützer berufen ist, sich der Gruppe nicht aufdrängen will oder sich überfordert fühlt, die Kleingruppe aufzusuchen und seine Aufgabe zu erfüllen. Auch hier ist Motivation und Schulung nötig, denn je genauer er seine Aufgabe erkennt, desto überzeugter kann er sie wahrnehmen. Dies sind nur zwei der Hindernisse, die den Einsatz von Unterstützern hindern können.

2.4 Wie hilft ein Unterstützer, durchdachte und beherzte Schritte zu gehen?

Wenn ein Hauskreisleiter seine Sache gut macht, werden andere ihn um Rat fragen. Er wird ihnen von seinen Erfahrungen berichten können. Je mehr Leiter anderer Kreise bei ihm nachfragen, desto mehr sollte er sich Gedanken über diese Gespräche machen. Ob es nun ein erfahrener Hauskreisleiter, ein Unterstützer oder ein Pastor ist – wenn sie ein Gerüst für solche Gespräche haben, werden sie den Ratsuchenden umso besser weiterhelfen können. Ich selbst habe mir vor Jahren eine sehr hilfreiche Gesprächsgliederung von Nebel und Ogne verinnerlicht, die ich hier kurz weitergeben möchte.[12]

2.4.1 Zuhören: Ermutigen heißt zuhören

Matthias hatte in letzter Zeit beruflich einige schwierige Kunden zu betreuen. Das brachte vermehrte Arbeit mit sich, die abends dann noch weniger Zeit zur Vorbereitung für das Bibelgespräch ließ. Er rief einen aus der Gruppe an, der aber absagte. Ausgerechnet an dem Abend, an dem er nicht so gut vorbereitet war, hatte sich sein Unterstützer zum Besuch angemeldet. Siegfried, sein Unterstützer, merkte, dass Matthias an dem Abend nicht so gut drauf war. Da an diesem Abend die Gäste frühzeitig gingen, war noch genügend Zeit für ein Gespräch im Anschluss. Schon die Tatsache, dass Matthias sich mal richtig aussprechen konnte, tat ihm gut. Siegfried brauchte gar nicht viel dazu zu sagen. Sie beteten noch, und der Abend war abgehakt.

2.4.2 Siege feiern: Ermutigen heißt sich mitfreuen

Wenn wir etwas Schönes erlebt haben und gewinnen dann den Eindruck, keiner hört uns zu oder niemand ist da, mit dem wir unsere Freude teilen können, dann fehlt uns etwas. Freude will irgendwie raus. Ein Freund ist jemand, dem du

---

[12] Steven L. Ogne und Thomas P. Nebel, *Coaching praktisch* (Würzburg: Edition ACTS, Christoph Schalk, 1995), 1-11. Titel des amerikanischen Originals: *Empowering Leaders through Coaching,* erschienen bei ChurchSmart, Carol Stream, USA. Hier gehen die Autoren auf das Coaching-Raster ein, beschreiben, dass es um die Dienstsituation, das persönliche Leben und die Coaching-Beziehung geht. Die Bereiche des Coachinggesprächs sind Folgende: Zuhören, Feiern, Sich kümmern, Strategien entwickeln, Fertigkeiten trainieren, Charakter entwickeln und Herausforderungen.

erzählen kannst, was dir gelungen ist, ohne dass er meint, du schneidest auf. Ein Freund hört zu und freut sich mit. Er drückt seine Freude aus, indem er lobende Worte findet. Sein Gesicht wird es zeigen und sein Gebet wird bekennen, dass ein Freund Gottes Handeln erlebt hat. Die Freude eines Freundes darüber, dass mir mit Gottes Hilfe etwas gelungen ist, tut gut, sie motiviert, weiter zu machen.

2.4.3   Hoffen: Ermutigen heißt glauben, dass Gott den anderen segnen wird

Wenn einem Unterstützer gesagt wird: „Du hast an mich geglaubt, geglaubt, dass ich es schaffe", dann ist das eine große Anerkennung. Gerade, wenn ein Hauskreisleiter den Eindruck hat, dass ihm die Arbeit zu schwer wird, kann die Hoffnung, die ein anderer hat, eine gewaltige Ermutigung sein. Hoffnung heißt hier, dass der Ermutiger Gott zutraut, dem Hauskreisleiter weiterzuhelfen. Jeder von uns braucht Menschen, die an uns glauben. Das ist in dem Sinne gemeint, dass sie Gott etwas in unserem Leben zutrauen.

Wer als Unterstützer gelernt hat zuzuhören, sich mitzufreuen und mit zu glauben, der ist bei Hauskreisleitern gern gesehen, und so kann er etwas ausrichten. Dies betrifft die innere Haltung wie auch das Verhalten. Auf was soll der Unterstützer achten, wenn er in eine Gruppe kommt?

In seinem Buch für Mitarbeiter, die Hauskreisleiter betreuen, nennt Comiskey einige wichtige Bereiche, auf die es zu achten gilt:

War die Sitzordnung hilfreich für ein gutes Treffen? Hat das Treffen pünktlich begonnen, wurde es pünktlich beendet? Blieb der Leiter beim Thema? Hatte der Leiter den Abend im Griff, ohne dominant zu sein? Waren die Fragen effektiv? Hat der Leiter auf die Antworten gehört? Wie gut war die Beziehung der Teilnehmer untereinander? Was hat das Leben einzelner verändert? Wie sieht die Beziehung zwischen Leiter und Teilnehmern aus? Gehört es zur Strategie der Gruppe, aus ihr eine weitere Kleingruppe entstehen zu sehen? War das Gebet bedeutungsvoll? Wie war Gott in dem Treffen am Werk?[13]

Allerdings muss ein Beobachter aufpassen, dass er nicht all zu schnell auf negative Antworten zu diesen Fragen stößt. Das wäre der Beziehung hinderlich, weil es zuerst um Ermutigung geht und diese nicht als Vorwort zur dann folgenden Kritik verstanden werden darf. Das anschließende Gespräch könnte sich zu schnell zu sehr um Probleme drehen, wodurch das Mitfreuen zu kurz käme. Hier sind einige Fragen, die auch Problemkreise aufdecken können, die aber –

---

[13] Comiskey. *Cell Group Coach*, 126.

und das ist noch wichtiger – den Hauskreisleiter an das erinnern, was die Gruppe voranbringen wird. Wie könnte man fragen, damit der Beobachter und dann ja auch der Hauskreisleiter auf Gelungenes stoßen? Nachdem der Unterstützer also zugehört hat, seine freudigen Entdeckungen mitgeteilt hat, fragt er weiter:

- Was bereitet euch in eurer Gruppe zurzeit besondere Freude?
- Wie viele Gäste waren beim letzten Treffen?
- Was ist in nächster Zeit dran? Welches Thema? Welcher Schritt zum Wachstum?
- Wie steht es mit der Suche nach einem Co-Leiter? Wie kann man ihn finden?
- Wann habt ihr zuletzt über Multiplikation gesprochen?

Diese Fragen könnte man auch Wachstumsfragen nennen, denn sie erinnern den Leiter daran, was zum Wachstum der Gruppe und der Teilnehmer beiträgt. Das Ermutigen ist eine Aufgabe des Unterstützers. Was außerdem dazu gehört, wird im Folgenden beschrieben.

2.4.4   Kümmern: Ermutigen heißt dem Menschen helfen

Was liegt dem anderen gerade am Herzen? Was macht ihm Kummer? Was beschäftigt mein Gegenüber? Worum müssen wir uns also kümmern? Wo erwartet z. B. der Hauskreisleiter mein Nachfragen oder meine Beteiligung?

Wenn es direkt mit dem Hauskreis zu tun hat, sollte man auch fragen, welche Ressourcen die Gemeinde anzubieten hat, die zur Lösung des Problems beitragen können. Hat der Hauskreisleiter die nötigen Schulungen erhalten? Gibt es Materialien, die weiterhelfen würden? Manchmal hilft schon ein einfacher Tipp des Unterstützers, damit sein Gegenüber neue Ideen und neuen Mut bekommt. Hier muss deutlich werden, dass der Unterstützer den anderen als Menschen sieht und nicht als Teil eines komplexen Gemeindemodells, in dem er eine wichtige Funktion inne hat.

Maschinen funktionieren, Menschen leben. Deshalb ist die Frage „Wie geht es dir?" eine ernst gemeinte Frage, die eine ehrliche Antwort erwartet. Deshalb ist das Gebet, durch das Gott in das Gespräch ganz bewusst einbezogen wird, so wichtig – sei es nun zum Anfang, am Ende des Gesprächs oder auch mittendrin. Unterstützer werden oft mit Fragen und Problemkonstellationen konfrontiert, für die auch sie nicht gleich eine Antwort wissen. Das Gespräch mit Jesus Christus, dem Herrn seiner Gemeinde, sollte einen zentralen Platz einnehmen. Daran muss man sich immer mal wieder erinnern lassen, besonders wenn wir viele Bücher mit guten Ratschlägen kennen oder selbst schon manche Probleme lösen konnten.

Dieses Kümmern, dieses Sorgen für das Wohlergehen eines Menschen, schließt die verschiedenen Beziehungsebenen ein: Wie geht es ihm in seiner Beziehung zu Gott? Wie in seiner Beziehung zur Gemeinde oder den Hauskreisteilnehmern? Wie steht es mit den Beziehungen in der Familie? Beziehungen bringen viel Freude, setzen Energien frei; sie können aber auch Kraft kosten. Ein Unterstützer weiß das und bedenkt solche Beziehungen. Inwieweit er solche Fragen anspricht, hängt sehr von der Tiefe der Beziehung mit dem Gesprächspartner ab. Vertrauen muss wachsen, und das braucht Zeit.

2.4.5   Strategie entwickeln: Ermutigen heißt für die Praxis planen

Als Andreas vom Gespräch mit seinem Unterstützer nach Hause kam, machte er einen freudigen Eindruck – das bemerkte seine Frau sofort. „Hast du das Problem gelöst?", fragte sie. „Es ist noch nicht vom Tisch", sagte er, „aber ich weiß jetzt, was ich tun werde."

Andreas hatte zusammen mit seinem Unterstützer das Problem erörtert und dann eine Strategie entwickelt, also genau überlegt, wie Andreas vorgehen könnte, was die Folgen wären, wenn er dies oder das tun würde. Wenn jemand die nächsten Schritte kennt, um voranzukommen, macht ihn das zuversichtlich. Für das Gehen dieser Schritte ist Andreas verantwortlich, daran hat der Coach keinen Zweifel gelassen. Er hat ihn geradezu herausgefordert, das Erkannte bis zum nächsten Treffen umgesetzt zu haben.

2.4.6   Herausforderung annehmen:
Ermutigen heißt Verantwortung übergeben

Was sollte aufgrund des Gesprächs in Angriff genommen werden? Und wer sollte die nächsten Schritte tun? Hier muss der Unterstützer dem Hauskreisleiter den Ball zuspielen. Ja, manchmal geht auch der Unterstützer mit einer Aufgabe nach Hause, wenn er zum Beispiel versprochen hat, ein hilfreiches Buch zur Verfügung zu stellen. Aber ein Unterstützer muss der Versuchung widerstehen, Probleme selbst lösen zu wollen. Der Hauskreisleiter muss die Verantwortung übernehmen. Er wird an den Herausforderungen wachsen.

Michael, ein Hauskreisleiter, hat gelernt, schwierige Fragen im Hauskreis nicht gleich an Ort und Stelle zu beantworten, wenn er sich selbst nicht sicher ist. Weil er aber in den letzten Wochen häufig so vorgegangen ist, musste er zuhause viel nachlesen. Der Unterstützer bestätigte Michael darin, sich nicht vom Thema abbringen zu lassen und stattdessen die Beantwortung auf später zu verschieben, wo sie angebracht ist und ausführlich geschehen kann. Er machte aber Michael den Vorschlag, dass er nicht alle Fragen selbst klären sollte. Er könne stattdessen andere einbeziehen und sie fragen: „Wer möchte dieser Frage einmal nachgehen und uns das nächste Mal davon berichten?" Es ist ratsam, sich zu notieren, wer diese Aufgabe übernommen hat.

Jesus hat viele Gespräche geführt, hat Menschen geheilt und sie beauftragt, aber er machte immer auch klar, was die Verantwortung der Menschen war, mit denen er sprach. Hier sind einige Beispiele, wie Jesus „den Ball weitergibt":

- Jesus erwiderte: „Dann geh und mach du es ebenso!" (Lk 10,37)
- „Das wisst ihr jetzt; freuen dürft ihr euch, wenn ihr auch danach handelt!" (Joh 13,17)
- Aber Jesus erwiderte: „Mehr noch dürfen die sich freuen, die Gottes Wort hören und danach leben!"

2.4.7 So kann es gehen – Ein Hauskreis zieht Kreise

Zu Beginn der Adventszeit starteten wir einen neuen Hauskreis. Diesmal waren gleich etliche dabei, die Hauskreiserfahrung mitbrachten. Da sie bei unserer Gemeindegründung mitmachen wollten, war es für sie wichtig zu sehen, wie wir das mit den Hauskreisen handhabten.

So trafen wir uns in den nächsten Wochen unter dem Thema 'Weihnachten neu entdecken'. Im Januar begannen wir eine weitere Themenreihe. Es war unser Ziel, besonders Hilde und Jürgen für den Start ihres eigenen Hauskreises fit zu machen. Im Sommer fragte ich sie dann, ob sie nach den Sommerferien mit ihrem eigenen Hauskreis beginnen könnten. Ihre Freunde, die sie mitgebracht hatten, würden natürlich mit ihnen gehen. Aber sie waren noch nicht so weit, sie erbaten sich noch mehr Zeit. Sie selbst kannten sich am besten und bekamen mehr Zeit. Am 22. Januar war es dann soweit: Hilde und Jürgen starteten eine Kleingruppe in ihrem Haus. Ich hielt mich für sie als Unterstützer bereit und besuchte den Hauskreis gelegentlich.

So hatten in den darauf folgenden Jahren viele in der Nachbarschaft die Chance, das Evangelium bei Hilde und Jürgen zu hören. Sie hatten viele gute Beziehungen zu Nachbarn und Bekannten. So manche Grillparty wurde genutzt, um diese Freundschaften aufrecht zu erhalten und zu vertiefen. Es gab aber auch besondere Anlässe, wo der Hauskreis ganz gezielt das Evangelium vermittelte. In einem Jahr, es war wieder in der Adventszeit, wurde das Wohnzimmer umgeräumt, um mehr Platz für Freunde und Nachbarn zu schaffen, die sie zu einer Adventsfeier eingeladen hatten. Und sie kamen. Neben dem, was noch zu einer Adventsfeier gehört, wurden Lieder gesungen und auf eine Ansprache gehört.

Ein Geheimnis des guten Besuchs in diesem Hauskreis war, dass Hilde und Jürgen auch während der Woche immer mal wieder mit den Hauskreisteilnehmern in Kontakt traten, durch Telefonate, Besuche und Einladungen zu sich nach Hause.

Dieser Hauskreis wurde eine der Säulen in unserer Gemeindegründung. Die Teilnehmer trafen sich zunächst mit den Teilnehmern anderer Hauskreise, was dann, wie es von Anfang an geplant war, zur Gründung einer neuen Gemeinde führte. Was doch alles geschehen kann, wenn Menschen ihre Wohnungen und Häuser öffnen, um anderen die Möglichkeit zu geben, von Jesus Christus zu hören.

2.5 Momente, in denen man lernt

Ein Pastor beklagte, dass es in seiner Gemeinde eine ganze Reihe Hauskreise gäbe, aber es täte sich nichts Neues. Sie seien alle so zufrieden und meinten, dass sie genug zu tun hätten. Ist das ein Zeitpunkt, wo sie offen sind, etwas Neues zu lernen? Wohl kaum, es sei denn, diese Christen werden herausgefordert, z. B. durch die Begegnung mit Christen einer anderen Gemeinde, in der gerade mehrere neue Hauskreise gegründet wurden. Das könnte ansteckend wirken. Ein Pastor, Prediger oder Leiter, der für solche Begegnungen sorgt, tut viel für das Wachstum der ihm anvertrauten Leute und Gemeinde. Manchmal muss man solche Momente, die die Bereitschaft zum Lernen fördern, herbeiführen; aber oft kommen solche Momente einfach so, und dann gilt es, sie zu nutzen.

2.5.1   Wenn Aufgaben zu bewältigen sind

Jesus hatte 72 Jünger ausgewählt und war dabei, sie **alle** zu zweit auszusenden. Doch bevor er sie aussandte, gab er ihnen konkrete Anweisungen. Ich nehme stark an, hätte Jesus gesagt, dass sie irgendwann einmal ausgesandt werden würden, sie hätten der Rede Jesu nicht so genau zugehört. Wir Menschen sind bereit zu lernen, wenn Aufgaben vor uns stehen, die wir meistern wollen. So waren die Jünger damals ganz Ohr, als Jesus ihnen die Instruktionen gab (Lk 10,1ff).

2.5.2   Wenn man Gottes Handeln erlebt hat

Als die Jünger nach dem Missionseinsatz zurückkamen und Jesus voller Freude berichteten, da feierte er mit ihnen. Er freute sich von Herzen mit und lobte Gott, seinen Vater. Dann nutzte er die Gelegenheit, um den Jüngern etwas Wichtiges zu vermitteln: Er zeigte auf, was eigentlich geschehen war und ordnete den Missionseinsatz ein in den Kampf zwischen Licht und Finsternis. Was die Jünger erlebt hatten, war also tiefgehender, als sie dachten. Dann stellte Jesus klar, was das Wichtigste ist: „Aber nicht darüber sollt ihr euch freuen, dass euch die bösen Geister gehorchen. Freut euch lieber darüber, dass eure Namen bei Gott aufgeschrieben sind!" (Lk 10,20).

2.5.3   Wenn man durchs Vergleichen angespornt wird

Es ist zwar richtig, dass viel Not aus dem Vergleichen kommt. Manchmal aber hat das Schauen über den Tellerrand auch etwas Gutes an sich. So hatten die Männer, die in der Schule Jesu waren, einmal mit Schülern aus der Schule von Johannes dem Täufer gefachsimpelt. Im Laufe des Gesprächs kamen sie auf den Lehrplan zu sprechen, weil einer der Schüler des Johannes ganz begeistert von seinen Erfahrungen mit dem Beten erzählte. Die Jünger Jesu bemerkten, dass Gebetslehre bisher in ihrem Lehrplan so noch nicht vorkam. Johannes lehrte seine Jünger, wie man betet (Lk 11,1). Das wollten die Jünger Jesu auch lernen. Dabei hatten sie selbst schon Gebetserhörungen erfahren (Lk 4,38f), und sie hatten bereits miterlebt, wie Jesus Dankgebete sprach (Lk 9,16). Jedenfalls sprachen sie Jesus an. Sie waren bereit, etwas Neues zu lernen, und Jesus nutzte diese Chance sofort. Wenn wir Menschen gute Vorbilder haben oder auch durch Vergleiche herausgefordert werden, steigert das unsere Bereitschaft, etwas Neues zu lernen.

2.5.4   Wenn man vor großen Herausforderungen steht

Jesus hatte lange und intensiv gepredigt. Tausende hatten zugehört. Nun forderte Jesus die Jünger auf, den Menschen Essen zu geben. Doch sie waren am Ende mit ihren Ideen und mit ihrem Kleingeld. Dann lernten sie durch Jesus eine wichtige Lektion, nämlich dass Jesus noch lange nicht am Ende war und dass Gott versorgt. Mit der Herausforderung, die Menschenmenge mit einem guten Essen zu versorgen, nutzte Jesus die Gelegenheit, um den Jüngern etwas über das Thema Gottvertrauen zu vermitteln. Der Zusammenhang des Textes zeigt uns aber auch, dass manche Lektionen wiederholt werden müssen. Denn später in einer ähnlichen Situation dachten die Jünger nicht an Gottes Hilfe und an sein Eingreifen damals (Mk 6,34ff; Mk 8,1ff; Mk 8,17-21).

2.5.5   Mitgeschrieben – Bitterkeit nicht laufen lassen

Der Hauskreisabend ist vorüber, doch in den Köpfen schwirrt es weiter. Zwei Frauen unterhalten sich auf dem Weg nach Hause noch über den Abend. Diesmal waren sie gar nicht zufrieden. Was Erich und Wilma da veranstaltet haben, hat ihnen absolut nicht gefallen. Als das Ehepaar wieder über den Gottesdienst meckerte, haben sie dadurch richtig schlechte Stimmung verbreitet. Dann hatte Richard, der Hauskreisleiter, ein Wort für die Verantwortlichen der Gemeinde eingelegt und versucht zu erklären, was im Gottesdienst abläuft. „Und überhaupt, wenn ihr etwas nicht versteht oder nicht einverstanden seid," sagte Richard ihnen, „dann fragt doch einfach nach. Das handhabe ich auch so." Richard wusste nämlich, wenn Erich und Wilma im Hauskreis in der Gegenwart von Gästen über den Gottesdienst meckern, wird es allen schwerer, die Gäste im Hauskreis dann noch zum Gottesdienst einzuladen.

Wie geht es jetzt weiter? Sollen die beiden Frauen, die sich auf dem Nachhauseweg unterhalten, etwas unternehmen? Vielleicht den Hauskreisleiter anrufen? Oder mit Erich und Wilma reden, die eine von den beiden Frauen sehr gut kennt? Oder wird Richard als Hauskreisleiter von sich aus etwas unternehmen? Wird gebetet? Wird abgewartet? Wird Gott selbst durch seinen Geist zu den beiden Unzufriedenen, Erich und Wilma, reden? Fest steht, dass es nicht so weitergehen kann. Diese Bitterkeit, die an dem Abend fast zum Greifen war, darf die weiteren Treffen des Hauskreises nicht belasten (Eph 4,29-32).

Es ist Sonntag, der Gottesdienst ist vorüber, und auch die Zeit des Stehkaffees geht zu Ende. Richard, unser Hauskreisleiter, hat endlich die Chance, mit Sven zu reden, der bisher so beschäftigt war. Er erzählt Sven von dem letzten Hauskreisabend, der ihn immer noch beschäftigt. Sven hörte aufmerksam zu, und während Richard erzählt, wie er an dem Abend geantwortet hat, bestätigte Sven ihm, dass er angemessen reagiert hat. Sven freut sich, als er sieht, wie loyal und weise Richard bei dieser Herausforderung im Hauskreis gehandelt hat. Dann erinnert Sven noch daran, dass der Hauskreisleiter doch beim ersten Hauskreistreffen über die Werte für die Gruppe gesprochen hatte. „Lass Kritik und Tratsch" – so hatten sie es sich vorgenommen. Bestätigt und mit einer Idee für den nächsten Schritt sieht er ermutigt dem nächsten Hauskreisabend entgegen.

Sven, der Unterstützer, war zwar an dem Abend im Hauskreis nicht dabei. Da er aber die Leute kannte, konnte er sich gut in die Lage versetzen und mitreden, als ihm Richard seine Situation schilderte. Er wird sich bei der nächsten Begegnung bei Richard erkundigen, wie es weitergegangen ist.

Man kann Richard gratulieren, denn er braucht sich mit solchen Herausforderungen nicht allein zu beschäftigen. Er kann mit jemandem darüber reden, der weiß, was es bedeutet, einen Hauskreis zu leiten und der manche dieser Herausforderungen schon selbst angehen musste.

2.5.6   Mitgeschrieben – ein Unterstützer im Gespräch

Eine Jugendleiterin sucht ihren Unterstützer auf. Es geht um zwei Hauskreise: Für einen der Kreise ist sie selbst als Leiterin verantwortlich, den anderen leiten zwei Jugendliche. In beiden Kreisen sind Besucher, die regelmäßig mitmachen und solche, die nur gelegentlich auftauchen. Aus verschiedenen Gründen sollen die Kreise neu zusammengestellt werden. Da der zweite Kreis sehr gewachsen ist, will die Jugendleiterin erreichen, dass sich die Teilnehmer nicht nur neu verteilen, sondern dass aus zwei drei Gruppen entstehen. Ein Grund dafür ist, dass manche in dem großen Kreis es begrüßen würden, in kleinerer Runde noch persönlicher zu reden.

Sie ist unsicher, wie die neue Zusammensetzung der Kreise sein könnte und wie sie vorgehen soll. Zunächst schreibt sie die Namen der Mitglieder auf, notiert, ob diese regelmäßig kommen oder nur gelegentlich, und ordnet sie den beiden bisherigen Gruppen zu. Ergänzend fragt ihr Unterstützer, ob es in der Gemeinde noch weitere Jugendliche gibt, die in diese Gruppen gehen könnten. Ja, es werden noch zwei weitere Jugendliche dazugeschrieben.

Nachdem sie mehrere Optionen durchgesprochen haben, beschließen sie, als Nächstes die infrage kommenden Leiter, auf die sie im Laufe des Gesprächs gekommen sind, anzusprechen – und wer das übernimmt. Der Unterstützer machte noch einmal klar, dass mehr als zwei Lösungen für diese Frage möglich sind. Erleichtert und mit klaren Vorstellungen von den nächsten Schritten macht sie sich auf den Weg.

Wie gesagt, das Beste ist, schon beim ersten Hauskreis mit einem Unterstützer zu beginnen, der die Gruppe einmal im Monat besucht.

Liebe Eva,

sei herzlich gegrüßt. Dies ist eine Einladung zum 18. September zu einem Treffen mit „Unterstützern" unserer Kleingruppenleiter. Manche nennen sie auch Coaches oder Mentoren. Zu diesen Personen kannst du gehören.

Worum geht es? Es geht um die nächste Phase des Wachstums unserer Gemeinde. Es geht um eine verstärkte Evangelisation, eine bessere Ausbildung und um eine umfassendere Versorgung der Christen – und dies alles durch eine intensivere Unterstützung der Gruppenleiter und Hauskreisleiter. Fachleute schreiben, dass das Fehlen eines Coachingsystems einer der Gründe ist, weshalb Kleingruppen nicht optimal genutzt werden und sich nicht multiplizieren. Ich habe in einem der VGS-Leitertreffen vorgetragen, was wir bereits für die Gruppenleiter tun. Es ist aber noch mehr Hilfe für Kleingruppenleiter möglich.

Joel Comiskey schreibt in seinem Buch Leadership Explosion: Multiplying Cell Group Leaders to Reap the Harvest (Houston: TOUCH Publications, 2003) auf Seite 39, dass er mehr und mehr von Folgendem überzeugt ist: Die beste Motivation für die Förderung der Leiterschaft geschieht dadurch, dass man Zellen (Kleingruppen) vermehren will. Die hierin erfolgreichen Gemeinden zielen mit ihrem Training auf die Multiplikation der Gruppen. Diese Zielsetzung soll jedem Leiter sozusagen als DNA mitgegeben werden, so dass er dieses Ziel vom ersten Tag an, an dem er eine Gruppe leitet, im Auge hat. Die Multiplikation von Zellen ist in der Zellgruppen-Gemeinde so zentral, dass man sagen kann: ,Die Aufgabe eines Leiters einer Zellgruppen ist erst dann erfüllt, wenn aus der Gruppe eine neue Gruppe entstanden ist. Eine Gruppe zeigt, dass sie richtig lebendig ist, wenn sie in der Lage ist, eine neue Gruppe zu gründen.'

Wenn Multiplikation als Ziel angesteuert wird, müssen nämlich alle hirtendienstlichen und evangelistischen Aufgaben einer Kleingruppe beachtet werden. Dann werden die Kleingruppen immer stärker zum Gewinnen von Menschen für Christus und zur Stärkung der Christen beitragen.

Dies sind nicht nur Gedanken auf Papier, sie sind weltweit erprobt und Gott gebraucht sie in wunderbarer Weise. Da wollen wir nicht abseits stehen und nicht nur zuschauen, wie andere das handhaben.

Nun weißt du, weshalb mir die Treffen mit Unterstützern so wichtig sind. Lass uns mal darüber reden und besuche das erste Treffen.

Was käme auf dich zu?

1. Die Teilnahme an den Treffen für Unterstützer (sie sollen alle acht Wochen stattfinden).

2. Mit einem Hauskreisleiter in Kontakt treten, etwa alle vier bis sechs Wochen einmal an dem Kreis teilnehmen und anschließend mit dem Leiter in Verbindung treten, um ihn zu ermutigen. Vielleicht kannst du später noch ein oder zwei weitere Hauskreisleiter unterstützen.

3. Für die Gruppe beten.

Jetzt bin ich auf deine Antwort gespannt. Bedenke die Anfrage bitte im Gebet.

Herzliche Grüße

2.6 Einem erfolgreichen Unterstützer bei der Arbeit zugehört

Wünscht sich das nicht jeder Pastor? Genug Zeit zu haben für seine Familie? Seiner Gemeinde vorzustehen, ohne sich dabei selbst zu verausgaben? Einer Gemeinde zu dienen, die sich nicht andauernd beschwert, die er nicht ständig ermahnen muss, weil sie bei der Durchführung der wichtigsten Aufgaben nachlässig geworden ist? Nun, nachdem er die Lösung aus dem Gespräch mit seinem Unterstützer in die Tat umgesetzt hatte, konnte er das alles genießen. Er war allerdings nicht ein Pastor einer heutigen Gemeinde, er war der Führer eines ganzen Volkes: Mose.

Jitro, sein Schwiegervater, kam zu Mose, als dieser mit dem Volk Israel in der Wüste unterwegs war. Nach der offiziellen Begrüßung wurde Jitro in Moses Zelt eingeladen. Dort machte er es sich bequem und **hörte zu**. Als guter Unterstützer hörte er erst einmal zu. Mose erzählte Jitro, was Gott mit dem Pharao und den Ägyptern getan hatte, um die Israeliten aus der Gefangenschaft in Ägypten zu befreien. Dann erzählte Mose auch von den vielen Schwierigkeiten auf der Reise und wie Gott ihm immer wieder geholfen hatte. Jitro hörte zu und dann **freute er sich mit ihm** von ganzem Herzen. Er lobte Gott. Er **feierte** mit. Er selbst hat etwas davon, denn sein Glauben an den lebendigen Gott nimmt zu. So haben wir also schon zwei Merkmale eines guten Unterstützers entdeckt: Jitro hörte zu und er feierte mit.

Am darauffolgenden Tag ging Mose wieder an die Arbeit. Jitro begleitete ihn. Es ist natürlich noch besser, wenn ein Unterstützer mehrere Tage zuschauen kann. Er sah, wie sein Schwiegersohn Frieden zwischen seinen Landsleuten schaffen wollte, indem er das Recht Gottes anwandte und zwischen ihnen richtete. Jitro entdeckte, dass sein Schwiegersohn es mit dem Gesetz Gottes sehr ernst nahm. Den ganzen Tag über war Mose beschäftigt. Jitro erkannte, dass sich Mose verausgabte. Er bemerkte natürlich auch, dass die, die auf Rechtsspruch warteten, sehr ungeduldig wurden. Die Fälle waren so unterschiedlich. Ich stelle mir vor, dass der Hühnerdieb genauso auf sein Urteil warten musste wie die Familie, die in einer Erbschaftsangelegenheit nach Klärung suchte. Wichtiges und weniger Wichtiges: Mose fällte die Entscheidung, er allein.

Jitro sah genau hin, **er stellte Fragen**, die für ihn selbst Klärung schafften und gleichzeitig Mose zum Überprüfen seines Standpunktes bringen konnten: „Was machst du mit dem Volk?" Jitro taten die Menschen im Volk sehr leid. Doch auch Mose tat ihm leid, deshalb fragte er ihn: „Warum macht du das alles allein?" (2Mose 18,14).

Er wartete mit seiner Stellungnahme auch nicht bis nach dem Gespräch. Er sagte es Mose ins Gesicht: „Mein lieber Schwiegersohn, du arbeitest zu viel." Jitro sagte, was er beobachtet hatte. Es war zu viel für Mose, es dauerte zu lang für die Männer, die eigentlich arbeiten sollten. Und dann stellte er die Frage, die wohl jeder Unterstützer von fleißigen Menschen einmal stellen muss: „Warum tust du das alles allein?"

Mose erklärte die Angelegenheit, und Jitro hörte wieder zu. Aber er blieb dabei: Was Mose dort tat, war nicht weise, war keine kluge Haushalterschaft. Er mahnte Mose auch, dass er anders handeln müsse. Er erklärte ihm, dass er sich so selbst fertigmachen würde und die Leute, die auf seine Entscheidung warteten, ebenfalls genervt würden. Deshalb gab er ihm einen guten Rat, wozu Mose nun auch die Hilfe Gottes benötigen würde. **Er entwickelte eine Strategie.** Heute hätten wir Mose wahrscheinlich mehr in den Prozess der Strategieentwicklung einbezogen. Aber auch in unseren Tagen gibt es Situationen, wo man nicht lange planen kann, sondern wo schnell eine gute Lösung her muss, selbst wenn sie geliehen ist. Kurz gesagt, Mose sollte für das Volk im Gebet eintreten. Er musste ihnen zeigen und sagen, wie sie nach dem Gebot Gottes leben sollten. Aber all das sollte er nicht allein tun. Mose sollte sich nach Männern umsehen, die Ehrfurcht vor Gott hatten, zuverlässig waren, die die Wahrheit lebten, die unbestechlich waren. Ihnen sollte er bestimmte Aufgaben übertragen und die nötige Vollmacht dazu. Zur Strategie gehörte eine Hierarchie: Manche waren für 1000 zuständig, andere für 100, andere für 50, andere für zehn Personen. Nur die schwierigen Fälle sollte Mose selbst entscheiden. Wenn Mose das so ordnen würde, würde er selbst entlastet. Also sagte Jitro Mose, was er seiner Meinung nach tun sollte. In anderen Worten: Mose, du tust zu viel, das tut dir nicht gut, und die anderen Männer haben keine Chance, selbst konstruktiv zu werden, das tut ihnen nicht gut. Mose, gib ab – gib Aufgaben und Vollmacht ab. Dann versäumte es Jitro auch nicht, **Hoffnung zu wecken**. Hoffnung ist nötig, um die Strategie in die Praxis umzusetzen. Ja, Jitro sagte noch deutlicher, was er genießen könnte, wenn er auf diese Art führen würde. Er malte kurz das Bild von der idealen Zukunft in dieser Sache, und Mose musste das auch als erstrebenswert angesehen haben.

Jitro hatte gesprochen. Aber eins konnte er Mose nicht abnehmen: die Entscheidung, ob er diesen Rat befolgen würde oder nicht. Er spielte Mose den Ball zu. Mose hatte zu entscheiden, ob er ihn annehmen wollte oder nicht. Mose war klug, er nahm Jitros Rat an. Jitro hatte auch die Kriterien genannt, an denen man eine erfolgreiche Umsetzung der Strategie messen konnte: Mose würde den Willen Gottes tun, und das Volk würde in Frieden leben. Das wäre geschehen, wenn sich auch das Volk an Gottes Anweisungen gehalten hätte. Gottes Wille und Frieden – das sollte dabei herauskommen, wenn die Strategie effektiv eingesetzt wird.

3   Jesus arbeitete mit Kleingruppen

Nach sechs Tagen nahm Jesus mit sich Petrus und Jakobus und Johannes, des-
sen Bruder, und führte sie allein auf einen hohen Berg (Mt 17,1).

Einer mag überwältigt werden, aber zwei können widerstehen, und eine dreifa-
che Schnur reißt nicht leicht entzwei (Pred 4,12).

3.1   Jesus nutzte die Vorteile von kleinen Gruppen

Jesus besuchte Menschen in ihren Häusern, er unterhielt sich, lehrte, heilte und
feierte in Häusern. Die Evangelien berichten uns davon, wie Jesus oft in Häusern und Wohnungen anzutreffen war. Meistens waren es kleine Gruppen, die
dort versammelt waren. Nicht immer waren es so viele Gäste, dass man das
Dach abdecken musste, wie in dem Bericht von Markus, Kapitel 2. Jesus war
des Öfteren zu Gast bei Maria, Martha und Lazarus. Dort gab es auch etwas zu
essen, wie uns der Bericht zeigt, in dem Martha ihre Frustration über Maria bei
Jesus ablädt. Martha machte sich dann schon ordentlich in der Küche zu schaffen. Daran kann man sehen, dass die Gäste zum Essen eingeladen wurden. Man
sagt, „Der Schlüssel zu den Herzen der Menschen hängt in ihren Häusern."
Andere einzuladen ist gut, von anderen eingeladen zu werden ist ebenfalls gut,
manche sagen, es sei noch besser.

Wir treffen Jesus im Haus des Pharisäers Simon beim Essen. Beim Zolleinnehmer Zachäus hat sich Jesus selbst eingeladen. Obwohl es in den Häusern
und auch mal davor größere Veranstaltungen gegeben hat – wir sehen das in
Markus, Kapitel 2 –, spricht doch vieles dafür, dass in den Häusern meistens
eine überschaubare Anzahl von Menschen zusammengekommen ist. Wir sehen
Jesus mit den Gastgebern reden, aber auch mit anderen Gästen und Fremden.
Jesus hat auch öffentlich im Tempel und in Synagogen gelehrt, aber er nutzte
ebenso die Gastfreundschaft seiner Freunde, um die Botschaft Gottes in freundlicher Atmosphäre und oft persönlich zugespitzt ins Leben seiner Hörer zu
sagen.

Jesus nutzte die Häuser; das kann uns zum Vorbild dienen. Er sah auch, wenn
es dem Hausherrn nicht gut ging. Hier lernte er die Gastgeber näher kennen und
hatte ebenfalls die Gäste im Blick – ob sie nun vom Gastgeber geladen waren
oder nicht. Jesus war ungezwungen ansprechbar, und manche nutzten die Gelegenheit zum Gespräch mit ihm.

Es ist ebenfalls von Bedeutung, dass Jesus Christus manche Äußerungen, die in
die Geschichte eingegangen sind, in den Wohnungen anderer machte. Mit Jesus

kam das Reich Gottes zu den Besuchten. Er evangelisierte, lehrte, führte seelsorgerliche Gespräche, wirkte als Vorbild, betete – und dort ruhte er sich auch
aus. Manche dieser Treffen in den Häusern waren sporadisch, andere werden in
einer guten Regelmäßigkeit stattgefunden haben.

3.1.1   Jesus hatte jeden im Auge, aber auch die Gruppe der Zwölf

Als Jesus seine öffentliche Wirksamkeit begann, berief er bereits Menschen in
sein Team. Diese gehörten damit aber nicht automatisch zu dem engen Kreis
der Zwölf. Später erweiterte Jesus seine Einladung: „Kommt her zu mir alle,
die ihr mühselig und beladen seid….“ (Mt 11,28ff). Aber die Zwölf werden so
oft als Gruppe erwähnt, dass sie selbst „die Zwölf" genannt wurden, als sie
vorübergehend nur elf Personen waren: Jesus begegnete dem Petrus nach der
Auferstehung und „danach dem ganzen Kreis der Zwölf" (1Kor 15,5).

Von den vielen Menschen, die etwas von Jesus hielten, standen ihm manche
näher als andere. Etliche hörten ihn und hielten sich in seiner Nähe auf, andere
schätzen ihn sehr, kamen aber nur zu den großen Veranstaltungen. Jedenfalls
waren über 70 von ihnen so vertraut mit Jesus und er mit ihnen, dass er sie
berief, beauftragte, aussandte und weiter schulte (Lk 10,1). Dann wählte Jesus
– nachdem er mit seinem Vater im Himmel darüber gesprochen hatte – zwölf
enge Vertraute, die zwölf Jünger (Lk 6,12ff). Nun ist ja eine Gruppe nicht einfach schon dadurch erfolgreich, dass sich Menschen treffen, gemeinsame Ziele
verfolgen und voneinander lernen. Eine Gruppe muss zusammengestellt, geformt und geführt werden. Jesus arbeitete daran, die Jünger zu einem guten
Team zu formen; dafür musste er auch seine Teammitglieder lehren und korrigieren. Denn wie Jesus ganz anders war als die damaligen Lehrer und Leiter, so
sollten auch seine Teams ganz anders sein:

> Es kam unter ihnen auch ein Streit darüber auf, wer von ihnen als der Größ-
> te zu gelten habe. Da sagte Jesus zu ihnen: „Die Könige üben Macht über
> ihre Völker aus, und die Tyrannen lassen sich sogar noch ,Wohltäter des
> Volkes' nennen. Bei euch muss es anders sein! Der Größte unter euch muss
> wie der Geringste werden und der Führende wie einer, der dient." (Lk
> 22,24-26; GNB[14]).

3.1.2   Jesus nahm manchmal nur drei mit

Für manche Einsätze oder Erfahrungen waren selbst zwölf Teilnehmer eine zu
große Zahl. Nur drei von den Jüngern nahm Jesus mit zu der Auferweckung
eines Mädchens (Mk 5,21ff). Ihnen gewährte er auch einen einmaligen Blick

---

[14] *Gute Nachricht Bibel.* Stuttgart: Deutsche Bibelgesellschaft, 2000. Database WORDsearch
Corp., 2001 im Folgenden zitiert als GNB.

auf seine Herrlichkeit, als Jesus sie mit auf den Berg nahm, wo er mit Mose und Elia redete. Diese drei waren Jakobus, Johannes und Petrus.

3.1.3   Jesus ermutigte zum Gebet in kleinen Gruppen

Jesus versprach seinen Jüngern, dass ihre Gebete beantwortet werden und dass sie seine Gegenwart erleben, wenn zwei oder drei sich einig werden und im Namen Jesu zusammen sind (Mt 18,19f). Gerade für schwierige Situationen – im Textzusammenhang geht es um die Rückgewinnung eines Mitchristen, der an einem massiven sündigen Verhalten festhält – hat Jesus der kleinen Gruppe von Christen, die sich einig ist, dieses umfangreiche Versprechen gegeben. Gott wird handeln.

3.1.4   Jesus sandte seine Mitarbeiter als Miniteams

Wir lesen, dass Jesus seine Jünger zu zweit aussandte (Mk 6,7). Darin steckt tiefe Weisheit. Wenn zwei von einem Ereignis berichten, glaubt man eher, als wenn nur einer etwas erzählt. Zeugen liefern einen starken Beweis. Zu zweit unterwegs sein macht die Jünger auch sicherer in ihrem Auftreten und weniger anfällig für Entmutigung. Wenn zwei zusammen unterwegs sind, kann man ihnen nicht so leicht irgendein Vergehen vorwerfen. Zum Schutz und zum wirksameren Weitersagen des Evangeliums sendet Jesus seine Mitarbeiter zu zweit aus.

3.1.5   Jesus berief einige Männer mit Teamerfahrung

Einige der ersten Jünger Jesu waren Fischer. Sie hatten von Kindheit an gelernt, im Team zu arbeiten. Sie mussten sich aufeinander verlassen können. Sie saßen buchstäblich in einem Boot. Außerdem halfen sich die Mannschaften in den Booten gegenseitig, wenn der „Erfolg" alleine nicht zu verarbeiten war, wie es nach dem erstaunlichen Fang geschah, zu dem Jesus ihnen verholfen hatte (Lk 5,6-7). Aber alle Jünger mussten noch dazu lernen, in Jesu Team zu sein. So unterschiedlich wie die Jünger waren, so groß waren die Herausforderungen, vor die Jesus sie stellte.

3.1.6   Jesu Jünger bildeten wirkungsvolle Teams

Es ist unvorstellbar, dass die sieben Beauftragten für die Hilfsorganisation in Jerusalem nicht als Team zusammengearbeitet haben. Bevor dieses Team berufen wurde, gab es Unmut, Unzufriedenheit, bitteres Gerede. Diese Arbeitsgruppe sorgte durch das gerechte Verteilen der Lebensmittel und die Verkündigung des Evangeliums dafür, dass statt Klagen wieder Lob auf den Lippen der Christen war. Dieser nach innen gerichtete Dienst, die Versorgung der Witwen in der Gemeinde, konnte sehr gut durch ein Team geschehen. Die Entscheidung der Jünger, sich dem Wort und dem Gebet zu widmen und die Versorgung der hilfebedürftigen Witwen sieben qualifizierten Männern anzuvertrauen, hatte großartige Folgen: „Die Botschaft Gottes aber breitete sich weiter aus. Die Zahl der Glaubenden in Jerusalem stieg von Tag zu Tag. Auch viele Priester folgten dem Aufruf zum Glauben" (Apg 6,7).

Mission geschieht ebenfalls durch Teams. So hervorragend Paulus auch war, er wurde mit Barnabas als Team ausgesandt, zu dem auch Johannes Markus gehörte (Apg 13,1-5).

3.1.7   Jesus erteilte auch Aufträge für den Alleingang

Nicht alles geschah durch Gruppen. Von den sieben Männern, die für die Versorgung der hilfsbedürftigen Witwen in Jerusalem verantwortlich waren, werden zwei noch besonders erwähnt: Philippus und Stephanus (Apg 7 und 8). Gruppen sollen also weder dem Einzelnen die Verantwortung abnehmen, noch sollen sie Initiativen Einzelner hindern. Wozu sie dienen, wird nun aufgezeigt.

3.2   Schutz und Fortschritt durch die Gruppe

Schon ein kurzer Blick auf die folgende Liste[15] spricht Bände: Gemeinde, Gemeinschaft, Runde, Bund, Bündnis, Verbund, Verein, Zirkel, Zusammenschluss, Bruderschaft, Mannschaft, Team, Abteilung, Einheit, Verband, Orchester, Band, usw. Es gibt so viele Begriffe für „Gruppe", weil sie auf den verschiedensten Gebieten unseres Lebens eine wichtige Rolle spielen.

„Gruppe", das bedeutet Ordnung, gemeinsames Schaffen, Fortschritt, Stärke und Schutz. In ihr kommt der Synergieeffekt zur Geltung, nämlich, dass sich Menschen und ihre unterschiedlichen Gaben und Fähigkeiten ergänzen. Die Bibel sagt das so:

Zwei sind allemal besser dran als einer allein. Wenn zwei zusammenarbeiten, bringen sie es eher zu etwas. Wenn zwei unterwegs sind und hinfallen, dann helfen sie einander wieder auf die Beine. Aber wer allein geht und hinfällt, ist übel dran, weil niemand ihm helfen kann. Wenn zwei beieinander schlafen, können sie sich gegenseitig wärmen. Aber wie soll einer allein sich warm halten? Ein einzelner Mensch kann leicht überwältigt werden, aber zwei wehren den Überfall ab. Noch besser sind drei; es heißt ja: „Ein Seil aus drei Schnüren reißt nicht so schnell" (Pred 4,9-12).

---

[15] Duden – Das Synonymwörterbuch, 5. Aufl. Mannheim 2010 [CD-ROM].

4 Damit es dir und deiner Gemeinde gut geht

Dient einander, ein jeder mit der Gabe, die er empfangen hat, als die guten Haushalter der mancherlei Gnade Gottes (1Petr 4,10).

Wie sonst? Wie sonst will eine Gemeinde mit ihren Christen andere Menschen für Jesus Christus erreichen und ihnen helfen, bei Jesus zu bleiben und von ihm zu lernen? Haben wir heute bessere Wege als zur Zeit der ersten Christen? Ich sehe die Gemeindearbeit in den Hauskreisen von damals nicht als Notlösung, nicht als Zwischenstadium, bis etwas Besseres kam. Die Christen, die ihre Häuser für Jesus und die gute Nachricht öffneten, sind das Ideal.

Gibt es etwas Besseres, um das Evangelium in ein Studentenwohnheim zu bringen, als durch eine kleine Gruppe fürsorgender Kommilitonen? Gibt es für eine Nachbarschaft bessere Lehrer des Evangeliums als entschiedene Christen, die ganz für Jesus und ganz für die Welt sind, in dem Sinne, dass sie sich von Jesus gesandt wissen, Salz und Licht zu sein und ihr Haus oder ihre Wohnung zu öffnen, dass man dort Jesus kennen und lieben lernen kann?

Wie will eine Gemeinde sonst Menschen für Jesus gewinnen, lehren, senden und ermutigen? Natürlich gibt es andere Methoden dafür, aber lassen wir nicht einen der besten Wege zu den Menschen außer Acht! Allerdings muss ich auch sagen, dass leider nicht jeder Hauskreis automatisch diese Aufgabe erfüllt. Zu viele Hauskreise schmachten vor sich hin, sind abgestanden, uninteressant oder gar zu Klüngeln von Sonderlehren geworden. Ihnen kann geholfen werden.

Hauskreise müssen nicht nur gewollt sein, sie müssen von den Leitern einer Gemeinde beachtet, geschätzt und auch entsprechend gefördert werden. Dann wird Gott sie zum Segen für die Teilnehmer, ihre Umgebung und die Gemeinde wirken lassen. Wir sollten es nicht dem Zufall überlassen, ob Hauskreise gut verlaufen und ihren Zweck erfüllen oder nicht. Wir dürfen von Erfahrungen lernen. Bevor ich ein Forschungsprojekt vorstelle, von dem ich sehr viel gelernt habe, stelle ich in meinen Kursen gelegentlich diese Fragen: Wie viele Gemeinden habt ihr in eurem Leben schon besucht? Oder machen wir es etwas einfacher: Wie viele Gemeinden gibt es, in denen ihr mit dem Pastor und mit dreißig anderen Mitarbeitern gesprochen habt? Oder: Wie viele Gemeinden gibt es, in denen ihr mit dem Pastor und dreißig Mitarbeitern gesprochen und jedem einzelnen etwa neunzig Fragen gestellt habt? Auf wie viele Gemeinden kommt ihr?

Ich meine, ein Mensch, der hier eine gute Zahl nennen kann, hat etwas zu sagen. Und jetzt stellt euch vor, jemand hat nicht eine, nicht nur fünf Gemeinden interviewt, sondern weit über 40.000 Gemeinden.[16] Sollte man ihn nicht mal hören? Christian A. Schwarz spricht von acht Qualitätsmerkmalen der Gemeinden, die Leiter in Gemeinden unbedingt fördern müssen. Eines dieser acht Merkmale sind ganzheitliche Kleingruppen. Zu den Merkmalen einer sich natürlich entwickelnden Gemeinde stellt er folgende aufschlussreiche Fragen:[17]

Bevollmächtigende Leitung: Sind die Leiter darauf ausgerichtet, andere Christen zum Dienst zu befähigen?

Gabenorientierte Mitarbeiterschaft: Werden Aufgaben nach dem Kriterium der geistlichen Begabung vergeben?

Leidenschaftliche Spiritualität: Ist das geistliche Leben der Gemeindeglieder von Leidenschaft geprägt?

Zweckmäßige Strukturen: Tragen die gemeindlichen Strukturen zum Wachstum bei?

Inspirierender Gottesdienst: Ist der Gottesdienstbesuch für die Gemeindemitglieder eine inspirierende Erfahrung?

Ganzheitliche Kleingruppen: Gehen die Kleingruppen auf die wirklichen Fragen der Teilnehmer ein?

Bedürfnisorientierte Evangelisation: Sprechen die evangelistischen Aktivitäten die Bedürfnisse derer an, die gewonnen werden sollen?

Liebevolle Beziehungen: Sind die Beziehungen der Gemeindemitglieder von Liebe geprägt?

4.1 Wie groß und klein zusammenpasst

Nicht jede Gruppe, die klein ist, ist dadurch schon erfolgreich, aber um erfolgreich zu sein, sind kleine Gruppen bemerkenswert wirkungsvoll. Rick Warren könnte, was die Größe der Sonntagsgottesdienste in seiner Saddleback-Gemeinde betrifft, zufrieden sein und sich nur darauf konzentrieren. Er bleibt aber nicht bei den Sonntagen stehen, weil er weiß, dass die Gottesdienste nicht ausreichen, um Menschen zu Jüngern Jesu zu machen. Eine kartonierte Broschüre, die dort im Gottesdienst ausgeteilt wurde, besagt etwas humorvoll „Saddleback Kleingruppen – [wir] machen unsere Gemeinde klein.“ Die Bro-

---

[16] Christian A. Schwarz, *The 3 Colors of Leadership: How anyone can learn the art of empowering other people* (Emmelsbüll: NCD Media, 2012), 4. In 2012 waren es bereits 65.000 Gemeinden in 86 Ländern.

[17] Christian A. Schwarz, Farbe bekennen mit Natürlicher Gemeindeentwicklung: Wie kann ich Christsein kraftvoll leben und entfalten? (Emmelsbüll: C&P), 2005, 88.

schüre, die freundlich lächelnde Personen in kleinen Gruppen zeigt, erzählt in sehr überzeugender und konkreter Weise, was jemand von der Zugehörigkeit einer solchen Gruppe hat.

In einer so großen Gemeinde wird mancher beklagen, dass die Menge der Menschen so unüberschaubar scheint. Dem wirkt man entgegen mit dem Angebot der Kleingruppen. Die Gruppen fördern das Zugehörigkeitsgefühl – und der Mensch muss wissen, dass er irgendwo dazugehört. Die Gruppe fördert das Wachstum im Glauben, den Dienst für Gott, sie hilft den Christen beim Reden von Jesus mit anderen und schließlich vertieft die Teilnahme an einer Gruppe das Verständnis und die Praxis der Anbetung. In noch detaillierterer Weise wird dann in der Broschüre dargestellt, was die kleinen Gruppen konkret bieten.[18]

Der Text in der Broschüre spricht „Kopf, Herz und Hand" an – kurz gesagt, der ganze Mensch wird eingeladen aktiv zu werden. Man weiß in Saddleback, dass Größe auf Dauer nur gesund sein wird, wenn Menschen sich in kleinen Gruppen treffen. Man weiß auch, dass wahres Vorankommen im Glauben nicht ohne die aktive Teilnahme in einer kleinen Gruppe geschieht.

Diese Entdeckung ist nicht neu; sie wird schon lange von vielen christlichen wie auch weltlichen Organisationen umgesetzt. Als ich vor Jahren in einem EC-Jugendkreis in Hessen mitarbeitete, waren wir einem Hauskreis sehr ähnlich. Auch andere EC-Jugendkreise habe ich kennengelernt, die Kleingruppenstrukturen zeigen. Campus für Christus, die Navigatoren und die SMD-Schüler- und Studentenarbeit – alle nutzen die Vorteile von Kleingruppen, zum Beispiel in den SMD-Schülergebetskreisen.

4.2 Auf der Suche nach Bewährtem mit einer Offenheit für Neues

Viele haben mit Kleingruppen gearbeitet – Gemeindeglieder und Pastoren – und auch darüber geschrieben. So war mir schon früh in meinem Dienst ein kleines Buch von Hermann Gschwandtner mit dem Titel *Dein Haus für Christus: Kleines Handbuch für Hausbibelkreise* ein guter Lehrmeister.[19] Ich staune, wie aktuell vieles darin noch heute ist.

---

[18] „Saddleback Small Groups: Making our Church Small" (Lake Forest, CA: Saddleback Church – Small Group Ministry). Die Broschüre wurde im Sommer 2006 im Gottesdienst ausgeteilt.

[19] Hermann Gschwandtner, *Dein Haus für Christus: Kleines Handbuch für Hausbibelkreise* (Neuhausen-Stuttgart: Hänssler, 1976).

Drei Christen, die Gott in den letzten Jahrzehnten in großartiger Weise zur Förderung der Kleingruppen als Grundlage für den Gemeindebau zusammen mit dem Gottesdienst gebraucht hat, möchte ich hier nennen:

David Yonggi Cho wurde 1936 geboren. Von Seoul in Südkorea aus, wo er die größte Gemeinde der Welt leitete, zog sein Einfluss durch die Welt. Wer von seinen Erfahrungen und Entdeckungen – wovon ihm viele von Gott gegeben wurden – lernen will, braucht nicht unbedingt mit seiner Lehre über den Heiligen Geist übereinzustimmen. Während langer Jahre, in denen er gesundheitlich angeschlagen war, zeigte Gott ihm, wie er Kleingruppen zum Evangelisieren und zum Fördern der Christen etablieren sollte.[20]

Lyman Coleman muss hier unbedingt genannt werden. Als meine Frau und ich zusammen mit einigen Mitarbeitern unserer Gemeinde 1992 sein Seminar besuchten, feierte er gerade Jubiläum. 30 Jahre zuvor, 1962, begann er mit seinem Trainingsseminar, das jeweils einen Tag dauerte, kreuz und quer durch Amerika zu ziehen, um Christen für Kleingruppen zu gewinnen und sie zu schulen. Als Gründer und langjähriger Leiter von Serendipity, einer Organisation zur Förderung von Kleingruppen in Gemeinden, sorgte er serienweise für Arbeitsmaterial, um die Leiter und Teilnehmer von Kleingruppen zu unterstützen. Ein Mammutprojekt war meiner Meinung nach die Anfertigung der *Serendipity Bible for Groups*, die in Deutschland unter dem Namen *Hauskreisbibel* bekannt wurde. Für alle Abschnitte der Bibel gibt es darin Ausarbeitungen für den Gebrauch in kleinen Gruppen. Dabei sind die Fragen in drei Abschnitte geteilt: Die Eröffnungsfragen helfen der Gruppe, ein gutes Miteinander aufzubauen. Im nächsten Fragenabschnitt geht es um den Bibeltext, den es zu verstehen und erkunden gilt. Der persönliche Bezug und die Anwendung des Textes wird dann im dritten Fragenkomplex angesprochen.

Coleman erlebte die Entwicklung von Kleingruppen in den Gemeinden in den USA. Zunächst waren sie unbedeutende Pflänzchen in den Gemeinden. Doch sie nahmen immer mehr an Bedeutung zu, bis dahin, dass die leitenden Pastoren ihnen Aufmerksamkeit widmeten, weil sie in ihnen das Mittel sahen, dass Gemeinden wachsen und sich gesund entwickeln. Coleman lehrt nicht nur in den unterschiedlichsten Gemeinden, er macht auch die guten Erfahrungen der einzelnen Gemeinden bei anderen bekannt.

Carl F. George hat durch seine Seminare für Pastoren und Gemeindeleiter und durch seine Bücher in den achtziger und neunziger Jahren des 20. Jahrhunderts viele Gemeinden positiv beeinflusst. Seine Vorstellung von der Gemeinde der

---

[20] „The growth [of the Yoido Full Gospel Church] continued to 500,000 in 1985, and to 700,000 in 1992." Yoido Full Gospel Church, „The Growing Church". http://english.fgtv. com/yoido/History3.htm (18.01.2011).

Zukunft war, dass sie große Gottesdienste und viele Kleingruppen haben sollten. Wie solche Gemeinden und Kleingruppen geleitet werden müssen, darüber
forschte und lehrte er mit seinem Team.

Cho, Coleman und George – sie alle sehen Hauskreise oder Kleingruppen als
Zellen der Gemeinde, also weder losgelöst von der Gemeinde, noch als bloße
Zusatzveranstaltungen. Vieles, was später geschrieben wurde, fußt auf Er-
kenntnissen, die diese Männer bekannt gemacht haben.

Später wurden noch besondere Kleingruppen betont, wie zum Beispiel die Minigruppe, die jeweils aus drei Personen besteht, wie sie z. B. von Neil Cole
vorgestellt wird. Hier spielen Verbindlichkeit, Bibellesen und das Gebet für die
persönliche Evangelisation eine wesentliche Rolle. Einen weiteren Schwerpunkt für Kleingruppen liefert das seelsorgerlich-therapeutisch ausgerichtete
Konzept von John Baker, dem Gründer des *Celebrate Recovery* Programms in
der Saddleback Church von Rick Warren. Das 12-Schritte-Programm wurde in
Deutschland unter „LEBEN finden" bekannt. Unabhängig davon werden seit
1994 in Deutschland, Österreich und der Schweiz immer mehr Gruppen nach
dem Konzept von „Endlich leben" durchgeführt. Hier sind Helge Seekamp,
Gero Herrendorff und Karin Prentzel zu nennen. Dieses „christliche Gruppen-
Selbsthilfeprogramm" geht, wie auch das Programm von John Baker, auf die
12-Schritte der Anonymen Alkoholiker (AA-Gruppen) zurück, wurde aber in
beiden Fällen erfreulich gut in den biblischen Kontext gestellt. Obwohl alle
Gruppen von diesen eben genannten Bewegungen lernen können, wird doch die
durchschnittliche Kleingruppe einer Gemeinde andere Schwerpunkte haben.

4.3   Was ist eine Zell-Gemeinde?

Eine Zell-Gemeinde oder auch Kleingruppen-Gemeinde darf nicht mit einer
Hauskirche verwechselt werden. In der Hauskirche ist die Zelle, also die Gruppe, die Gemeinde. Die Gemeinde besteht hier also aus *einer* Gruppe, die allerdings größer sein kann. Es handelt sich ebenfalls noch nicht um eine Zell-
Gemeinde, wenn es in einer Gemeinde einige Kleingruppen gibt, diese aber ein
wenig beachtetes Dasein fristen. Eine Zell-Gemeinde hat nicht nur Kleingruppen, sie besteht aus Kleingruppen. Einer unserer Mitarbeiter kam aus dem Urlaub zurück, wo er sich Zeit genommen hatte, das Buch *Authentische Kleingruppen leiten* von Bill Donahue zu lesen.[21] Bei seinem Anruf wollte er wissen,
ob wir nun eine Gemeinde sind, die Kleingruppen hat oder die aus Kleingrup-

---

[21] Bill Donahue, *Authentische Kleingruppen leiten: Das Handbuch für eine lebensverändernde Kleingruppenarbeit* (Wiesbaden: Projektion J, 1997); im Folgenden zitiert als
„Donahue, Kleingruppen".

pen besteht. Er hatte den Unterschied verstanden. Meine Antwort war, dass wir eine Gemeinde sein wollen, die aus Kleingruppen besteht, aber zu diesem Zeitpunkt noch nicht so weit wären.

Eine Zell-Gemeinde ist eine Gemeinde, in der viele wesentliche Aufgaben in und durch Kleingruppen getan werden. Hierbei kommen die Stärken der kleinen Gruppe zum Tragen, besonders die persönlichen Beziehungen, durch die man sich auf die anderen gut einstellen kann und wo man sich persönlich vergewissern kann, dass auch etwas gelernt wurde, wenn es denn um dieses Ziel ging. Persönliche Evangelisation geschieht durch die Kleingruppen. Der Hirtendienst geschieht in und durch die Kleingruppen. Jüngerschaftsschulung geschieht in und durch Kleingruppen. Schon Paulus nutzte sehr gerne die Häuser für solche Aufgaben (Apg 20,20). Diese meist kleinen Zellen der Gemeinde kommen aber auch zusammen, um große Veranstaltungen der Gemeinde zu erleben, z. B. Gottesdienste. Außerdem beteiligen sie sich an Kursen, zu denen in verschiedenen Kleingruppen und darüber hinaus eingeladen wird, z. B. Kurse über den Umgang mit der Zeit, Finanzen und was uns sonst noch anvertraut ist.

Das Gegenteil wäre eine Gemeinde, die Projekte oder Programme ins Leben ruft. Das heißt, wird Not oder ein Bedürfnis in der Gemeinde entdeckt, wird als Antwort ein Projekt begonnen. Steht dann fest, was getan werden soll, sucht man Mitarbeiter, die das Projekt in die Tat umsetzen beziehungsweise den neuen Arbeitszweig leiten. Eine Zell-Gemeinde, obwohl sie auf solche Programme auch nicht ganz verzichten kann, wird doch immer von den Kleingruppen her denken, wird überlegen, wie Gruppen zur Lösung des Problems beitragen können.

Stellt man zum Bespiel unter den Teilnehmern einer solchen Gemeinde fest, dass es in letzter Zeit häufig vorkam, dass jemand nicht mit seinem Geld auskam, entschließt sich der Pastor etwas dagegen zu tun. Er plant möglicherweise, einen kompetenten Redner zu diesem Thema einzuladen und organisiert eine ansprechende Werbung, die auch an Menschen außerhalb der Gemeinde gerichtet ist. Dann sucht er einen Mitarbeiter in der Gemeinde, der die Not sieht und der deshalb die Verantwortung für die Durchführung der Abende übernimmt. Aber nach den Kleingruppen – wenn es denn welche gibt – wird nicht gefragt: weder vorher, z. B. ob einer der Hauskreise schon einmal an diesem Thema gearbeitet hat, ob der Termin den Kleingruppen in ihre Planung passt, ob einige Kleingruppen bei der Vorbereitung helfen möchten – noch danach, ob die Kleingruppen durch die Aktion gestärkt werden könnten. Eine Zell-Gemeinde würde diese Fragen beachten, und ihre Leiter würden überlegen, wie dieses Thema in den oder durch die Gruppen behandelt werden könnte.

Ein Beispiel: In der Christus-Gemeinde Hannover wurde eine Vortragsreihe über die Angst („Wenn die Angst kommt …") von einem Hauskreis unter der

Leitung von Gerd Lietsch vorbereitet. Außerdem erhielten andere Hauskreise vorher einige Arbeitsblätter, mit deren Hilfe sie mehrere Hauskreisabende über das Thema Angst gestalten konnten. Auf diesem Wege waren die meisten Besucher der Themenabende vorbereitet – was wiederum hilfreich für die Gespräche während der Vortragsabende war, die dort an den Tischen stattfanden.

Den folgenden Brief schrieb ich an unsere Kleingruppenleiter in Hannover. Ich selbst war gerade auf einem Seminar in Korntal, wo ich einmal mit gutem Abstand auf die Gemeinde in Hannover schauen konnte. Was ich schrieb, sollte die Leiter ermutigen und auf ein gemeinsames Vorgehen einstimmen.

9.Juni 2007

Liebe Freunde,

ich schreibe diese Zeilen aus Korntal, wo ich zurzeit den Kurs „Kleingruppen im Gemeindeaufbau" der Akademie für Weltmission gebe. Parallel zu diesem Kurs laufen noch drei weitere ...

Heute habe ich auch Zeit, in einigen Büchern zu stöbern, die ich mir aus der Bibliothek ausgeliehen habe, um den Kurs noch weiter auszubauen. In einem der Bücher wurde ich wieder neu bestätigt, dass wir mit unseren Kleingruppen auf dem richtigen Kurs sind. Manchmal beschleicht mich die Angst, dass nur wenige in unserer Gemeinde begriffen haben, wie wichtig dieser Bereich der Gemeindearbeit ist.

In einer Forschungsstudie, die mittlerweile über 40.000 Gemeinden umfasst – und zwar weltweit – wurde das Qualitätsmerkmal „ganzheitliche Kleingruppen" neu als eines der acht wichtigsten Qualitäten einer gesunden Gemeinde bestätigt.

„Das Geheimnis ganzheitlicher Kleingruppen besteht darin, erstens die Köpfe, Hände und Herzen der Teilnehmer anzusprechen, und zweitens für eine Balance dieser drei Bereiche zu sorgen", schreibt Christian A. Schwarz in Farbe bekennen mit Natürlicher Gemeindeentwicklung.

„Ganzheitlich" meint, dass Herzen, Köpfe und Hände angesprochen werden. Erinnert euch das nicht an die drei Bereiche, die ich immer wieder mal erwähne, da sie für Kleingruppen so wichtig sind: Lieben (Herzen), Lehren (Köpfe) und Liefern (Hände)?

„Unsere Forschungen zeigen, dass das Prinzip [ganzheitliche Kleingruppen] tatsächlich universelle Gültigkeit hat. Christliche Kleingruppen sind kein nettes, aber notfalls doch entbehrliches Hobby; nein, es gehört zum Wesen der Gemeinde Jesu Christi, für Orte zu sorgen, an denen die Christen diese Form von verbindlicher Gemeinschaft finden", schreibt Schwarz (S. 116).

Er schreibt dann, dass es für Mitglieder von Kleingruppen eine gute Nachricht gibt. In diesem Bereich hat man die größte Möglichkeit dramatische Veränderungen zu bewirken, selbst wenn man keine Leitungsaufgaben innehat. Weil eine Kleingruppe davon lebt, dass die Teilnehmer sich einbringen, hat jedes Mitglied direkten Einfluss darauf, wie ganzheitlich die Gruppe ist.

Ich fasse einige Aussagen so zusammen: Wenn man sich persönlich einbringt, wird die Gruppe herzlicher. Wenn man sich um den biblischen Text und andere Fakten müht, wird die Gruppe sinnvoller. Und wenn man bei praktischen Aufgaben mit Hand angelegt, wird die Gruppe glaubwürdiger.

Ich möchte die Gelegenheit nutzen, um den Gastgebern und Gruppenleitern für ihre Treue und Arbeit zu danken. Ihr seht ja selbst, in welch wichtigem Bereich ihr Jesus dient.

4.4 Nicht im Alleingang – die ganze Gemeinde sehen

Der Pastor und die Mitarbeiter der Gemeinde, die sich ab und zu Zeit nehmen um folgende Fragen zu stellen, bleiben eher auf Kurs, als die Mitarbeiter, die ständig unter Stress stehen.

- Was wollen wir mit den Kleingruppen erreichen? Welche Ziele haben die Kleingruppen als System, und welche Ziele haben die einzelnen Gruppen? Wie passt alles zusammen?

- Wie kommen Menschen in die Gemeinde? Eine Gemeinde benötigt mehrere Eingänge. So sollen Gäste nicht nur durch die Gottesdienste in die Gemeinde kommen, sondern auch durch Kurse, Seminare und Workshops. Das Schlüsselwort lautet „Einladen".

- Wie wird ihr Wachstum gefördert? Wieder ist das Schlüsselwort „Einladen", nämlich in den Gottesdiensten zu den Kleingruppen, in den Kleingruppen zu den Gottesdiensten.[22]

4.4.1   Raus aus der Isolation

Wir saßen zusammen und sprachen über die Termine und Veranstaltungen, die für die nächsten Wochen geplant waren. Acht Wochen lang war ein Abend für einen Glaubenskurs reserviert. Eine ganze Anzahl von Mitarbeitern würde

---

[22] Im folgenden Buch befasse ich mich in dem Kapitel „Der Gottesdienst – ein Schlüsselfaktor fürs Wachstum" mit der Gestaltung ansprechender Gottesdienste: *Gemeindegründung praktisch – in Deutschland und darüber hinaus: Wie Gemeinden gepflanzt werden und wachsen können* (Nürnberg: VTR, 2010).

dabei nötig sein. Und dann? Was kommt danach? Wie trägt dieser Glaubenskurs zum Wachstum der einzelnen und der Gemeinde bei? Hatten wir weiter gedacht? Dachten wir an Vernetzung? Oder sahen wir alles nur isoliert als eine Aktion? Im Glaubensgrundkurs sollte von Anfang an gesagt werden, dass die Möglichkeit besteht, anschließend in kleinen Gruppe von Interessierten weiterzuarbeiten. Es könnte jemand auf den Gedanken kommen, dass wir keine neuen Kreise brauchen, wenn wir die neuen Christen und Interessierten einfach in bestehende Hauskreise aufteilen. Das ist aber ein schlechter Rat, denn neue Leute gehen lieber in Gruppen, wo alle neu sind. Dort kann man sich gezielt um sie kümmern, auf sie einstellen und ihnen Zuwendung entgegenbringen.

Unabhängig von diesem Glaubenskurs war der Auftritt eines Musikers für Kinder geplant. Wenigstens überschnitten sich die beiden Termine nicht. Aber wie würde dieses Konzert den regelmäßigen Kindergottesdiensten der Gemeinde zugute kommen? Hatten wir daran gedacht? Da sollte doch am Abend des Konzerts jemand vom Team der Kindergottesdienst-Mitarbeiter in Erscheinung treten. „Ich sehe, es hat Spaß gemacht, diese Lieder mit zu singen. Sprecht mit euren Eltern, kommt am kommenden Sonntag zum Kindergottesdienst, da werden wir diese und andere Lieder miteinander singen."

4.4.2 Das Ziel verfolgen

Was ist das Ziel der Veranstaltung? Diese Frage sollte immer klar beantwortet werden. Welches andere Team der Gemeinde könnte mitmachen oder sollte davon profitieren? Keine Veranstaltung soll isoliert dastehen, wir brauchen die Verbindung mit anderen Gruppen in der Gemeinde.

Die Frage taucht auf: Wo lernen die Mitarbeiter diesen Blick für's Große? Deshalb ist das VGS-Leitertreffen so sehr wichtig (V = Vision, G = Gemeinschaft, S = Schulung). Immer wieder muss die Vision vermittelt werden, weshalb wir unsere Arbeit tun. Das Bild vom Ganzen muss gemalt werden und aufgezeigt werden, wie wichtig die Beiträge unserer kleinen Gruppe und unserer Veranstaltung sind. Aber zunächst kommen wir zurück zu dem zauberhaften Wort *Einladen*.

5 Einladen – mit Worten

Immer wieder kommt es vor, dass Einladungen ausgesprochen werden, und dennoch fühlen sich die eigentlich Eingeladenen nicht angesprochen. Entweder waren sie nicht aufmerksam oder die Einladung war so wage, dass sie sich nicht angesprochen fühlten. Sie dachten, das würde anderen gelten. Deswegen ist es gut, die Kunst des Einladens gelegentlich bewusst zu verbessern. Das kleine Wort „einladen" hat für das Wachstum der Christen und das Erreichen von Menschen für Christus große Bedeutung. Wirkliche Einladungen zeigen große Wirkung.

5.1 Einladen – vom Gottesdienst in die Kleingruppe

- Hauskreisleiter und Hauskreisteilnehmer können nach dem Gottesdienst zu ihrer Gruppe einladen. Ob es nun Bekannte sind oder auch neue Besucher im Gottesdienst, mit denen auf diese Weise ein Gespräch gesucht wird: Sie werden merken, dass sie geschätzt und gern gesehen sind.

- Neue Hauskreise starten, denn Neues wirkt besser. Es hat sich gezeigt, dass eine neue Gruppe anziehender wirkt als eine bestehende Gruppe. Wenn zum Beispiel jemand, der erst kürzlich begonnen hat, die Gottesdienste zu besuchen, einer neugegründeten Bibelgesprächsgruppe beitritt, weiß er, dass auch die anderen in dieser Gruppe „Newcomer" sind. Deshalb fühlt es sich einfach leichter an, dort hinzugehen: „Wir sind ja alle neu, da haben wir etwas gemeinsam." Man ist nicht allein derjenige, der sich noch nicht auskennt, und die anderen sind nicht die alten Hasen, die schon alles besser wissen. Jetzt helfen wir uns gegenseitig, damit „unsere" Gruppe ein Erfolg wird.

- Beginnt ein Hauskreis eine neue Themenreihe, ist das ein guter Anlass dafür zu werben. Während ein Kreis zu fast allen Zeiten für neue Teilnehmer offen sein sollte, gibt es doch besondere Intervalle, in denen sich eine Gruppe verstärkt an andere wendet. Der Start einer ansprechenden Themenserie oder einer neuen Saison im Hauskreis sollte genutzt werden, um besonders einzuladen. So bekommt ein Neuer das Thema von Anfang an mit. Die neue Runde bringt sowieso Veränderung mit sich, dann wird die Veränderung, die ein oder zwei neue Leute in die Gruppe bringen, leichter zu verkraften sein.

- Kleingruppen können sich nach Absprache im Gottesdienst auf originelle Art vorstellen. Eine Gruppe kann leicht den Anschein vermitteln, als seien die Mitglieder so gute Freunde, dass sie keine anderen mehr brauchen. Niemand will ihre Idylle stören. Da hilft es, wenn die Kleingruppe sich durch einen Bericht, einen Videoclip oder eine Fotopräsentation vorstellt und Einladungen ausspricht.

- Ein Freund oder Bekannter begleitet die Person, die Anschluss an eine Kleingruppe sucht, beim ersten Besuch. Carola hatte Interesse an einem Hauskreis bekundet. Sie hatte von einer Nachbarin, die Christin ist, einen Hauskreis empfohlen bekommen. Doch statt Carola nur mit Name, Adresse und Telefonnummer auszustatten, informierte ihre Nachbarin die Hauskreisleiterin und ging mit Carola zu ihrem ersten Besuch in die Wohnung, wo der Hauskreis stattfand. Kurze Zeit später wurde Carola im Hauskreis auch zum Gottesdienst der Gemeinde eingeladen, denn dort wurde immer wieder von dem so ganz anderen Gottesdienst erzählt. Nach einigen Wochen folgte sie der Einladung und ist nun eine regelmäßige Gottesdienstbesucherin.

- Durch Erlebnisberichte und Predigten kann man wirksam auf die Chancen der Hauskreise hinweisen. Was in den Predigten erwähnt wird, spielt eine wichtige Rolle in der Gemeinde. Was so wichtig ist, dass sich der Verkündiger darüber Gedanken macht, das verdient auch das Interesse der Zuhörer. Ich habe mir den Rat von Ernst Völcker zu Herzen genommen, den ich als junger Prediger einmal sagen hörte, er würde alles auf der Kanzel vorbereiten, was er in der Gemeinde voranbringen will. Was also in der Predigt gesagt wird, das verdient besondere Aufmerksamkeit, und was im Gottesdienst berichtet wird – z. B. von einem Hauskreisbegeisterten, verdient gehört zu werden.

- In den Druckerzeugnissen der Gemeinde sollte man auf die Hauskreise hinweisen. Im Wochen- oder Monatsprogramm können die Hauskreise mit ihren Leitern und Kontaktmöglichkeiten aufgelistet werden. Hierbei ist es wichtig, Namen und Telefonnummern nur zu veröffentlichen, wenn dies zuvor mit den Betreffenden abgesprochen ist.

- Über kreative Einladungen für die Hauskreise lohnt es sich nachzudenken. Es ist z. B. ein Unterschied, ob jemand einfach sagt: „Ich würde dich gern zu unserem Hauskreis am Mittwoch einladen" – oder ob er beschreibt: „Am Mittwoch treffe ich mich mit einigen Freunden aus der Gemeinde. Wir vertiefen dort das Thema der heutigen Predigt und haben viel Spaß dabei. Ich würde dich das gern mal miterleben lassen. Du brauchst dort nichts vorsingen, keine Predigt halten oder auch nichts vorlesen. Möchtest du mal mitkommen? Ich würde mich freuen."

- Manche Gemeinden werben auch für ihre Kleingruppen, indem sie einen Schaukasten oder eine Pinnwand im Foyer benutzen, um Hauskreisangebote mit Fotos vorzustellen. Nachdem so eine Vorstellung angelegt ist, muss natürlich jemand dafür verantwortlich sein, der diese Präsentation auf dem Laufenden hält.

Hauskreis – was läuft da so?

Statt nur zu sagen: „Darf ich dich zu unserem Hauskreis einladen?", nimmt man sich besser einen Moment mehr Zeit und erklärt, wozu man einlädt. Es könnte sein, dass sonst der Eingeladene nicht weiß, was ein Hauskreis ist. Im Jugendbereich der FeG Hannover wird für eine Gruppe so geworben:

„sonlight.home" bezeichnet die Hauskreise, die sich zwei Mal im Monat meist in Privathäusern treffen. In einer solchen Kleingruppe findet man ein „Zuhause", Leute in seinem Alter, mit denen man sich über „Gott und die Welt" unterhalten kann, Leute, bei denen man seine Fragen loswerden kann und die einen unterstützen und motivieren können, sein Leben mit Jesus zu leben. Dabei hat jeder die Chance, sich mit seinen Ideen einzubringen und den jeweiligen Kreis zu prägen.

5.2 Einladen – von der Kleingruppe in den Gottesdienst

- Karin spricht in ihrer Kleingruppe, in der manche Teilnehmer noch nicht am Gottesdienst teilnehmen, oft so begeistert vom letzten Gottesdienst, dass es nicht lange dauert, bis auch der neueste Besucher im Kreis bald in den Gottesdienst kommt. Information und „Ansteckung" haben schon manche in den Gottesdienst gebracht.

- Zusätzlich zum Berichten über den Gottesdienst gibt dieser Hauskreis immer wieder die Gottesdienstprogramme weiter, um dafür einzuladen.

- Sie nehmen auch den Beginn einer neuen Predigtreihe oder einen besonderen Gottesdienst zum Anlass, einzuladen.

- Vor allen Dingen gehen die Leiter selbst mit gutem Beispiel voran, indem sie gern zu den Gottesdiensten gehen und aktiv mitwirken.

- Außerdem sind schon viele zu regelmäßigen Gottesdienstbesuchern geworden, weil sie mit ihrem Hauskreis dort mal beteiligt wurden. Mitarbeiter werden auch in Hauskreisen geworben.

- Werden die Predigtreihen genutzt, um die Themen auch in den Hauskreisen zu behandeln, ergibt sich dadurch ebenfalls eine natürliche Brücke zu den Gottesdiensten. Manche Gemeinden drucken sogar Arbeitsblätter mit Fragen und Hilfen für das Gespräch in den Kleingruppen.

- Selbst bei der Verabschiedung kann ein Hauskreisleiter noch einmal auf den Gottesdienst hinweisen, indem er nicht nur sagt: „Also dann bis nächsten

Mittwoch", sondern etwa: „Wir sehen uns also nächsten Mittwoch wieder – und am Sonntag im Gottesdienst." Einladungen wollen einfach immer wieder ausgesprochen werden – in der Gruppe und im persönlichen Gespräch.

* Wenn man sich dann sonntags vor dem Gottesdienst herzlich begrüßt, weil man sich vom Hauskreis her kennt, trägt das zum Wiederkommen bei.

5.3 Einladen – mit Herzlichkeit: Damit sich Gäste wohlfühlen

Es ist meine Überzeugung, dass Gemeinden in Deutschland erheblich besser wachsen würden, wenn sie nur ihre Freundlichkeit den Menschen gegenüber nicht so häufig hinter Gleichgültigkeit und Unsicherheit verstecken würden. Ich besuchte eine Gemeinde in Süddeutschland. Irgendetwas machte die Gemeinde richtig, denn als ich dort recht spät zum Gottesdienst ankam, waren nur noch vereinzelt Plätze frei. Ich nahm Platz, machte den Gottesdienst mit und war dann gespannt, was nach dem Schlusswort des Pastors geschieht. Ich bewegte mich aus meiner Sitzreihe, wie die anderen auch, dann aus dem Saal ins Foyer und begab mich langsam in den Bereich, wo Kaffee und kalte Getränke angeboten wurden. Prima, dachte ich und bediente mich selbst mit einem Glas Sprudel.

Nun stand ich da und wartete. Wie ein Fremder – obwohl vertraut mit ähnlichen Situationen – sah ich mich um, stand einfach da, wie bestellt und nicht abgeholt. Ich sah mir dann den netten Büchertisch an und wartete … fünf Minuten, zehn Minuten. Keiner sprach mich an. Alle waren beschäftigt. Ich war mir sicher, wenn sie an dem Nachmittag von ihrem Gottesdienst erzählen, werden sie sagen, dass sie gute Gemeinschaft hatten. Ja, sie fühlten sich wohl in den vielen kleinen Gesprächsgruppen, die sich dort nach dem Gottesdienst locker und ungezwungen mit Jugendlichen, Erwachsenen und auch Teenagern gebildet hatten. Nur eine Frau saß dort allein – sie kam aus Afrika, Französisch sprechend, wie ich feststellte, als ich kurz ein Gespräch mit ihr suchte. Oh ja, man war freundlich zu Gästen, denn als ich nach dem Weg zur Toilette fragte, bekam ich eine freundliche und richtige Auskunft. Das war es dann auch. Nach etwa zwanzig Minuten gab ich auf. Keiner hatte mich angesprochen.

5.3.1 Heimvorteil – Gastgeber werden

Es wäre alles nicht so tragisch, wäre dies ein Einzelfall. Aber immer wieder höre ich von solchen Erlebnissen. Dabei ist es so einfach, freundlich zu sein. Gemeinden könnten wesentlich mehr Gäste als Teilnehmer gewinnen, würde den Christen nur vermittelt werden, ihre Kontaktängste zu überwinden und ihre Augen für die Neuen zu öffnen. Besonders in größeren Gemeinden muss gelehrt werden, wie man neue Leute begrüßt. Christen, die sich in der Gemeinde zuhause fühlen, können ermutigt werden, ihre Scheu zu überwinden und als „Gastgeber" die ersten Schritte tun.

5.3.2   Auf andere zugehen – das erwartet man von einem Gastgeber

Die ganze Atmosphäre kann einladend wirken, wenn man an kleine Dinge denkt – und das fängt bereits vor dem offiziellen Beginn des Gottesdienstes an. Wenn Sie als Gast in einen Gottesdienst kämen, welche der folgenden „Begrüßungen" würde auf Sie einladend wirken?

- Sie parken Ihren Wagen, gehen ins Gebäude und langsam in den Saal. Sie werden gar nicht bemerkt.

- Sie werden zwar bemerkt, aber nicht beachtet. Da ist keine Reaktion, kein freundliches Lächeln, das Ihnen signalisiert: Schön, dass Sie hier sind.

- Sie kommen und man grüßt Sie freundlich „Guten Morgen", aber das war es dann auch schon.

- Sie kommen, werden persönlich begrüßt – vielleicht sogar mit Handschlag oder wie es dem Ort und dem Alter gemäß üblich ist. Dann aber lässt man Sie stehen.

- Man erkennt Sie sofort als Neuen und umringt Sie und überschüttet Sie mit Freundlichkeit.

- Sie werden kurz begrüßt und der Gastgeber signalisiert durch sein Stehenbleiben, dass er zu einem kurzen Gespräch bereit ist.

- Das gilt besonders nach dem Gottesdienst: Sie werden begrüßt, jemand redet mit Ihnen und stellt Sie dann einem weiteren Teilnehmer des Gottesdienstes vor. Sie können sich interessiert unterhalten und finden das Kennenlernen bereichernd. Sie erzählen von sich, gerade so viel Sie wollen und erfahren gleichzeitig etwas über ihr Gegenüber und die Gemeinde.

5.3.3   Lade ein – und du wirst erwartungsvoll Ausschau halten

Welche der Szenen hat auf Sie einladend gewirkt? Jesus sagt: „Alles nun, was ihr wollt, dass euch die Leute tun sollen, das tut ihnen auch!" (Mt 7,12).

Viele Gäste finden es angenehm, wenn sie begrüßt werden und man sich mit ihnen unterhält. Es fördert den Einstieg, wenn der Gast anderen bekannt gemacht wird, vielleicht der kleinen Gruppe, die dort am Kaffeetisch steht oder der Mitarbeiterin am Infotisch oder am Büchertisch. Ob die Begrüßung echt war oder nur Pflichterfüllung, das merkt der Gast spätestens beim nächsten Besuch. Wird er dann wieder wahrgenommen? Wird der, der ihn neulich angesprochen hat und sich so herzlich um ihn kümmerte, ihn bemerken und sich ihm zuwenden? Falls er zum Beispiel teilnahmslos an ihm vorüber geht als kenne er ihn nicht, so wird er vielleicht nie wiederkommen. Wird er aber wiedererkannt und möglicherweise mit Namen angesprochen, dann merkt er, dass er der Gemeinde wichtig ist. Halten Sie also Ausschau nach Gästen, die Sie bei vorhergehenden Anlässen getroffen haben und sprechen Sie diese Gäste an. Das Gleiche gilt für das Warten auf und Begrüßen von Gästen, die während der Woche von dir eingeladen wurden.

5.3.4   Willkommen heißen, aber nicht bedrängen

Die meisten neuen Besucher wollen beachtet, aber nicht belagert werden wie ein Star. Sie möchten spüren, dass sie gern gesehen sind, möchten aber weder erdrückt werden noch im Mittelpunkt stehen, was ihnen peinlich sein könnte.

Die folgenden Zeichnungen – „Ein Neuer kommt" – [23] sprechen einen wunden Punkt in vielen Gemeinden an, wie ich aus eigenen Erlebnissen und Gesprächen sagen muss. Wird dieses freundliche Einladen allerdings in der Gemeinde gelehrt und vorgemacht, dann finden mehr Menschen ihre Gemeinde und die Gemeinde wird wachsen.

Ein Neuer kommt !

---

[23] Glaubens- und Mitarbeiterschule. Gemeinschaft und EC, München. Ernst Völcker. Mit freundlicher Genehmigung des Verfassers. Die Zeichnungen wurden von Tamara Arhelger neu gestaltet (2012).

1. Er wird begrüßt...

2. und stehengelassen !

3. Er bleibt isoliert !

4. Er wird erdrückt !

5. Er wird begrüßt...

6. und bekanntgemacht.

7. Er wird mit hineingenommen.

Woran liegt es wohl, wenn Gäste nicht angesprochen werden? Es könnte daran liegen, dass sich zu viele regelmäßige Teilnehmer nicht genug als Gastgeber verstehen. Oder die Gemeindeglieder sind so selten im Gottesdienst, dass sie sich nicht sicher sind, wer neu ist und wer nicht. Es trifft auf manche Mitarbeiter auch zu, dass sie im Gottesdienst so sehr mit ihren Aufgaben beschäftigt sind, dass sie kaum Zeit für andere haben. Es können sich in der Tat nicht alle um die Gäste kümmern. Einige Mitarbeiter haben so viel mit anderen in der Gemeinde zu besprechen, damit die nächste Veranstaltung gut läuft, und versuchen, Bekannte noch schnell zu erreichen, bevor diese nach Hause gehen. Wieder andere sind etwas schüchtern und es fällt ihnen schwer, auf Unbekannte zuzugehen.

Wo neue Leute in Gemeinden freundlich begrüßt und aufgenommen werden, ist das kein Zufall. Die Liebe Jesu hilft Christen, die möglichen Hemmungen zu überwinden und sie macht erfinderisch. Das Folgende hat sich bewährt. In den Treffen der Leiter wird immer mal wieder auf die Neuen im Gottesdienst aufmerksam gemacht. Der Vorschlag, dass alle Mitarbeiter in den ersten drei Minuten nach dem offiziellen Ende des Gottesdienstes auf jemandem zugehen, den sie noch nicht so gut kennen, wird auch gute Folgen haben, wenn man diese Regel nicht gesetzlich anwendet. Alle Hauskreisleiter und Co-Leiter haben doch ein Interesse daran, Gäste kennenzulernen – vielleicht ist ein neuer Hauskreisteilnehmer dabei. Es hilft den Christen nach dem Gottesdienst mit anderen zu reden, wenn man zu Beginn des Gottesdienstes durch eine Ansage die Möglichkeit hatte, seinen Sitznachbarn zu begrüßen. Das gesamte Klima in der Gemeinde soll ein herzliches Willkommen vermitteln. Werden nach dem Gottesdienst noch Getränke angeboten, kann man Gäste darauf hinweisen – was sogar als Gesprächseinstieg benutzt werden kann. Sind in den Gemeinderäumen auch Hinweise auf die Kleingruppen angebracht, wie Fotos oder Poster, wird es den Gruppenmitgliedern leicht gemacht, mit einem neuen Gesprächspartner im Gespräch zu bleiben. Es ist auch oft angebracht, wenn man den neuen Bekannten auch einem der eigenen Freunde aus dem Hauskreis vorstellen kann – oder aus einem anderen Hauskreis der besser zu den Gästen passt (unter Berücksichtigung des Alters, der Wohnlage oder anderen Gründen).

6 Kleingruppen produzieren „Vitamin B" zum Wachstum der Gemeinde

6.1 Gemeinschaft tut gut

Wenn man vom *Vitamin B* spricht, meint man Beziehungen, die jemandem Türen öffnen. In einem wesentlich tieferen Sinn sind Beziehungen tragend in einer Gemeinschaft. Wenn zwischen Menschen eine gute Beziehung besteht, kann man sich von Jesus erzählen, kann einer dem andern helfen, schärfer zu sehen, wie man als Christ lebt. Wie Bergsteiger sich einander Halt geben, so wirken auch Beziehungen in kleinen Gruppen.

Ein Jugendpastor hat mit seinem Team einen Jugendgottesdienst vorbereitet. Auf der einen Seite freut er sich auf diesen Abend, andererseits fürchtet er den „Steinschlag" einer Mitarbeiterin, den Steinschlag der unzeitigen und unangebrachten Kritik. Der ganze Jugendgottesdienst macht ihm tagelang zu schaffen. Er erzählt seiner Kleingruppe davon. Abends soll der Gottesdienst stattfinden. An dem Morgen klingelt es an der Tür – unverhofft. Drei seiner Freunde kommen, ihn zu besuchen, bringen ein paar Brötchen mit Aufschnitt und Ermutigung für den Jugendgottesdienst mit. Wohl dem, der zu solch einer Kleingruppe gehört. Wohl dem, der gute Beziehungen hat – er wird wieder aufgebaut, wenn er einmal durchhängt.

Wir sehen an diesem Beispiel aber auch, dass gute Beziehungen nicht selbstverständlich sind. Schlechte oder gestörte Beziehungen rauben Kraft. Wir erleben, dass Kritik, die zum falschen Zeitpunkt kommt oder unangebracht ist, Beziehungen belastet. Es ist wichtig, dass in den Kleingruppen gute Beziehungen aufgebaut und gepflegt werden. Es ist aber auch richtig, dass man gute Beziehungen braucht, um einander aufzubauen.

Beziehungen innerhalb einer Gruppe brauchen Aufmerksamkeit. Gepflegt werden sollen aber auch die Beziehungen der Kleingruppen untereinander und zur gesamten Gemeinde. Eine weitere Beziehungsebene, die unbedingt Beachtung verdient, ist die Beziehung des einzelnen Menschen mit Gott.

Eine Studie über eine Gemeindegründung im Osten Europas brachte Folgendes zu Tage: Die ersten Mitarbeiter in der Gemeindegründung nahmen sich viel Zeit, um Beziehungen mit den Menschen vor Ort zu knüpfen. Sie trafen sich mit einzelnen Interessierten, erzählten von Jesus und erlebten, wie Menschen Jesus Christus ihr Leben anvertrauten. Sie trafen sich auch zu Gottesdiensten im größeren Kreis, pflegten aber weiterhin die Beziehung mit einzelnen jungen Christen. Später kamen andere Christen dem kleinen Team zu Hilfe. Es wurden sogar große Veranstaltungen durchgeführt, durch die man viel mehr Menschen für Christus erreichen wollte. Doch die Studie ergab, dass die tragenden Mitarbeiter der Gemeinde nicht durch die großen Aktionen gewonnen wurden, sondern durch die persönliche Kleinarbeit der ersten Mitarbeiter. Beziehungen sind durch nichts zu ersetzen.

Aber es geht nicht nur darum, neue Beziehungen zu knüpfen. Es geht im Gemeindebau auf der Kleingruppenebene auch darum, bestehende Beziehungen zu entdecken und zu stärken, die ganz natürlichen Bezüge und Freundschaften, gerade auch innerhalb der Familien. Es ist zum Beispiel besser, einen guten Kindergottesdienst während des Gottesdienstes am Sonntag anzubieten, als zu versuchen, die Kinder während der Woche und die Eltern am Sonntag zu erreichen. Menschen, die etwas gemeinsam haben, tun sich oft leichter, gemeinsam auf Jesus zu hören, sei es nun eine gemeinsame Familie, ein gemeinsamer Arbeitsplatz, ein gemeinsames Hobby oder eine gemeinsame Herkunft.

6.2   Gemeinschaft ist mehr als ein Gespräch beim Stehkaffee

In den Kleingruppen wird gemeinsam gebetet. Gemeinsam bringen sie ihre Freunde vor Jesus, d. h. sie beten für ihre Freunde, und wenn möglich holen sie ihre Freunde zur Gemeinde ab. Hier sollen Kontakte zu Beziehungen und gute Beziehungen zu Freundschaften werden. Freundschaften sind erprobte Beziehungen; sie wachsen kaum beim Stehkaffee nach dem Gottesdienst – so wichtig dieser Stehkaffee auch ist. Beziehungen gehen durch Tiefen, denn menschliche Schwächen zerren an ihnen. Charaktereigenschaften prallen aufeinander, gute Absichten werden missverstanden und Regelmäßigkeit im Besuch der Gruppe ist angefochten. Aber für den, der durchhält, wartet echte Freundschaft, tragende Gemeinschaft.

Comiskey beobachtet und bedauert zu Recht, dass wir in unseren Tagen dahin gekommen sind, dass Beziehungen eine Option geworden sind. Menschen kommen am Sonntagmorgen oft nur noch, um an ihrer persönlichen Beziehung mit Gott zu arbeiten. Es geht um die persönliche Erbauung. Viele gehen zur Kirche oder zur Gemeinde wie zum Supermarkt: Man holt sich das, was man meint zu brauchen. Man hat bestimmte Vorstellungen von dem, was man kaufen will und was ein guter Preis dafür wäre. Der Laden soll offen sein, wenn es mir passt. Dann will ich auch nicht zu lange an der Kasse stehen. Und solange dieses Geschäft meine Wünsche erfüllt, bekommen sie mein Geld, Monat für Monat. Wenn ich nicht mehr mit dem Geschäft zufrieden bin, suche ich mir eben ein anderes Geschäft aus. So machen es manche mit der Gemeinde. Sie kommen zur Gemeinde als Konsumenten, sie suchen, was sie wollen. Und solange es angenehm für sie ist und sie was geboten bekommen, werden sie erscheinen.[24]

Ganz anders verhält es sich mit einer Kleingruppe, in der man selbst gefragt ist, in der man sich beteiligen kann, in der man gefragt wird, wie es einem wirklich geht. Dort braucht man auch seine schlechte Laune nicht zu verbergen, dort hat man jemanden, dem man die freudigen Erlebnisse des Tages oder der Woche erzählen kann. Jemand hört aufmerksam zu. In Gemeinden, die Hauskreise betonen, steht Gemeinschaft hoch im Kurs. Sie bieten Gemeinschaft an und wollen diese gelebt sehen zur Ehre Gottes und den Menschen zur Hilfe.

---

[24] Joel Comiskey äußerte diese Gedanken in einem Vortrag auf folgender Homepage: http://www.touchusa.org/web/AVTraining/avtraining.html (nicht mehr im Internet).

7 Auf den Inhalt kommt es an, damit Kleingruppen dynamisch bleiben

7.1 Vom Lieben, Lehren, Liefern – und logistischer Planung

Wie trage ich als Leiter und Teilnehmer zu einer herzlichen Atmosphäre bei? Was ist bei der Gestaltung eines Hauskreises zu beachten? Wie kommen wir neu in Schwung? Fehlt einer Kleingruppe der nötige Elan, sollten die Verantwortlichen der Gruppe prüfen, ob eines der vier „Ls" vernachlässigt wurde. Leidet die Gruppe, die sich zum Bibellesen trifft, vielleicht daran, dass sich die Teilnehmer nicht gut kennen? Dann sammeln sie zwar viel Wissen an, aber verbessern nicht ihre Beziehungen untereinander.

Eine andere Mangelerscheinung führt zu Frustration und Ärger zwischen Mitarbeitern: wenn nämlich eine Arbeitsgruppe nur auf ihre Aufgabe sieht, aber zu fragen vergisst, wie es den einzelnen Teilnehmern persönlich geht. Ohne aktive Liebe tun sich auch Arbeitsgruppen schwer.

Nun werden nicht alle drei Bereiche gleich stark betont, wie wir sehen werden. Aber alle drei Ls müssen vorhanden sein und gefördert werden, wenn eine Gruppe ihren Teilnehmern und anderen etwas bringen soll.

7.2 Ziele und Schwerpunkte

Zur gesunden Entwicklung gehören Ziele und das Betonen von Schwerpunkten. Kein Hauskreis ist wie der andere. Das liegt schon an den unterschiedlichen Menschen, die dort mitmachen. Aber auch von der Zielsetzung her sind Hauskreise unterschiedlich. Das ist gut so. Die folgende Tabelle zeigt, wo die Schwerpunkte in einem Kreis liegen können. Dabei ist wichtig, dass alle drei Inhalte in einem Kreis, der sich gesund entwickeln soll, vorhanden sein müssen, aber eben nicht im gleichen Maße[25].

---

[25] Viele dieser Ideen sind von Serendipity (Littleton: Serendipity House). *Eide Schwing*

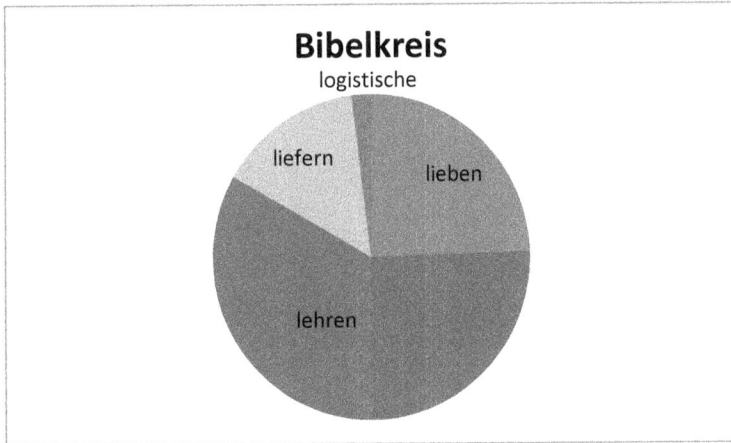

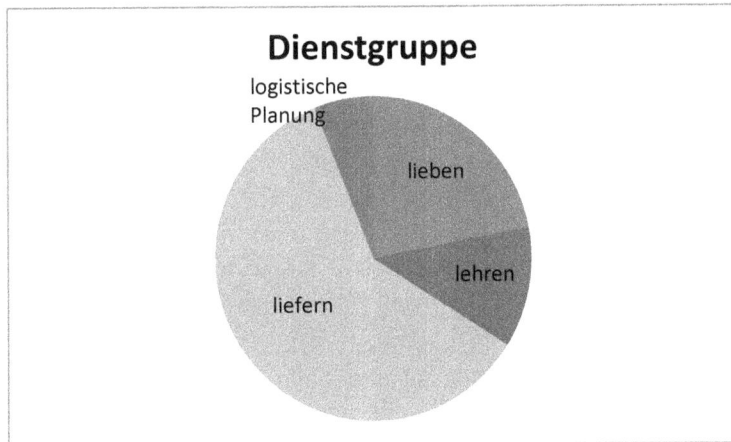

Gruppenaufbau	Bibelgespräch	Dienst/Mission
Gemeinschaft erleben	Bibelarbeit	Praktische Dienste und Evangelisation
Vertiefen der Kontakte	Impuls zum Text oder Thema	Üben für den Dienst (Chor, Theaterteam, usw.)
Kennenlernen	Die Bibel kennenlernen	Gottes Liebe durch Werke der Liebe bekannt machen
Nachfragen: Wie geht es dir?	Nachfragen: Was konntet ihr anwenden?	Nachfragen: Was hat Gott durch euren Dienst bewirkt?
Fürsorge	andere Verkündigung	Reparatureinsätze
…….	…….	…….
Seelsorge	Seelsorge	Seelsorge
Gebet	Gebet	Gebet
– lieben –	**– lehren –**	**– liefern –**

Die kleine Auswahl der Aktivitäten zeigt, wie unterschiedlich die Schwerpunkte in den Kleingruppen sind.

Im Biblischen Unterricht, zum Beispiel, sollen die Teenager etwas lernen, sie werden aber auch christliche Liebe erfahren, echte Annahme durch die Leiter und die anderen in der Gruppe. Dann werden sie auch praktische Dienste näher kennenlernen (liefern). So wurden Moritz und Sebastian für ihre sonntägliche Mitarbeit im Beamer-Team ermutigt. Steffi und Annette brachten sogar ihre Freundin mit in die Gruppe, weil sie bei dem Versuch, ihr von Jesus zu erzählen, auf so viele Fragen gestoßen waren.

Obwohl also im biblischen Unterricht das Lernen eine wichtige Rolle spielt, müssen doch Lieben und Liefern ebenfalls vorhanden sein, denn ohne Liebe, z. B., wird weder etwas gelernt, noch etwas Aufbauendes getan.

Stand beim Biblischen Unterricht das Lernen hoch im Kurs, so ist es beim Musikteam das Liefern. Würde man nun aber beim Üben nur zusammenkommen, um an den Liedern zu arbeiten, die für den nächsten Gottesdienst vorgesehen sind, wäre das nicht genug. Die Gruppe und die Aufgabe haben eine größere

Anziehungskraft, wenn man sich auch auf die Begegnung mit den anderen Christen im Team freut. Eine Runde, in der man sich kurz über Ereignisse im Leben untereinander austauschen kann, ein Gebet für eine bevorstehende Herausforderung, der dankbare Rückblick auf den vergangenen Gottesdienst – dies alles hilft zur Stärkung der Gemeinschaft.

7.3 Lieben, Lehren, Liefern und logistisches Planen praktisch

Anhand der folgenden vier wesentlichen Inhalte einer gesunden Kleingruppe kann ein Leiter prüfen, ob er an die wichtigen Dinge gedacht hat, die der Gruppe zum Erfolg verhelfen.

LIEBEN

Es genügt aber nicht, dieses Wort nur anzuhören. Ihr müsst es in die Tat umsetzen, sonst betrügt ihr euch selbst! (Jak 1,22).

- Bete für deine Leute und für die Treffen.

- Sorge dafür, dass die Teilnehmer „ankommen können", dass sie sich auf den Abend einstellen, dafür interessieren und eher bereit werden, sich zu beteiligen. Das könnte geschehen, indem du etwas aus deinem Erleben erzählst, das mit dem Abend zu tun hat, oder durch eine „Eisbrecherfrage".

- Habe eine Eisbrecherfrage bereit, um sie anzuwenden, wenn es nötig ist.

- Welche wichtigen Ereignisse aus dem Leben der Teilnehmer sollten erwähnt werden? Welche Ereignisse bedürfen der persönlichen Nachfrage vor oder nach dem offiziellen Teil des Treffens? Die Frage könnte sich auf ein zuvor genanntes Gebetsanliegen beziehen.

- Wer braucht Ermutigung oder ein Ohr, das ihm mal zuhört?

- Wer sollte aufgrund des Treffens mal angerufen oder besucht werden? (Wo zeigen sich Gelegenheiten, Wachstum zu fördern, oder wo gilt es, Schwierigkeiten anzupacken?)

- Wie kann das gemeinsame Gebet gefördert werden?

- Soll gemeinsam gesungen werden? Sind Instrumente vorhanden?

- Mit wem sind Gruppenteilnehmer im einladenden Gespräch (Austausch und Gebet)?

- Hält der Kreis sich an die abgesprochenen Werte? Ist eine Erinnerung an einen der Werte notwendig geworden?

LEHREN

Anders der Mensch, der tief und anhaltend in das vollkommene Gesetz Gottes blickt, das uns frei macht (Jak 1,25).

- Wer führt durch das Bibelgespräch oder das Thema?

- Wer liest den Bibeltext?

- Mit den Teilnehmern im Blick und dem Bibeltext im Ohr: Was ist die Botschaft des Treffens?

- Wer könnte nach einem Erlebnisbericht (zum Thema des Treffens) gefragt werden?

- Ist daran gedacht worden, die Anwendung vom vergangenen Treffen wieder zur Sprache zu bringen? Wer hat etwas mit dem Text des vergangenen Treffens erlebt?

- Gibt es Anschauungsmaterial, um das Thema des Bibelgesprächs zu vertiefen? Wer könnte dabei behilflich sein?

- Sind die Texte und Themen bewusst ausgesucht, um die Gruppe und ihre Teilnehmer zu fördern? Gibt es Vorschläge von Seiten der Gemeinde? Manche Gemeinden bieten z. B. Arbeitsblätter für Hauskreise an, die das Thema des Gottesdienstes noch einmal aufgreifen.

- Kommen Mitarbeit und der zukünftige Start neuer Gruppen auch in den Themen der Treffen vor?

- Können wir uns auf Teilnehmer einstellen, die noch keine Christen sind? Was brauchen die Gruppenteilnehmer?

LIEFERN

Er hört nicht nur hin, um es gleich wieder zu vergessen, sondern handelt danach. Freuen darf sich, wer das wirklich tut (Jak 1,25).

- Wie wird bei diesem Treffen vermittelt, dass die Gruppe gerne neue Teilnehmer begrüßt? Wie wird das Einladen gefördert? Es hat sich bewährt, vor dem Beginn einer neuen Serie im Hauskreis Handzettel zum Einladen zu drucken. Wenn man beim Einladen etwas in der Hand hat, hilft das sehr und der Eingeladene kann die Einzelheiten nachlesen.

- Gibt es in der Gruppe oder im Umfeld der Gruppenmitglieder Probleme oder Herausforderungen, für deren Lösung der Kreis etwas beitragen kann? Arbeitet z. B. ein Hauskreis mit Hilfe der Bibel an dem Thema „Zu viel Monat übrig am Ende des Geldes", so sollte die Gruppe nicht unter sich bleiben. Stattdessen dürfen die Mitglieder ihre Bekannten auf diese Treffen hinweisen, damit auch sie davon lernen können.

- Unternimmt die Gruppe etwas, das über die Förderung der eigenen Gruppe hinausgeht? In anderen Worten: Fließt ihr Leben über (Joh 10,10)? Einige Beispiele werden später genannt.

- Was könnten die Gruppe oder einzelne aus der Gruppe für andere in der Gemeinde Gutes tun? Sie könnten sich z. B. am Gottesdienst beteiligen; dafür ist es nötig, den Verantwortlichen für die Gottesdienste anzusprechen. Die Gruppe kann sich auch am Frühjahrsputz beteiligen oder an einer gemeindeweiten Aktion.

- Gibt es ein Projekt in der Stadt oder dem Dorf, an dem sich der Hauskreis beteiligen könnte?

- Sicher gibt es auch innerhalb der Gruppe Menschen, die praktische Hilfe gut gebrauchen könnten – vom Streichen eines Zimmers bis zum Nachhilfeunterricht.

LOGISTISCHE PLANUNG

Wenn der Herr es will, werden wir noch leben und dies oder jenes tun (Jak 4,15).

- Was muss für das nächste Treffen geplant und angesagt werden?

- Welche Nachrichten sind von der Gemeinde weiterzugeben?

- Was kann im nächsten Treffen der Co-Leiter oder Leiter-in-Vorbereitung übernehmen?

- Ist mit dem Gastgeber alles für den Abend geklärt? Dies ist für die ersten Treffen einer Gruppe besonders wichtig.

- Für wann sind die nächsten Treffen oder der nächste Einsatz außerhalb des üblichen Kleingruppensettings geplant?

- Was läuft im nächsten Gottesdienst? Wie kann dafür eingeladen werden?

- Gibt es seelische Nöte, in denen Hilfe von anderen erforderlich ist? Wer ist anzusprechen? Wann?

- Was sollte der Pastor oder das Pastorenteam über die Entwicklung der Gruppe wissen?

- Wer gibt die Teilnehmerzahlen an den Verantwortlichen in der Gemeinde weiter?

- Ist allen klar, wo und wann der nächste Hauskreis stattfindet und welches Thema behandelt wird?

7.4 Die Betonung kann sich verlagern

Wo der Schwerpunkt gesetzt wird, liegt nicht nur an der Zielsetzung der gesamten Gruppe, sondern auch an dem Stadium, in dem sich die Gruppe gerade befindet. Ist die Gruppe schon lange zusammen oder treffen sie sich gerade das erste oder zweite Mal? Kennen sich die Gruppenmitglieder oder sind sie sich noch fremd?

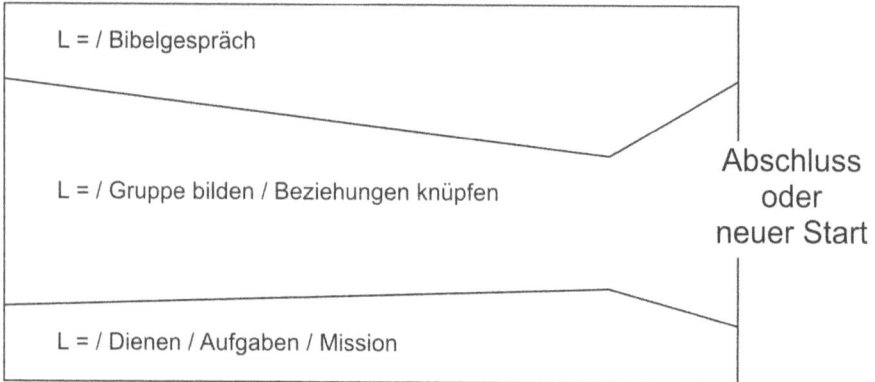

```
L = / Bibelgespräch


L = / Gruppe bilden / Beziehungen knüpfen        Abschluss
                                                    oder
                                                 neuer Start

L = / Dienen / Aufgaben / Mission
```

7.4.1   Entwicklung einer Kleingruppe nach einer Grafik von Serendipity

Liebe will geübt sein. Das Aufbauen der Gemeinschaft und die Förderung der Beziehungen der Gruppenmitglieder untereinander passieren nicht automatisch. Der Leiter einer Gruppe muss bewusst daran arbeiten, dass sich die Mitglieder einander näher kommen. Auch er ist ja für viele zu Beginn fremd.

Sie mussten sich erst näher kommen, die elf, die zusammen gekommen waren, um etwas über Gemeindegründung zu lernen. Nein, es waren nicht die zwölf Jünger, aber sehr unterschiedlich waren sie auch. Zum Beispiel Friedrich, ein Deutscher, der in Russland aufgewachsen war, in Amerika studiert hatte und sich nun vorbereitete für die Arbeit im Nordosten Sibiriens. Norbert war auf Heimataufenthalt in Deutschland und bereitete sich auf die Wiederausreise nach Thailand vor. Monika arbeitete in einer Gemeinde in Hessen. Thomas aus den neuen Bundesländern war in Kasachstan tätig. Peter, ein Schweizer, war auf der Durchreise nach Indien. Nun habe ich gerade etwas über ihre Herkunft und Erfahrungswelt gesagt. Aber wenn Menschen zusammenkommen, spielen noch ganz andere Dinge eine Rolle, wie zum Beispiel Sympathie und Antipathie, Geduld und Ungeduld, Alter, Ziel, Gemeindehintergrund – um nur einiges zu nennen. So verschieden die Herkunft und die Arbeitsfelder auch waren, sie hatten doch eines gemeinsam: Sie waren entschieden Jesus zu folgen und ihm zu dienen.

Dennoch, in dieser Gruppe musste ich lernen, dass man zunächst Gedanken und Zeit für ein gutes Miteinander investieren muss, bis die Gruppenmitglieder sich wohl und sicher genug fühlen, um auch andere in der Gruppe willkommen zu heißen. Teilnehmer einer Gruppe sind wesentlich bereiter, etwas zu lernen, wenn sie sich von der Gruppe angenommen fühlen. Dazu dienen Vorstellungsrunden, die Möglichkeit von sich zu erzählen, und die „Eisbrecherfragen", die an anderer Stelle noch erläutert werden.

Bleibt man aber zu lange in dieser Phase, werden diejenigen ungeduldig, die aus einem anderen Grund gekommen sind. Wer zum Beispiel einen Hauskreis besucht, um tiefer in der Bibel zu arbeiten, der wird ungeduldig, wenn nach Wochen immer noch das Gesellige im Vordergrund steht und man in der Bibel nicht weiterkommt. Deshalb sollte das Leitungsteam sensibel dafür sein, was in der jeweiligen Phase dran ist.

8 Auf die Beteiligten kommt es an, damit Kleingruppen ihren Zweck erfüllen

Wie setzt sich ein Hauskreis zusammen? Natürlich spielt das Alter der Gruppenteilnehmer eine Rolle, auch die soziale, religiöse oder auch ethnische Herkunft, ebenso der geistliche Stand der Teilnehmer und ihre Erwartungen. Es ist aber auch nützlich zu erkennen, welche Rolle der einzelne Teilnehmer einnimmt.

8.1 Die regelmäßigen Teilnehmer – und die Ziele der Gruppe

Sie kommen, weil sie eingeladen wurden oder die Gruppe gesucht haben. Sie kommen gern oder auch nicht so gern. Hoffentlich haben sie Erwartungen an die Gruppe. Sie stimmen den Werten der Gruppe zu – oder auch nicht wirklich. Sie sind noch keine Christen oder sind es schon lange. Sie sollen zu Christen werden oder als Christen im Glauben wachsen, zu „Tätern des Wortes" (Jak 1,23) werden, in der Gemeinde und für Jesus arbeiten lernen oder für weitere Mitarbeit ermutigt und befähigt werden. Sie sollen nicht passiv bleiben, sondern ihr Christsein aktiv leben – vielleicht mal Hauskreisleiter werden oder Unterstützer oder Pastor bzw. Pastorin. Sie sollen wachsen in ihrer Liebe zu Jesus, zu anderen Christen und zu denen, die noch fern von Jesus sind. Manche dieser Ziele sehen sie auch so, andere haben sie noch nicht erkannt. Es soll geschehen, was Paulus folgendermaßen vorzeichnet:

> Diesen Christus verkünden wir. Und wir hören nicht auf, jeden Einzelnen in der Gemeinde zu ermahnen und jedem Einzelnen in der Gemeinde den Weg zu zeigen, den uns Christus gewiesen hat. Das tun wir mit der ganzen Weisheit, die uns gegeben ist. Denn wir möchten jeden und jede in der Gemeinde dahin bringen, dass sie vor Gott dastehen in der Vollkommenheit, die aus der Verbindung mit Christus erwächst. Eben dafür kämpfe ich und mühe mich ab, und Christus selbst wirkt durch mich mit seiner Kraft, die sich in mir als mächtig erweist (Kol 1,28-29).

8.2 Die Gastgeber – und was sie Gutes tun können

Gute Gastgeber machen sich und ihre Wohnung von Herzen für Gäste bereit. Sie stellen ihre Wohnung ganz bewusst in den Dienst für Jesus, nehmen sich vor, die Gäste freundlich an der Tür zu begrüßen. Sie bereiten die Wohnung für den Abend vor, so dass die Gäste sie als sauber, sicher und angenehm empfinden. Werden zum Beispiel Kinder mitgebracht, wird ein verantwortungsvoller Gastgeber darauf achten, dass die Kinder nicht durch Hunde, Katzen oder – wenn die Kinder im Freien spielen – durch Fahrzeuge in Gefahr geraten. Sicherheit spielt eine Rolle. Als angenehm werden Teilnehmer es empfinden, wenn der Raum wohl temperiert und gut gelüftet ist, das Licht zum Lesen geeignet ist, die Sitzordnung nicht einengt und sie etwas zum Knabbern und zum Trinken haben.

Weil nicht immer alle in der Familie am Hauskreis teilnehmen, bittet der Gastgeber auch bei den anderen in der Familie um Verständnis, dass man möglichst ungestört bleiben möchte. Klingelnde Telefone, laute Telefongespräche oder Fernsehgeräte im Nachbarraum lenken ab. Man darf aber das Telefon nicht einfach abstellen, denn vielleicht haben Eltern ihren Kindern oder Babysittern zu Hause die Telefonnummer hinterlassen, falls sie mit ihnen reden müssen. Mancher mag meinen, Gastgebersein sei einfach, aber diese Aufzählung zeigt, wie wichtig es ist, dem Gastgeber immer wieder einmal zu danken, denn es fallen viele Aufgaben an, deren Erfüllung sich auf die Atmosphäre auswirkt.

Gastgeber müssen viel Takt beweisen, wenn sie z. B. Gastkindern sagen wollen, dass diese nicht alle Räume betreten dürfen, nur manches Spielzeug für sie ist und anderes ihren eigenen Kindern vorbehalten bleibt. Takt ist nötig, wenn jemand falsch geparkt hat, wenn jemand noch nicht verstanden hat, dass Rauchen unerwünscht ist oder wenn der Gastgeber Wert darauf legt, dass alle die Räume ohne Schuhe betreten.

Da aber viele dieser Dinge selbstverständlich sind, sollte ein Gastgeber sich auf die Gäste konzentrieren und ihnen freundlich begegnen. Auch Gastgeber werden dazu lernen. Wenn das Gründungsteam beim Start eines neuen Hauskreises zuerst nach denen sucht, die solche Treffen auf gesellschaftlicher Ebene bereits durchführen, wird deren Beteiligung manches erleichtern. Bekannte, die bereits gute Gastgeber sind, sollten gewonnen werden, ihre Fähigkeiten als Gastgeber und ihr Format der Partys für Jesus und seine Gemeinde zur Verfügung zu stellen. Natürlich muss auch dann sorgfältig überlegt werden, wo die bewusst christlichen Elemente eingebaut werden sollen.

8.3 Der Leiter der Gruppe – und seine Aufgaben während des Treffens

Jemand, der sich für die Fürsorge der Teilnehmer und die Durchführung des Hauskreises verantwortlich weiß, ist meistens der Leiter, sei es ein Mann, eine Frau oder ein Ehepaar. Es gibt Hauskreise, die stolz darauf sind, dass sie keinen

Leiter haben. Wirklich? Ist nicht doch jemand der inoffizielle Leiter? Wie dem auch sei, wenn die Gemeindeleitung fragt, wer aus dem Hauskreis zum Leitertreffen kommt, dann wird auch solch ein Hauskreis jemanden benennen. Die Aufgaben eines Hauskreisleiters werden an anderer Stelle in diesem Buch beschrieben. Diese Leiter gehören zu den wichtigsten Mitarbeitern in der Gemeinde.

8.4 Die Unterstützer – ein Beitrag zur Qualität

Wie wichtig die Unterstützer sind und welche Aufgabe sie haben, habe ich bereits in einem früheren Kapitel beschrieben. Stehen sie als Ansprechpartner der Hauskreisleiter fest, können sie selbst die Initiative ergreifen und sich zum Hauskreis anmelden. Es ist aber auch möglich, dass der Hauskreisleiter ihn einlädt oder dass dies bei einem Coaching-Gespräch zwischen beiden abgesprochen wird. Nicht jeder gute Hauskreisleiter ist auch ein guter Unterstützer, weil beim Unterstützen noch andere Fähigkeiten gefragt sind.

8.5 Menschen mit herausfordernden Problemen

Jeder Mensch hat seine Macken, seinen Tick, seine Fehler. Doch die Verhaltensweisen oder Probleme von einigen Menschen werden zu einer Herausforderung für die Gruppe. Manche Personen fühlen sich von der Gruppe angezogen, aber die Teilnehmer finden die Personen mit ihren Eigenarten oder Problemen gar nicht anziehend. Wie hilft man solch einem Menschen und der Gruppe, damit der Hauskreis nicht zu sehr belastet oder gar zerstört wird? Wohl dem Hauskreisleiter, der solche Gefahren erkennt und sie mit seinem Co-Leiter oder Unterstützer besprechen kann.

Natürlich kann eine Gruppe auch aus anderen Gründen in eine Krise kommen. Was immer die Ursache sein mag, eine Krise kann den Teilnehmern einer Gruppe auch zum Wachstum dienen, wenn sie Schwierigkeiten gemeinsam durchstehen oder überwinden.

8.6 Was können Kleingruppen besonders gut?

In einer Zeit, in der Menschen sich einander entfremden, Familien sich trennen und Einsamkeit manchen quält, kann sich ein Hauskreis durch seinen „Hirtendienst" als großer Segen erweisen. Ein Hirte hält die Herde zusammen, versorgt sie und geht den Verlorenen nach. In einer Kleingruppe geschieht das auch. Darum sollte sich jeder Pastor über den pastoralen Dienst einer Kleingruppe freuen. Mehr zu diesem Dienst folgt später im Text.

Gespräche mit einem Seelsorger können befreiend wirken. Manche Probleme werden schon früh gelöst, indem Christen in einer Kleingruppe einander so gut vertrauen, dass sie über persönliche Probleme und Herausforderungen sprechen und einander helfen.

Christsein geht nicht ohne Wissen und ohne Erkenntnisse. Deshalb findet manche Lehre im Hauskreis statt. Im Wesentlichen lernen wir dort von der Bibel und voneinander.

Einer mag begabt sein im Einladen anderer zur Kleingruppe, ein anderer gestaltet den Abend wie ein Fest, damit sich der neue Besucher wohlfühlt. Wieder jemand anderes hat sich auf die Bibelarbeit vorbereitet. Alle gemeinsam möchten sie Menschen für Jesus gewinnen. So wirkt ein Hauskreis auch wie ein Evangelist. Aber viel mehr bewirkt er anschließend, nachdem ein Mensch sich für Jesus Christus entschieden hat. Hier lernt der neue Christ die Bibel und andere Christen lieben. Er erfährt in persönlicher Zuwendung die Vergewisserung seiner Errettung, lernt, wie man Jesus dient, und bekommt die Hilfen, die er zum Wachstum im Glauben braucht. Mehr über diese Aufgabe folgt später.

Eine Kleingruppe ist klein – und das ist eine ihrer Stärken. Hier soll ein Mensch sich wohlfühlen, soll erleben, dass er geschätzt und gebraucht wird. In der Geborgenheit einer Kleingruppe können Menschen sich entfalten und lernen mit Freunden zusammen für Jesus unterwegs zu sein. Kleingruppen können die Familien ergänzen und für manch einen werden sie zum Ersatz, weil seine Familie sich aufgelöst hat.

8.7 Fragebogen zur Beurteilung nach einer Phase einer Kleingruppe

Gründe zum Danken gibt es immer wieder in Hauskreisen, doch wann nimmt man sich Zeit dafür, Gott und Mitarbeitern dafür zu danken? Es wird auch immer mal wieder etwas zu verbessern geben. Beides kann eine Kleingruppe bei einer Party gegen Ende der Hauskreisphase zum Ausdruck bringen. Eine Phase wäre z. B. von den Sommerferien bis Weihnachten. Auch geht eine Phase zu Ende, wenn der Hauskreis z. B. eine Serie von Abenden über den Epheserbrief abgeschlossen hat. Folgender Bogen, der von allen Teilnehmern einer Gruppe ausgefüllt werden darf, kann bei der Suche nach dem, was läuft und dem, was noch nicht läuft, behilflich sein.

**Fragen zur Beurteilung –
nach jeder Phase einer Kleingruppe**

1. Meiner Meinung nach waren Zweck und Ziel unserer Gruppe …

2. Wir erreichten unsere Ziele:

❐ alle   ❐ einige

❐ fast alle   ❐ wir haben es vermasselt

3. Wir haben zu Beginn der Gruppe eine Abmachung vereinbart. Haben wir uns daran gehalten?

4. Ich fand das Vorgehen in den Treffen:

❐ sehr hilfreich   ❐ unwichtig für mein Leben   ❐ langweilig

❐ intellektuell anregend ❐ lebensverändernd   ❐ so lala

❐ neu für mich   ❐ herausfordernd   ❐ anderes:

5. Eines der wichtigsten Dinge, die ich lernte, war …

6. Meiner Meinung nach funktionierte unsere Gruppe:

❐ reibungslos – und wir wuchsen   ❐ schwierig – aber wir wuchsen

❐ ziemlich gut – aber wir wuchsen   ❐ schwierig – und wir wuchsen
   nicht   nicht

7. Das, was ich von der Gruppe als Ganzes am meisten schätze, ist …

8. Wenn ich eine Sache vorschlagen könnte, an der wir als Gruppe arbeiten sollten, ich würde Folgendes sagen: …

Fragen wurden übersetzt und überarbeitet von Eide Schwing aus:

Lyman Coleman, *Small Group Training Manual – 6 Sessions for Training Leaders*. (Littleton: Serendipity, 1991), S. 71.

9 Der evangelistische Dienst der Kleingruppe – Die Chance, gemeinsam Menschen für Jesus zu gewinnen

„Nicht ihr habt mich erwählt, sondern ich habe euch zu mir gerufen, damit ihr hingeht und Frucht bringt, die bleibt. Dann wird euch der Vater alles geben, worum ihr ihn in meinem Namen bittet. Deshalb sage ich euch noch einmal: Ihr sollt einander lieben!" (Joh 15,16-17).

Doch du sollst wachsam und besonnen bleiben; lass dir nichts vormachen! Sei vielmehr bereit, für Christus zu leiden. **Predige unerschrocken die Frohe Botschaft***, und führe deinen Dienst treu und gewissenhaft aus* (2Tim 4,5; Hfa). Luther übersetzt: „Tu das Werk eines Predigers des Evangeliums", also eines Evangelisten.

9.1 Haltet wach, was den Hauskreis wach hält

Weil es zum Auftrag der Jünger Jesu gehört, das Evangelium von Jesus Christus an andere weiterzugeben, gehört es auch zum Auftrag eines jeden Hauskreises, Menschen für Jesus Christus zu gewinnen. Hauskreisleiter und Unterstützer müssen darauf achten, dass diese Ausrichtung des Hauskreises immer mal wieder betont wird. Menschen mit der evangelistischen Gabe sind besonders geeignet, diesen wichtigen Auftrag wach zu halten. Ohne diese Impulse verpasst eine Gruppe diese Chance. Deshalb soll, wer immer es auf dem Herzen hat, dafür sorgen, dass für Menschen im Bekanntenkreis gebetet wird, damit sie in den Hauskreis kommen. Beten und Einladen – das wird den Hauskreis wirkungsvoll, interessant und wach halten.

Hier können Christen mit den unterschiedlichsten Begabungen zusammenarbeiten. Wenn dann ein Mensch zum Glauben an Jesus gekommen ist, indem Gott den Hauskreis gebraucht hat, kann sich jeder freuen. Einer hat den Gast eingeladen, ein anderer hat ihm einen freundlichen Empfang an den Hauskreisabenden geschenkt, wieder andere haben durch das Erzählen ihrer Geschichte gezeigt, wie praktisch das Christsein ist. Ein anderer hat in seinen persönlichen Gebeten immer wieder bei Gott für ihn gesprochen. Gemeinsam werden die Teilnehmer immer wieder unter Beweis stellen, wie sie liebevoll miteinander umgehen und wie sie mit der Bibel umgehen, d. h., wie sie die Botschaft von Gott beherzigen. Das wird Spuren hinterlassen.

Was kann jedes Mitglied eines Hauskreises tun, um diesen evangelistischen Auftrag eines Hauskreises zu erfüllen? Die folgenden Zeilen von Judy Hamlin haben mich immer wieder angespornt, für Gelegenheiten zum Einladen zu beten und auch zu erwarten, dass Gott jemand Neues in den Hauskreis führt.

1. Bitte Gott täglich, Leute zu deiner Gruppe zu senden.

2. Sei offen für das Leiten des Heiligen Geistes, wenn du unter Menschen bist.

3. Mache dir bewusst, dass jeder ein mögliches Mitglied deiner Gruppe ist.[26]

4. Begegne anderen in Liebe. Einander lieben heißt, um ein Bild zu gebrauchen: sich gegenseitig von den leckeren Früchten abzugeben. Denn wer einige Zeit im Hauskreis ist, der kann von dem reden, was er empfangen hat: Man hat ihm zugehört, ihn ermutigt, ihm geholfen, die Bibel zu lesen und sie besser zu verstehen. Vielleicht sind auch Beziehungen geheilt und neue geknüpft worden.

5. Interessiere dich wirklich für andere Menschen. Natürlich hätten wir gern, dass andere sich für unser Anliegen interessieren. Aber wir und unsere Botschaft werden erst interessant, wenn wir dem anderen etwas bedeuten. Das fühlt er jedoch am deutlichsten, wenn wir ihm aufrichtiges Interesse widmen. Ich stimme Dale Carnegie zu, wenn er schreibt: „Sie können sich innerhalb von zwei Monaten mehr Menschen zu Freunden machen, indem Sie sich für andere interessieren, als Sie sich in zwei Jahren Freunde machen können, indem Sie versuchen, andere für sich zu interessieren."[27]

6. Erzähle deine Geschichte – wie Jesus dich zum Christen gemacht hat. Welche Rolle haben dabei andere Christen gespielt? Welche Rolle hat dabei die Bibel gespielt?

7. Zeige mit einigen Bibelstellen, wie man Christ wird (z. B. aus dem Römerbrief).

8. Frage, ob er bzw. sie jetzt den Schritt in die Nachfolge Jesu tun möchte.

Übrigens, häufig sind auch Menschen schon im Hauskreis, bevor sie Christen werden. Dann sind für die Nacharbeit schon sehr wertvolle Beziehungen geknüpft. Es ist mein Wunsch, dass der Leser jetzt den Wunsch verspürt, wieder mehr von Jesus gebraucht zu werden, zur Bekehrung von Menschen beizutragen, die dadurch neues Leben bekommen. Gott schenkt solches Verlangen und wir dürfen darauf eingehen.

---

[26] Judy Hamlin, „The Small Group Leaders Training Course" (Colorado Springs, 1990), n. b. (die ersten drei Punkte).

[27] Dale Carnegie, *Wie man Freunde gewinnt* (Gütersloh: Bertelsmann, o. J.), 86.

9.2 Wir bringen Weihnachten in Ihre Nachbarschaft

Das kann jeder Hauskreis. Es ist Hauskreisleitern oft nicht bewusst, dass sie ganz nah an den Menschen sind. Hauskreise finden in der Regel nicht in Gemeindegebäuden statt, sondern in der Nachbarschaft von Menschen, die die Gemeinde zu erreichen sucht. Das Treffen findet nicht im Verborgenen statt. Die Nachbarn haben doch bereits das Singen und das fröhliche Lachen gehört. Vielleicht haben sie sogar schon einmal gedacht, dass sie bei solch einem fröhlichen Treffen auch gerne dabei sein würden. Manche werden auch gehört haben, wenn der Hauskreis zu Ende ist und die Teilnehmer nicht immer ganz vorsichtig am späten Abend durch das Treppenhaus gehen. Ein Hauskreis in der Nachbarschaft – das ist doch die Gelegenheit, Menschen mit Christen in Kontakt zu bringen.

Wie wäre es, wenn man diese Chance nutzen würde, das Evangelium in die Häuser zu bringen? Uns hat Gott einmal durch einen Engpass in der Adventszeit dazu gebracht, unsere Wohnung für unsere Nachbarn zu öffnen. Gott benutzt manchmal schwierige Situationen, um uns auf Ideen zu bringen, die wir ohne diesen Druck nicht gehabt hätten. Es war an einem Sonntag, der einmal ganz anders verlief als üblich. Wegen eines Weihnachtsbasars konnten wir den Raum im städtischen Freizeitzentrum nicht wie üblich für unseren Gottesdienst nutzen. Da wurde die Idee eines Adventsfrühstücks geboren. Es fanden sich acht Gastgeber bereit, an diesem Sonntag andere aus der Gemeinde und aus der Nachbarschaft zu sich einzuladen. Natürlich machte es Arbeit, ein Frühstück vorzubereiten und den Raum für ein solches Frühstück herzurichten. Jeder Gastgeber erhielt von der Gemeinde eine Mappe mit Ideen für diesen Vormittag. Einige Gedanken zu einem biblischen Wort zum Advent, ein humorvolles Quiz über Weihnachten und einige andere Hinweise. Aber wie sich zeigte, war diese Mappe gar nicht so wichtig. Wenn man zusammen frühstückt, kommt man schon ins Gespräch – und einige Gespräche zogen sich bis in den Nachmittag. Was für eine Idee: Wir bringen Weihnachten in Ihre Nachbarschaft.

Wichtig bei diesem Treffen war, dass Nachbarn und Freunde der Gastgeber einmal Christen aus der Gemeinde kennen lernen konnten. Ein geistlicher Impuls wies auf die Bedeutung von Advent und Weihnachten hin. Ganz natürlich kam man ins Gespräch über das, was Christen an Weihnachten und einem Hauskreis so wichtig ist.

Als unsere Koordinatorin am Sonntagabend die einzelnen Gastgeber anrief, hörte sie sehr erfreuliche Berichte. Manche waren regelrecht begeistert über den guten Besuch und darüber, dass Nachbarn gekommen waren. Sie hatten sich wohl gefühlt, manche blieben viel länger als gedacht. Das Vorbereiten des Frühstücks, das Umstellen der Stühle und auch die Aufregung vor solch einem Ereignis – alles hatte sich gelohnt.

Kann man wohl eine Gemeinde überzeugen, mal nicht in den eigenen Räumen Gottesdienst zu feiern, sondern dort, wo die wohnen, von denen man sagt, dass man sie mit dem Evangelium erreichen will? Selbst in unserer Gemeinde, die keinen eigenen Gottesdienstraum hat, war dies der zweite Anlauf. Aber auch ein einzelner Hauskreis kann auf die Art und Weise mit einfachen Mitteln eine Tür öffnen für die Menschen, die Jesus brauchen und ganz in unserer Nähe wohnen. Außer der Adventszeit bieten sich natürlich andere Ereignisse an, wie zum Beispiel Ostern oder Pfingsten. Man muss die Menschen nur neugierig machen und sie zu einem guten Frühstück einladen.

9.3   Sie haben es uns vorgemacht

In seiner Bibel kannte er sich aus. Seine Bibel, das war die Bibel, die wir heute das Alte Testament nennen. So kannte er auch Verheißungen, die auf den Messias hinwiesen. Dann hörte er von Jesus. Hier war er allerdings noch nicht auf dem neuesten Stand. Apollos – so hieß der begabte Redner und Kenner der alttestamentlichen Schriften – war noch nicht auf dem Weg als Christ, er tappte noch im Dunkeln. Wusste er vielleicht noch nichts von der Auferstehung Jesu? Das, was er über Jesus sagte, klang hoffnungsvoll, das hörte sich gut an, davon war er begeistert. Wo er hinkam, da sprach er auch von Jesus. Es gibt viele Menschen, die sind nicht gegen Jesus, die wissen nur noch nicht, was man von Jesus wissen muss, um ihn wirklich zu kennen.

So sprach er auch in der Kirche, nein, um genau zu sein, in der Synagoge und zwar in Ephesus. Unter seinen Zuhörern war ein besonderes Ehepaar. Aquila, so hieß der Mann, war mit seiner Frau Priszilla aus Rom zunächst nach Korinth geflüchtet.[28] Wie viele andere Juden mussten sie Rom verlassen, weil ein wütender Kaiser es so wollte. Während sie in Korinth wohnten, lernte der Apostel Paulus sie kennen. Mit ihm waren sie dann, nachdem sie viel von ihm gelernt hatten, nach Ephesus gereist. In ihrem Haus in Korinth hatten sie viel von Jesus gehört. Da war es doch naheliegend, auch ihr Haus in Ephesus zu nutzen, um anderen von Jesus Christus zu erzählen.

Aquila und Priszilla hörten also in Ephesus Apollos reden, merkten dabei aber, dass er im Bezug auf Jesus noch nicht durchblickte. Sie wollten ihm weiterhelfen. Aus eigener Erfahrung wussten sie wahrscheinlich nur zu gut, was ihm fehlte.

Anstatt ihn in der großen Runde in der Synagoge anzusprechen, luden sie ihn zu sich nach Hause ein. Manche Fragen bespricht man besser nach dem Mittagessen oder bei einer Tasse Kaffee oder Tee. So erklärten Aquila und Priszil-

---

[28] Apg 18,1-3; 18-19; 24-28.

la ihm den Weg zu Jesus noch genauer. Apollos hörte zu, dachte nach und entschied sich, mit Jesus Christus zu leben.

Soweit die evangelistische Arbeit von Aquila und Priszilla – in ihrem Haus. Es handelte sich zwar nicht um einen regulären Hauskreis, aber es war eine Minigruppe (drei Personen) die hier evangelistisch tätig war.

Was dann? Wir können davon ausgehen, dass Aquila und Priszilla ihren neuen Freund Apollos noch öfter bei sich hatten. Sie nutzten ihr Haus – egal, ob gekauft oder gemietet – nicht nur dafür, Menschen für Jesus zu gewinnen, sondern auch dafür, Menschen im Glauben zu fördern. An mehreren Stellen der Bibel ist von der Gemeinde in ihrem Hause die Rede. Nun wurde die Gruppe, die sich in ihrem Haus traf, gleich Gemeinde genannt. Aber auch Hauskreise, die sich als Teil einer Gemeinde verstehen, erfüllen ähnliche Funktionen. In Ephesus versammelte sich die Gemeinde in ihrem Haus, und als Paulus von Ephesus aus einen Brief an die Christen in Korinth diktierte, ließen auch Aquila und Priszilla und die Gemeinde, die sich in ihrem Haus traf, die Christen in Korinth grüßen (1Kor 16,19). Als sie später wieder nach Rom gezogen waren, wurde ihr Haus auch dort wieder zu einem Ort der Gemeinde Jesu (Röm 16,5).

Nutzen wir also wie Aquila und Priszilla unsere Wohnungen und Häuser als Orte, wo anderen die Chance gegeben wird, Jesus Christus kennen zu lernen und im Glauben an ihn gestärkt zu werden. Wohnungen sind liebevoll eingerichtet. Dort fühlt man sich meist wohl. Wenn die Gemeinde alle Wohnungen und Häuser, in denen Hauskreise abgehalten werden, mieten müsste, wie viel Geld würde das kosten? Zu viel Geld wird für Mieten oder Bauten ausgegeben, statt das zu nutzen, was Gott bereits gegeben hat.

9.4 Damit die Einladung zu Jesus ausgesprochen wird

Es gibt so viele Aspekte zu bedenken, es kommen so viele Aufgaben auf die Gruppe zu, dass man sehr schnell vergessen kann, dass es ja auch darum geht, Menschen zu Christus einzuladen. Die folgenden Begriffe helfen, der Evangelisation in der Gruppe einen hohen Stellenwert zu geben.

- **Erinnerung** – Wer hält diesen Auftrag wach? Wer erinnert an die evangelistische Ausrichtung unserer Gruppe? Ein oder zwei Personen sollten dafür bestimmt werden.

- **Evangelium** – Was muss jemand wissen, damit er sich für Jesus entscheiden kann? Es sollen in bestimmten Abständen Themen behandelt werden, die dieses Wissen vermitteln. Gleichzeitig praktizieren die Christen in der Gruppe, wie sie die gute Nachricht von Jesus gezielt weitersagen können.

- **Einladung** – Wie sprechen wir die Einladung zu Jesus aus? Hier gilt es, taktvoll vorzugehen, aber es muss immer mal wieder gefragt werden, wie die Teilnehmer zu Jesus stehen. Das kann in der Gruppe geschehen oder nach dem offiziellen Treffen oder auch bei einem vereinbarten Treffen während der Woche. „Heute möchte ich einmal die fragen, die beim Beginn unserer Treffen noch keine Entscheidung für Jesus getroffen haben, wo sie heute stehen. Inwieweit seid ihr Jesus näher gekommen?" Ideal sind auch Berichte von Bekehrungen im Neuen Testament, z. B. die des Paulus. Im Anschluss kann man fragen, wie eine Bekehrung denn heute aussehen kann und wie das bei den Teilnehmern aussah.

- **Erlebnisbericht** – Christen erleben immer wieder ganz bewusst die Hilfe Gottes. Sie haben erlebt, wie Jesus Christus ihr Retter wurde und somit auch der, der in ihrem Leben das Sagen hat. Davon zu erzählen ist ein wirkungsvolles Werben für Jesus. Folgende Fragen bilden eine Struktur für solch einen Bericht:

  o Bei welchem Anlass hat Gott begonnen, deutlich in dein Leben hineinzusprechen? Was oder wen hat Gott benutzt? Ein Wort der Bibel? Ein Buch? Eine Predigt? Welches Ereignis?

  o Wie hast du ihm geantwortet? Wenn du gebetet hast, weißt du noch etwas davon? War es ein Schritt des Gehorsams? Sei so genau wie möglich.

  o Was hat sich seitdem in deinem Leben verändert?

  o Was bedeutet dir Jesus Christus und die Beziehung zu ihm heute?

Wenn jemand schon länger zum Hauskreis kommt, kann die Frage, ob er denn Heilsgewissheit hat, ein direkter Einstieg für ein zentrales Gespräch werden. Ist der Begriff ihm fremd, wird es Zeit darüber zu reden. Ist die Heilsgewissheit ihm fremd, ist auch das ein Grund darüber zu reden. – Es ist auch gut, die vier Begriffe Erlebnisberichte, Einladungen, Evangelium und Erinnerung in einem VGS-Leitertreffen vorzustellen.

10 Der pastorale Dienst durch die Kleingruppe

Fürsorge gehört auf mehrere Schultern verteilt. In vielen Gemeinden überfordern die Gemeindeglieder ihren Pastor, wenn sie von ihm allein erwarten, Kontakt mit den Gemeindegliedern zu halten, sie zu besuchen, sie zu betreuen und auch für seelsorgerliche Gespräche da zu sein. Man darf hier einfach nicht übersehen, dass sich die Zeiten geändert haben. Die hohe Scheidungsrate, zum Beispiel, zieht viele Probleme nach sich, was wiederum mehr seelsorgerliche Arbeit für den Pastor bedeutet. Kurz gesagt, die Strukturen haben sich verändert, somit auch die Anforderungen an die Pastoren und Prediger. Darum ist die Besinnung auf biblisches Vorgehen hier sehr gefragt. Dort lesen wir von Hirten und von Hirtendienst (1Petr 5). Die Bibel gebraucht nicht nur das Bild des Hirten, sondern auch das Bild des Körpers, wo die verschiedenen Körperteile füreinander sorgen.

Über 50 Mal kommt der Begriff *einander* im Neuen Testament vor. Hier sind einige Beispiele:

Ihr sollt **einander**[29] lieben, so wie ich euch geliebt habe (Joh 13,34).[30]

Deshalb sage ich euch noch einmal: Ihr sollt **einander** lieben! (Joh 15,17).

Deshalb wollen wir uns mit allen Kräften darum bemühen, in Frieden miteinander zu leben, und **einander** helfen, im Glauben zu wachsen (Röm 14,19).

Seid freundlich und geduldig, gebt andere nicht so schnell auf und dient **einander** in selbstloser Liebe! (Eph 4,2).

Seid vielmehr freundlich und barmherzig, immer bereit, **einander** zu vergeben, so wie Gott euch durch Jesus Christus vergeben hat (Eph 4,32).

Ordnet euch **einander** unter; so ehrt ihr Christus (Eph 5,21).

Streitet nicht mit**einander**, und seid bereit, **einander** zu vergeben, selbst wenn ihr glaubt, im Recht zu sein. Denn auch Christus hat euch vergeben (Kol 3,13).

---

[29] Die Strong's Nummer für das griechische Wort ἀλλήλων (allēlōn) ist 240. Die englischen Worte dafür „one another" werden in der KJV 76 Mal benutzt. Quelle: *Strong's Talking Greek & Hebrew Dictionary.*
[30] Die Bibelverse in dieser Liste sind der Übersetzung *Hoffnung für alle* (Hfa) entnommen. [Hervorhebung durch den Autor.]

Vergesst das nicht, und erinnert euch gegenseitig daran. So werdet ihr **einander** ermutigen und trösten, wie ihr es ja auch bisher getan habt (1Thess 5,11).

Achtet auf**einander**! Ermutigt euch zu gegenseitiger Liebe, und spornt **einander** an, Gutes zu tun (Hebr 10,24).

Darum sollt ihr **einander** eure Sünden bekennen und für**einander** beten, damit ihr geheilt werdet. Denn das Gebet eines Menschen, der unbeirrt glaubt, hat große Kraft (Jak 5,16).

Nachdem ihr euch nun Christus zugewandt habt und ihm gehorcht, könnt ihr auch **einander** aufrichtig lieben. So handelt auch danach, und liebt **einander** von ganzem Herzen (1Petr 1,22).

Deshalb, meine Kinder, lasst uns **einander** lieben: nicht mit leeren Worten, sondern mit tatkräftiger Liebe und in aller Aufrichtigkeit (1Joh 3,18).

Und so lautet Gottes Gebot: Wir sollen an seinen Sohn Jesus Christus glauben und **einander** so lieben, wie Christus es uns aufgetragen hat (1Joh 3,23).

Meine Freunde, wenn uns Gott so sehr liebt, dann müssen auch wir **einander** lieben (1Joh 4,11).

Eure ganze Gemeinde möchte ich jetzt an das wichtigste Gebot erinnern: Wir sollen **einander** lieben. Ihr wisst ja, dass ich damit nichts Neues sage, sondern nur wiederhole, was Gott von Anfang an erwartet hat (2Joh 5).

In manchen Gemeinden ist man zu schnell dabei, Spezialisten zu rufen. Man fragt nach dem Hauptamtlichen oder nach Mitgliedern des Vorstands. Natürlich haben diese ihre Aufgaben und sind nicht ohne Grund in ihren Positionen. Aber sie wären überfordert, müssten sie allen Nöten und Gelegenheiten in der Gemeindearbeit selbst begegnen. Das Vorrecht des Dienens und des Tragens der Verantwortung muss auf mehrere Schultern verteilt werden. Wo man sich gegenseitig hilft, wo einer dem andern Lasten abnimmt, wo man einander Freuden mitteilt, da geschieht Wachstum. Da zeigt sich die Liebe der Christen untereinander.

Nehmen wir einmal an, ein Mitglied in der Gemeinde wird durch eine besondere Situation herausgefordert. Je nachdem, um welche Situation es sich handelt, könnte der Pastor nun fragen, zu welchem Hauskreisleiter die Person gehört. Ist im Hauskreis jemand in der Lage, ihr zu helfen? Oft kennt zum Beispiel der Hauskreisleiter die Person besser als der Pastor. Auf diese Weise wird der Pastor nicht überfordert und andere werden durch diese Herausforderungen gefördert. Der Pastor wird unterstützen und notfalls auch selbst eingreifen; er sollte aber den Hauskreisleiter nicht übergehen.

Damit diese „einander-Dienste" immer mehr und besser geschehen, müssen sich Christen kennen. In einer kleinen Broschüre fand ich das Anliegen von Kleingruppen präzise zusammengefasst:[31]

- Wenn man nicht weiß, wo der andere im Glauben steht, kann man nicht gezielt weiterhelfen.
- Wenn man nicht weiß, was den anderen gerade bedrückt, kann man schlecht gezielte Worte der Ermutigung sprechen.
- Wenn man nicht weiß, woran der andere trägt, kann man schlecht gezielt beten. Positiv ausgedrückt:
- Wenn man weiß, welche Sünde der andere bekannt hat, kann man gezielt für ihn beten.
- Wenn man weiß, was der andere gerade in seiner Wohnung umbaut, kann man gezielt helfen.
- Wenn man weiß, welche Beziehungen ihm gerade zu schaffen machen, kann man hilfreicher reden, beten, unterstützen.

Damit Vertrauen wachsen und gegenseitige Fürsorge gelebt werden kann, müssen Menschen einander kennen. Das geschieht besonders in Familien und in kleinen Gruppen. Diese offene Atmosphäre zu schaffen, bleibt eine ständige Herausforderung, die wir aber annehmen, weil wir wissen, wie wichtig Kleingruppen sind. Schon die ersten Christen erlebten sie als eine entscheidende Äußerung ihres Glaubens an Jesus. Durch das, was dort geschah, wurde ihr Glaube gestärkt: *Täglich kamen sie im Tempel zusammen und feierten in den Häusern das Abendmahl. In großer Freude und mit aufrichtigem Herzen trafen sie sich zu gemeinsamen Mahlzeiten* (Apg 2,46; Hfa).

Ein Mitglied einer Gemeinde hat einmal in Worte gefasst, was der Hauskreis ihm persönlich bedeutet und wie die Treffen gestaltet werden können.

Wenn wir als Hauskreis zusammenkommen, so haben wir in der ersten halben Stunde einfach nur Zeit zum Reden, Tee trinken und ankommen. Der offene Beginn hilft, den Alltag hinter sich zu lassen, die Gedanken kommen zur Ruhe und man kann sich ganz auf die Gemeinschaft einlassen. Manche von uns kommen direkt von der Arbeit, und wenn es mal 10 Minuten später geworden ist, findet man immer noch Zeit für ein paar nette Worte bei einer Tasse Tee und Gebäck. Es folgt das Thema des Abends, wir lesen gemeinsam in der Bibel und reden darüber, was der Text für unser Alltagsleben bedeuten kann (die „Hauskreisbibel" hat sich hier sehr bewährt).

---

[31] James Hilt, „The Power of Small Groups" (Wheaton: The Chapel of the Air, Flyer #7381).

*Die letzte halbe Stunde ist für den persönlichen Austausch und das Gebet für-
einander reserviert. Wer möchte, kann von seiner Woche erzählen und Gebetsanliegen vortragen. Im Laufe der Zeit haben wir uns immer weiter füreinander
geöffnet und unser Hauskreis hat sich immer mehr zu so etwas wie einer geistlichen Familie entwickelt. Es tut gut, die Sorgen des Alltags mit anderen zu
teilen und zu wissen, dass andere für einen beten.*

*Auch die Nachfragen der Hauskreisteilnehmer eine Woche später, wie es jetzt
so geht und was aus dem Problem geworden ist, tut gut und stärkt den Glauben. Denn oftmals zieht der Alltag so schnell an einem vorüber, dass man gar
nicht mehr wahrnimmt, dass Gott unser Gebet erhört hat. Eine Zeit lang haben
wir unsere Gebetsanliegen in ein Buch eingetragen. Es war beeindruckend, ein
halbes Jahr später dort hineinzuschauen und zu sehen, was der Herr alles bewegt hat.*

*Es braucht Zeit, bis eine Kleingruppe so vertraut wird, dass persönliche Anlie-
gen vor Gott gebracht werden. Aber es lohnt sich. Ich möchte auf einen guten
Hauskreis in meinem Leben nicht mehr verzichten.*

Nils Dennhardt

(Mit freundlicher Genehmigung aus einer persönlichen E-Mail vom 12.Mai
2012.)

11 Ein Schlüssel zum Erfolg: Leiter und Unterstützer finden und fördern

Sie sahen aber den Freimut des Petrus und Johannes und wunderten sich; denn sie merkten, dass sie ungelehrte und einfache Leute waren, und wussten auch von ihnen, dass sie mit Jesus gewesen waren (Apg 4,13).

Was du von mir gehört hast vor vielen Zeugen, das befiehl treuen Menschen an, die tüchtig sind, auch andere zu lehren (2Tim 2,2).

11.1 Leiter und Leiter in Vorbereitung

11.1.1 Kleingruppen müssen geführt werden

Der oder die Leiter und Leiter-in-Vorbereitung bilden den Kern der Gruppe. Wenn sie zusammen sind, wird geplant, gebetet, gearbeitet. In dieser zentralen Gruppe geschieht das meiste Wachstum, hier werden Leiter geformt.

11.1.2 Mögliche Aufgabenbeschreibung für Kleingruppenleiter

Danke Gott für deine Mitarbeiter und die Hauskreisteilnehmer. Setze dich dafür ein, dass durch dich und den Hauskreis Menschen für Jesus Christus gewonnen werden, Heilsgewissheit erfahren, in der Mitarbeit wachsen und Ermutigung erfahren. Dein Einsatz soll Gott ehren, den Menschen in deinem Wirkungsfeld helfen und dir Freude machen.

Ein Leiter ist ein **Vorbild,** zum Beispiel indem er an den Gottesdiensten teilnimmt und mitwirkt. Er stellt **Verbindungen** her – unter den Teilnehmern der Kleingruppe und zwischen der Gesamtgemeinde und den Gruppenteilnehmern. Er hat das **Vorrecht,** am VGS-Leitertreffen der Gemeinde teilzunehmen und sich bei einem Unterstützer Rat zu holen. Er sucht einen oder zwei Personen, die von ihm lernen, die bereits Mitverantwortung übernehmen oder zukünftige Leiter sind. Nach Absprache mit dem Unterstützer wird auch der Leiter-in-Vorbereitung zum VGS-Leitertreffen eingeladen. Ein Leiter trifft **Vorbereitungen**, wie im Folgenden erklärt wird.

11.2 Qualifikation für führende Mitarbeiter

Ob man in einer Leitungsaufgabe langfristigen Erfolg hat, hängt im Wesentlichen von der Antwort auf diese Frage ab: Wie will ich die folgende Anweisung der Bibel ins Leben umsetzen: „Was ich dir vor vielen Zeugen als die Lehre unseres Glaubens übergeben habe, das gib in derselben Weise an zuverlässige Menschen weiter, die imstande sind, es anderen zu vermitteln" (2Tim 2,2)?

Soll ein Leiter zuerst einen Mitarbeiter auswählen, um ihn dann zu fördern? Oder soll er Teilnehmer fördern und sie dann zu Mitarbeitern erklären? Wird ein Teilnehmer einer Kleingruppe zu früh als Mitarbeiter vorgestellt, kann es passieren, dass sich die Wahl als ungeschickt erweist und der Leiter dann mit viel Weisheit vermitteln muss. Im Folgenden fragen wir zunächst, welche **Kriterien** bei zuverlässigen Menschen für die Kleingruppenleitung zu finden sind. Dann fragen wir uns, wie wir ihnen die Lehre und das Wie der **Glaubensvermittlung** weitergeben können.

Hauskreisleiter und Unterstützer gewinnt man nicht durch Aufrufe, weder durch Aufrufe von der Kanzel, noch in der Gemeindeinfo. Sie müssen betend gesucht werden, und zwar von anderen Leitern in der Gemeinde.

Wie halte ich nach hoffnungsvollen Mitarbeitern Ausschau?

Wer auf folgende Beziehungen im Leben eines Menschen achtet, der lernt ihn gut kennen: seine Beziehung zu Gott, zu anderen Menschen in der Gruppe und zu dir als Leiter. Ob jemand über Jesus Christus redet, ob jemand in der Bibel liest und darin neue Wahrheiten entdeckt und versucht sie anzuwenden, ob jemandem das Gebet wichtig ist und er selbst betet – dies alles zeigt, wie jemand die Beziehung zu Gott pflegt. Erkennt er die Bibel als Gottes Wort an?

Es ist ein gutes Zeichen, wenn ein werdender Leiter neue Ideen aus Büchern und Zeitschriften oder von anderen Mitarbeitern aufnimmt und sie in die Tat umsetzt. Wer neue Mitarbeiter sucht, sollte auch dann aufmerksam sein, wenn jemand in der Gruppe mit ihm über die Lösung des einen oder anderen Problems nachdenkt und spricht.

Ein zukünftiger Leiter oder eine Leiterin zeichnet sich durch gute Beziehungen zu anderen in der Gruppe aus: Wie gut hört er ihnen zu? Wie liebevoll spricht er über sie und mit ihnen? Betet er für sie? Entwickelt er freundschaftliche Beziehungen? Hat er ein Gefühl für angebrachte Nähe und Distanz? Hören andere auf ihn, wenn er etwas sagt?

Wer sich als Leiter nicht unnötige Schwierigkeiten einhandeln will, sollte bei der Auswahl von zukünftigen Leitern wählerisch sein. Es kommt auch darauf an, dass jemand, den man in die Verantwortung hineinnimmt, zu seinem Leiter steht. Hat er eine gute Beziehung zu dir? Einen überaus kritischen Menschen würde ich mir nicht an meine Seite holen. Bist du gern mit ihm zusammen? Spricht er gern mit dir über die Gruppe? Das wäre gut. In welchem Ton und wann spricht er mit dir über kontroverse Themen? Das sind einige Kriterien, auf die man achten kann.

Dabei ist es ja nicht so, dass man nur *eine* Person im Auge hat, die man voranbringen möchte. Ein Leiter muss mit anderen Christen im Gespräch bleiben, um sie besser kennen zu lernen. Er muss den Charakter, die Befähigung, die Interessen anderer kennenlernen und sich fragen, wo sie jeweils sinnvoll mitarbeiten könnten. Versucht einer, andere mit in den Hauskreis zu bringen? Denkt er mit? Hat er Ideen, wie die Arbeit noch erfolgreicher werden kann? Wenn also feststeht, an wen wir die Lehre und praktische Hilfen weitergeben sollen, fragen wir uns nach dem „Wie" der **Glaubensvermittlung.**

Wie vermittle ich Lehre und Praxis an die nächsten Leiter?

Erkläre ihm, weshalb du die Arbeit so durchführst wie du sie durchführst. Wer nicht nur sieht, **wie** die Hauskreisarbeit geschieht, sondern auch versteht, **weshalb** sie so geschieht, der wird ein Leiter auf diesem Gebiet. **Vormachen** heißt Aufgaben bewusst erfüllen – und auch erklären, weshalb diese Aufgaben so wichtig sind.

Hat ein Leiter-in-Vorbereitung den erfahrenen Leiter einige Zeit lang miterleben können, wird es Zeit, ihn **zur Mitarbeit einzuladen.** Zunächst wird es um leichte Aufgaben gehen, wobei man weder unterfordern noch überfordern sollte. Auch in dieser Phase ist das Gespräch über die gemachten Erfahrungen wichtig.

Dem neuen Mitarbeiter wird **Aufmerksamkeit** geschenkt; er soll spüren, dass er nicht alleingelassen wird. Wer ihm Aufmerksamkeit schenkt, baut ihn auf. Ein Pastor oder Unterstützer, der Menschen z. B. beim Stehkaffee nach dem Gottesdienst trifft, wird in solchen Begegnungen auch wahrnehmen, wenn jemand aus dem Kindergottesdienstteam nicht mehr mit Energie und Freude bei den Kindern ist. Er kann dann im Gespräch mit dem Mitarbeiter nach einer Lösung suchen.

Signale, die den Wunsch nach Förderung geben, sollten wahrgenommen werden. Ein Leiter muss selbst nachfragen, auf welche Weise der zukünftige Leiter Hilfe erwartet. Er sollte nicht warten, bis dieser kommt, denn manch einer tut sich schwer, Hilfe zu erbitten.

Beauftragen: Du förderst Menschen, indem du sie forderst – ihnen Aufgaben anbietest, sie dabei aber nicht überforderst. Wie ist das mit leichten Aufgaben? Auf der einen Seite will man Menschen nicht unterfordern, als würde man ihre Fähigkeiten gering achten. Andererseits will man sie nicht vor zu schwere Aufgaben stellen, die sie dann möglicherweise wieder zurückdelegieren wollen. Nennen wir ihn Nils, den Mitarbeiter, der beauftragt wurde, eine Grubenbesichtigung in einem nahegelegenen alten Bergwerk zu organisieren. Wenn ich Nils beauftrage, muss ich ihn gleichzeitig bevollmächtigen, d. h. auch dafür sorgen, dass er die Arbeitsmittel, die Schulung, den Freiraum zum Handeln und die

Aufmerksamkeit hat, die für die Aufgabe erforderlich sind. Nils braucht zum Beispiel Zeit während des Hauskreises, um Ansagen für sein Projekt zu machen. Möglicherweise hilft dazu ein kurzer Hinweis von mir an die Gruppe, dass Nils für den Ausflug zuständig ist. Für die Vorbereitung eines Bibelgesprächs benötigt Nils vielleicht mal einen Bibelkommentar, um schwierige Textstellen näher zu beleuchten.

Wenn ein Leiter die folgenden Schritte geht, die den Idealfall beschreiben, wird er einen sinnvollen Weg der Ausbildung beschreiten. Er kann dem, der von ihm lernen will, damit zeigen, wie er vorgehen möchte und was ihm wichtig ist.

1. Ich tue es, du schaust zu – wir reden darüber

2. Wir tun es gemeinsam – wir reden darüber

3. Du tust es, ich schaue zu – wir reden darüber

4. Du tust es, ein anderer schaut zu – ihr redet darüber[32]

Während alle in der Kleingruppe etwas lernen werden, wird doch der die meisten Fortschritte machen, dem bewusst ist, dass er zukünftig mehr und verantwortungsvollere Aufgaben übernehmen soll. Deshalb ist es für den erfahrenen und den zukünftigen Leiter wichtig, über ihr „Ausbildungsverhältnis" zu sprechen und die gegenseitigen Erwartungen zu klären. Hat die Gemeinde oder der Hauskreis eine kleine Aufgabenbeschreibung für „Leiter-in-Vorbereitung" oder Co-Leiter, kann sie zu einer wirkungsvolleren und reibungsloseren Beziehung beitragen. Die vier gerade genannten Schritte können die Grundlage für ein solches Abkommen sein.

11.3 Der Unterstützer oder Coach

Erfolg oder Misserfolg des Kleingruppensystems hängt von der Qualität der Unterstützung ab. Deshalb sollte der Leiter mit dem Start einer Kleingruppe folgende Fragen beantworten können: 1. Wer ist dein „Timotheus" (nach 2 Tim 2,2), also dein Leiter-in-Vorbereitung oder bereits Co-Leiter? 2. Wer ist dein Unterstützer? Die Rolle des Unterstützers wurde bereits in Kapitel 2 beschrieben. Es soll aber noch gesagt werden, dass auch die Unterstützer Ermutigung und Ansporn für ihre Aufgaben brauchen. Der Pastor einer Gemeinde wird also in regelmäßigen Abständen mit ihnen Kontakt aufnehmen und nachfragen, wie es ihnen geht. Er kann praktisch dieselben Fragen stellen, die Unterstützer ihren Hauskreisleitern stellen, denn ein Pastor ist ein Unterstützer – nur auf einer etwas höheren Ebene in der Struktur der Gemeinde.

---

[32] George, *Nine Keys*, 61. Während diese Schritte bei vielen Autoren zu finden sind, wird das „wir reden darüber" bei Carl F. George erwähnt.

Michael Marx, der in der Christus-Gemeinde Hannover auf verschiedenen Ebenen als Unterstützer tätig war, weist auf einige Zusammenhänge hin, die für die Beziehung zwischen Coach und Coachee, zwischen Unterstützer und Unterstütztem, von Bedeutung sind. Er schreibt: „Wenn die Beziehung zwischen Lehrer und Lernendem gut ist, wenn also die Beziehung durch Freundschaft, Akzeptanz und Beständigkeit geprägt ist, ist auch der Lerneffekt höher."[33] Außerdem, wenn ein Mentor seinem Gegenüber demütig begegnet, mit der Einstellung, dass die Anliegen des Gegenübers wichtiger sind als seine, wird sein Mentoring wahrscheinlich als hilfreich angesehen werden. Wer dagegen die Begegnung leichtfertig und selbstsicher angeht, verringert die Erwartungshaltung seines Gegenübers. Das Mentoring von Mentoren, die sich nicht überschätzen, wird oft als hilfreicher und wertvoller beurteilt als das von selbstsicheren Mentoren. Grund dafür könnte sein, dass die, die sich unterschätzen („under-estimators") öfter nachfragen und dadurch ihr Mentoring verbessern.[34]

Nun wird ein Hauskreisleiter ja nicht nur von seinem Unterstützer lernen; es gibt in der Gemeinde zusätzliche Möglichkeiten zum Lernen. Alle Leiter – auch die Unterstützer und Pastoren – treffen sich im VGS-Leitertreffen, das ein wichtiges Werkzeug zum Erfolg der Gemeindearbeit ist.

---

[33] Michael J. Marx, „The Processes that Promote Learning in Adult Mentoring and Coaching Dyadic Settings" (D. Edu. Diss., Regent University, 2009), 46; im Folgenden zitiert als: Marx, *Mentoring*.

[34] Marx, *Mentoring*, 49.

12 Das VGS-Leitertreffen – Gottes Auftrag und Mitarbeiter im Blick behalten

Unsere VGS-Leitertreffen sind ein Grund dafür, dass Hauskreise bei uns gelungen sind. VGS steht für

V = Vision (Zielvorstellung)

G = Gemeinschaft

S = Schulung.

Die Idee des VGS-Leitertreffens habe ich von Carl George übernommen.[35] Zu diesem Treffen sind Leiter, Leiter-in-Vorbereitung, Co-Leiter, Bereichsleiter (zum Beispiel im Kindergottesdienst) und andere, die irgendwie in der Leitung des Kleingruppensystems mitarbeiten, eingeladen.

Ist es nicht meistens so, dass Hauskreisleiter bei der Durchführung des Hauskreises ihre Verantwortung spüren und innerlich aufgeregt sind? Sie wollen, dass ihre Leute etwas lernen, dass es ihnen gefällt, dass sie wiederkommen. Das erzeugt einen gewissen Druck. Im VGS-Leitertreffen sind sie einmal die Gäste. Hier wird ihnen etwas geboten, obwohl sie gleichzeitig zur Mitarbeit eingeladen sind und zu Wort kommen können.

Das VGS-Leitertreffen war zu Beginn unserer Gemeindegründung in Hannover die einzige Gruppe, zu der man eingeladen sein musste, um daran teilnehmen zu dürfen. Dazuzugehören soll ein besonderes Vorrecht sein. Die Termine werden schon weit im Voraus festgelegt und mitgeteilt, zum Beispiel zu Beginn des Jahres, und von den Eingeladenen als wichtig eingestuft. In der Christus-Gemeinde Hannover haben wir uns etwa zehnmal im Jahr getroffen, also fast jeden Monat einmal.

Abkürzungen müssen in der Gemeinde sparsam benutzt werden, weil sie von Menschen außerhalb der Gemeinde nicht verstanden werden. Sie machen die Neuen der Gemeinde zu Außenseitern. Aber mit dem Begriff „VGS-Leitertreffen" kann man Leute auch neugierig machen. Hier folgt die Erklärung:

---

[35] Carl F. George, *The Coming Church Revolution: Empowering Leaders for the Future* (Grand Rapids: Fleming H. Revell, 1994), 200ff; im Folgenden zitiert als: George, *Church Revolution.* (Dieses Buch ist eine Fortsetzung von *Gemeindemodell für die Zukunft: Die Meta-Gemeinde*, ebenfalls von Carl F. George.).

12.1 Vision – damit wir motiviert auf Kurs bleiben

Zu den schwierigen Aufgaben einer Gemeindeleitung gehört es, sich selbst und ihre Mitarbeiter zu motivieren, damit sie etwas mit ihrem Einsatz an Zeit, Gaben und Geld erreichen – möglichst viel erreichen, was Menschen nützt und Gott ehrt. Das Vermitteln der idealen Zukunft für die Gemeinde, wie man sie im Moment von Gott gegeben sieht, hilft uns, Gott sinnvoll und mit Freude zu dienen.

Doch die Vision, das, was Gott mit ihnen vorhatte, wurde schon früher immer wieder von Menschen aus den Augen verloren. Wenn sich unsere Augen allzu lange vom Ziel abwenden, steuern wir andere Ziele an. Nach dem Auszug aus der Sklaverei in Ägypten richteten die Israeliten ihren Blick weg von Gott und gossen sich ein goldenes Kalb, einen Götzen. Später verloren sie das Ziel aus den Augen, als es einen etwas monotonen Speisezettel zu verkraften gab. Sie sahen nicht mehr das verheißene Land, sondern sehnten sich zurück nach dem leckeren Essen in Ägypten. Weil sie die Vision von der verheißenen Zukunft verloren haben, verzerrte sich ihr Blick auf die Vergangenheit: Die Sklaverei kam in diesem entstellten Rückblick nicht mehr vor.

Wie anders war da Kaleb, der noch nach fünfundvierzig Jahren wusste, was Gott ihm versprochen hatte (Josua 14). Er ging zu Josua, um sich die Erlaubnis zu holen, das Land einzunehmen, das Gott ihm vor fast einem halben Jahrhundert durch Mose zugesagt hatte. Er blieb motiviert und vertraute Gott.

Gemeinden und Hauskreise legen oft ihren Auftrag fest, wie im folgenden Beispiel. Aber wie der Auftrag für eine bestimmte Zeit im Einzelnen aussieht, ist nicht immer gleich deutlich zu erkennen. Die Vision wird mit dem Tun des bereits Erkannten immer klarer. Halten wir deshalb zunächst unseren generellen Auftrag im Auge, wie bei der Christus-Gemeinde Hannover.

Der Auftrag unserer Gemeinde ist, Gott zu ehren,
indem wir

* *ihn anbeten,*
* *Gemeinschaft erleben,*
* *für den Dienst ausgerüstet werden und*
* *die gute Nachricht weitersagen, so dass Menschen durch Jesus Christus ewiges Leben bekommen.*

Wir wollen Menschen für Christus gewinnen, ausrüsten, senden und ermutigen.

Eine Gemeinde muss Klarheit darüber finden, wie dieser allgemein formulierte Auftrag an ihrem Ort und in ihrer Zeit ausgeführt wird. Auch das muss vermittelt und wachgehalten werden. Die Bibel bietet uns etliche Stellen, die unsere Vision prägen können: Sie stellt uns die ersten Christen vor Augen, die andere lehrten, und zwar öffentlich wie auch in den Häusern (Apg 2,46). Sie zeigt uns die Gemeinde, die sich festigte und Fortschritte machte in einem gottgefälligen Leben: Eine Gemeinde, der der Heilige Geist beistand und immer größer werden ließ (Apg 9,31). Oder wir sehen Paulus, der Timotheus in der Gegenwart vieler anderer gelehrt hatte, und der diesen dann bat, das ebenso zu tun – nämlich andere lehren in der Gegenwart vieler Zuhörer, von denen wiederum einige zu erfolgreichen Lehrern würden (2Tim 2,2).

So wird also eine Vision durch die Bibel geformt, durch starke Eindrücke, die Jesus seinen Leuten vermittelt – in Anbetracht der Not, die der Gemeinde vor Augen steht. Die Vision zeigt auf und hält fest, wozu die Gruppe da ist. Sie zeigt ein Stück ideale Zukunft, die uns heute motiviert. Dabei müssen wir festhalten, dass Gott weit mehr tun kann. Er kann über Bitten und Verstehen handeln. Die Kirchengeschichte ist voll von Ereignissen, die sich die Beteiligten selbst nie hätten träumen lassen.

Aber, wie gesagt, Menschen verlieren Visionen schnell aus den Augen. Deshalb muss die Vision wachgehalten werden. Der in einem Leitertreffen dafür Verantwortliche fragt sich bei der Vorbereitung Folgendes:

– Welchen Punkt unserer Vision, unserer Ziele oder Werte, sollen wir heute betonen? Ziel der Vorbereitung ist: Nach diesem Treffen werden die Teilnehmer … (dieses Anliegen) besser verstehen.

– Wo geschah etwas in der Gemeinde, das ganz im Sinne unserer Ziele und Werte war? Kann man darüber sprechen? Möchte jemand erzählen? Wie können wir das „feiern"?

– Wie können wir den anwesenden Leitern helfen, ihrerseits diesen Punkt der Vision in ihren Kreisen zu vermitteln?

Alle brauchen eine Vision, eine Sicht dafür, wie alles zusammenpasst. Wie kann man sie vermitteln? Das VGS-Leitertreffen ist eine der Schienen, auf der diese Zielvorstellung vermittelt wird. Deshalb die betende Frage vor dem VGS-Treffen: Was ist dran und zwar im Blick auf die augenblickliche Situation? Auch im Rückblick auf das letzte VGS-Treffen: Was ist dran? Denn auf den Treffen im Laufe eines Jahres sollen Vision, Gemeinschaft und Schulung etwa gleichmäßig vorkommen. Weitere Fragen, die zur Vorbereitung des Treffens dienen, folgen.

12.2 Gemeinschaft – die Nähe Gottes und die seiner Leute erleben

Wo sind Leiter mal ganz bewusst mit anderen Leitern zusammen? Sie sollen sich kennen- und schätzen lernen. Im VGS-Leitertreffen kommt es zum Austausch von Erfahrungen. Die Teilnehmer berichten, was sie erlebt haben, wie es ihnen geht, wo sie Gottes Eingreifen oder Führung erfahren haben. So wird ihr Glaube gestärkt und auch herausgefordert.

„Wie geht es euch in euren Gruppen?" – diese Frage lädt zum Berichten ein. Kommen Besucher wieder? Es kann nachgefragt werden, ergänzt werden, und oft folgt gleich nach dem Bericht oder gegen Ende der Gesprächsrunde ein Gebet für den Leiter und das, was ihm auf dem Herzen liegt. Solche Gebetszeiten können über den Abend verstreut eingefügt werden. Dann werden die Anliegen nicht so leicht vergessen und es wird deutlich, dass wir von Gott abhängig sind. Wir brauchen ihn. Der Heilige Geist bringt Gottes Anliegen in den Gruppen und einzelnen Menschen voran. Wir loben Gott gemeinsam und bitten ihn für die Anliegen aus den Gesprächen.

Der Verantwortliche für das Treffen fragt sich und fragt Gott im Gebet, was an dem Abend dran ist. Er überlegt, wie er die Gemeinschaft untereinander stärken kann. Wollen wir miteinander singen? Soll berichtet werden? Entschieden sich Menschen mit Jesus zu leben – in anderen Worten, gab es Bekehrungen? Hat jemand Hindernisse überwinden müssen, von denen er erzählen kann? Was gibt es zu feiern?

Manchmal sind auch Schritte nötig, um die Gemeinschaft in dieser Gruppe wieder neu zu stärken, z. B. falls sich Neid und Konkurrenzdenken eingeschlichen haben. Außerdem muss der Verantwortliche dafür sorgen, dass besonders die neuen Teilnehmer in dem VGS-Leitertreffen vorgestellt und herzlich begrüßt werden.

12.3 Schulung – damit es leichter und weiter geht

Ich hörte von einer Teilnehmerin eines Hauskreises, dass sie in ihrem Kreis die Wärme vermisst. Diese Feststellung nahm ich zum Anlass, einmal darüber nachzudenken und im VGS-Leitertreffen darüber zu sprechen. Wir fragten uns: „Was verstehen wir eigentlich unter Wärme?" Hier folgen einige Bedeutungen: Geborgenheit, Heimat, verstanden werden, wohlwollend aufgenommen werden, sich sicher fühlen, sich beschützt wissen.

Dann gab ich Hilfen weiter, die zu einer wohlwollenden Atmosphäre führen. Ich hatte also aus einer Beobachtung eine Schulung gemacht. Die meist kurzen

Schulungseinheiten im VGS-Leitertreffen sollen den Dienst der Christen erleichtern und ihn ausbreiten. Der Verantwortliche für diese Treffen muss sich überlegen, welche Übungen er an dem Abend durchführen möchte. Es geht darum, Fertigkeiten zu erlangen in der Auslegung der Bibel, im Führen einer Gruppe, im Ausüben des Hirtendienstes und in der Evangelisation. Die Aufmerksamkeit steigt, wenn der Leiter des VGS-Treffens einen wunden Punkt anspricht, etwas, was den Leitern als Not bewusst wurde. Ich sprach einmal über den Ablauf eines Abends in der Kleingruppe. Als ich dann zu den Eisbrecherfragen kam, fiel mir auf, dass die anwesenden Leiter zu ihren Bleistiften oder Kulis griffen und mitschrieben. Ich hatte etwas gefunden, das auf eine Notlage traf. So fand ich dankbare Abnehmer.

Wie komme ich also auf die Themen, die uns voranbringen, die Interesse wecken? Wir achten darauf, was Teilnehmer über die Kreise erzählen, was wir bei unseren Besuchen in den Kreisen entdecken, oder was die Hauskreisleiter vorbringen. Das sind schon drei Quellen, die uns interessante Themen für die Schulungseinheiten geben. Solche Entdeckungen schreibe ich auf und lege sie unter „VGS-Leitertraining" ab. Außerdem sammle ich Kopien von interessanten und treffenden Passagen aus den Materialien, die ich gerade lese, alles, was ich mitteilen möchte und das uns weiterhelfen kann.

Nun stoßen wir auf ein Problem. Manche Mitarbeiter meinen, dass sie es nicht nötig haben, noch etwas über Kleingruppen zu lernen. Sie überschätzen sich. Andere wiederum unterschätzen sich und wagen sich an die Aufgaben nicht heran. Craig Ott schreibt:

> Bei der Selbsteinschätzung vieler Mitarbeiter gibt es ein großes Hindernis, das sich in zwei Extremen ausdrückt: Entweder sie meinen, sie bräuchten keine Hilfe, oder sie meinen, es fehle ihnen sowieso die Begabung oder erforderliche Ausbildung und jede Hilfe wäre deswegen umsonst. Deshalb ist die Frage nach der Motivation von Mitarbeitern, am Training teilzunehmen, eine große Herausforderung ... Es kann in der Tat schwer sein, Mitarbeiter, die ihren Dienst seit Jahren treu und zuverlässig getan haben, zu überzeugen, dass ihre Fähigkeiten noch verbesserungsbedürftig sind. Selbst wenn solche Personen am Programm teilnehmen, hat sich ihr Arbeitsstil oft bereits so gefestigt, dass sie weder lernbereit sind noch für neue Anregungen aufgeschlossen.[36]

Was für die Entwicklung einer Gemeinde gilt, entdeckt man auch in der Entwicklung von Kleingruppen. Es stimmt, dass die Entwicklung im Wesentlichen von der Effektivität der Mitarbeiter abhängt. Natürlich kommt es auch darauf an, wie etwas Neues vermittelt wird. Doch wenn man vor so einer Schulungs-

---

[36] Craig Ott, *Das Trainingsprogramm für Mitarbeiter* (Gießen: Brunnen, 1996), 63.

einheit aufzeigt, dass bei den Mitarbeitern wirklich ein Bedürfnis besteht, hier dazu zu lernen, weckt man das Interesse. Man kann aufzeigen, dass andere durch das Gelernte Schwierigkeiten überwunden haben. Oder man macht deutlich, wie andere Mitarbeiter Erfolge erlebt haben, weil sie dieses und jenes gelernt haben. Oder man fordert mit einer Anweisung aus der Bibel heraus.

Es wäre nun aber ein Trugschluss, wenn man meint, dass das, was einmal gelehrt wurde, von allen und für immer verstanden ist. Deshalb ist Wiederholung wesentlich. Außerdem gibt es immer neue Entdeckungen und neue Mitarbeiterkreise, sodass Kernthemen unbedingt der Wiederholung und Vertiefung bedürfen.

12.4 Beispiele für Themen im VGS-Leitertreffen

Hier sind einige Themenbeispiele für das VGS-Leitertreffen. Verantwortliche für diesen Bereich können die folgenden Fragen und Anregungen durchlesen und dazu vermerken, welchen Bereich (Vision, Gemeinschaft oder Schulung) sie ansprechen. Dabei können manche Themen sogar für mehrere Bereiche nützlich sein. Eine weitere Frage ist, ob eines der angesprochenen Themen auch den Bereich Evangelisation fördern könnte.

- Wie wird unser Hauskreis zu einem warmen Ort?
- Was kann ich tun, wenn eine Person die Gespräche immer wieder an sich reißt?
- Wie finde ich einen geeigneten Co-Leiter?
- Wie sind kürzlich neue Mitglieder in einen Kreis hinzugekommen und was können wir daraus lernen?
- Welche Schritte sind nötig, damit ein Gast im Hauskreis im Laufe der Zeit zu einem Mitarbeiter wird? Was können wir als Hauskreisleiter dazu beitragen?
- Welche Möglichkeiten gibt es, für Menschen und ihre Anliegen und Nöte zu beten? Wie praktiziert ihr das in eurem Kreis?
- Wie würdet ihr das Besondere an eurer Gruppe beschreiben?
- Wie ladet ihr ein – mit welchem Erfolg?
- Welche „Rituale" pflegt ihr in eurer Gruppe? (bestimmte Lieder, feste Gebetsformen, die Art der Begrüßung, usw.)
- Das nächste VGS-Leitertreffen wird einmal geöffnet für jeweils eine Person aus euren Hauskreisen, die mal in das VGS-Leitertreffen reinschnuppern soll.

- Wir formulieren mögliche Einladungssätze zu unseren Hauskreisen und halten sie schriftlich fest.
- Wie haltet ihr das mit Kindern im Hauskreis? Sind sie dabei? Haben sie ihr eigenes Programm? Wer leitet es?
- Welche Faktoren lenken im Hauskreis vom eigentlichen Anliegen ab?
- Was ist das Anliegen unseres Kreises? Wozu treffen wir uns?
- Wie machen wir unsere Werte fest? Wie halten wir sie wach? Wie erinnern wir uns daran?
- Wie können wir das unangenehme Schweigen zu Beginn der Gesprächsrunde auflockern?
- Wir möchten zu den Gottesdiensten einladen. Wie können wir das wirkungsvoll und regelmäßig bewerkstelligen?
- Was können wir tun, um interne „Konkurrenz" in der Gemeinde zu verhindern? D. h. wie vermeiden wir die Doppelbelegung von Terminen, die dann die Hauskreise schwächen? (Dies ist ein besonders wichtiges Thema, wenn Hauskreisleiter auch gleichzeitig andere Aufgaben in der Gemeinde wahrnehmen.)
- Wie bereite ich ein biblisches Thema vor?
- Wie stelle ich Fragen, die der Gruppe helfen, den Bibeltext zu ergründen?
- Wie stelle ich Fragen, die uns helfen, die Aussagen des Textes mit unserem Leben zu verbinden?
- In welcher Weise können Hauskreise sich am Gottesdienst der Gemeinde beteiligen?
- Weshalb ist es wichtig, Zahlen für die Statistiken der Gemeinde zu liefern? Was lernen wir aus diesen Zahlen?
- Was sollte in den Gesprächen zwischen Leitern und Leitern in Vorbereitung oder Co-Leitern immer wieder besprochen werden?
- Wie trägt das, was ich als Leiter zwischen den Treffen für die Teilnehmer der Gruppe tue, zum Wohl der Gruppe bei? (Gebete, Telefonate, E-Mails, Besuche, Hilfsbereitschaft, usw.)
- Wie zeige ich meinen Leuten, dass ich sie schätze?
- Zu welchen Zeiten ist es besonders wichtig, sich bei Hauskreisteilnehmern zu melden? (Nachdem sie aus dem Urlaub zurück sind, tut ein kurzer Kartengruß oder Anruf gut, denn trotz bester Absicht fällt es manchen schwer, wieder die Zeit für den Hauskreis zu finden. Kontak-

tieren sollte ich jemanden auch, wenn mir das im Gebet einfällt. Dies sind nur einige Beispiele zu diesem Thema.)

- Wie gestalten wir die Gebetszeit in der Gruppe?

- Was kann den jungen Christen helfen, sich am Gesprächsgebet (Gebetsgemeinschaft) zu beteiligen? Welche Formen des Gebets praktiziert ihr in den Gruppen? Was sind eure Erfahrungen damit?

- Wie gehen wir mit herausfordernden Situationen in der Gruppe um?

- Was tun wir, wenn zwei in der Gruppe sich immer wieder einen Schlagabtausch mit Worten liefern, die das Klima verpesten?

- Welche Arbeitshilfen gibt es für die Bibelarbeit? Welche Bücher benutzt ihr? Wie sehen eure Erfahrungen damit aus?

- Wie bestimmen wir die Themen für den nächsten Abschnitt in unserem Hauskreis?

- Wir vergegenwärtigen uns die Inhalte eines gesunden Hauskreises: Lieben, Lehren, Liefern – und logistische Planung – und fragen, wie wir diese Inhalte in die Gruppen einbauen.

- Wie kommt ihr mit dem Zeitrahmen für die Abende klar? Wie helft ihr euch zum pünktlichen Beginnen und Schließen des Abends?

- Wie sehen eure Pläne zur Multiplikation eures Kreises aus? Weshalb? Wann? Wie? Wer?

- Welche Gebetserhörungen habt ihr in letzter Zeit im Hauskreis erlebt? (Sofern man darüber reden darf.)

- Heute gehen wir einen Text gemeinsam durch, den wir dann in den nächsten Wochen in den Kreisen durchnehmen können.

- Welche Freizeitaktivitäten oder Projekte außerhalb des Hauskreises habt ihr mit euren Hauskreismitgliedern unternommen?

- Wo drückt euch der Schuh? Welche Situationen sollten wir im VGS-Leitertreffen unter die Lupe nehmen? Was interessiert euch?

- ....

- ....

- ....

Michaela klagt ihrer Tischnachbarin während einer Reha ihre Enttäuschung. Sie erzählt ihr von dem Verlauf des Gruppengesprächs, das eine Therapeutin an diesem Nachmittag geleitet hat. Weil sie ihrer Leitungsaufgabe nicht nachkam, nutzte ein Teilnehmer zwei Drittel der Zeit zur Selbstdarstellung, was bei den anderen Teilnehmern zum Frust führte. Michaela erwartet nun nichts mehr von der nächsten Sitzung; sie wird die Sitzung einfach über sich ergehen lassen. Das müsste nicht sein. Was in diesem Treffen abgelaufen ist, kann man überall entdecken, wo Menschen in Gruppen zusammenarbeiten. Man möchte laut fragen: „Greift denn keiner ein?", „Weiß denn keiner, was hier zu tun wäre?", „Wer ergreift die Initiative?" Es gibt doch wirksame Handlungsweisen, um mit solch einer Situation umzugehen. Solche Situationen zu durchdenken und Lösungen zum Wohl der Menschen und zur Ehre Gottes zu finden, das ist Aufgabe der Hauskreisleiter, Unterstützer und Pastoren.

Leitertreffen – nur anders gestaltet

Um die Elemente eines VGS-Leitertreffens zur Anwendung zu bringen, können Gemeindeleiter erfinderisch sein. In einer Gemeinde in Gifhorn nutzen wir den zweiten Teil eines monatlichen Gemeindeseminars für die Belange der Kleingruppen. – Eine andere Vorgehensweise entdeckte ich bei Lutz Röder in Berlin. Folgendes schreibt er über seine Arbeit mit Hauskreisleitern:

Wir treffen uns viermal im Jahr mit allen Hauskreisleitern zu einem Plenum. Im Mittelpunkt steht hier die Information über Gemeindeaktivitäten, Planungen und die Schulung der Hauskreisleiter.

Beraterrunde

Zwischen diesen Treffen versammle ich die Leiter (mit Co-Leitern – häufig die Ehefrauen) zu einer kleinen Beraterrunde. Es sind nicht mehr als fünf bis sechs Hauskreise vertreten. An diesen Abenden gibt es kein Thema. Nach einem kurzen Impuls geht es um Berichte aus den Kreisen, Probleme und – ebenfalls sehr wichtig – das persönliche Befinden der Leiter. Ich trete hier nicht als der Berater in den Vordergrund, sondern moderiere lediglich den Austausch. Wir suchen gemeinsam nach Antworten und Lösungen. Zum Abschluss des Abends gehen wir in eine Gebetsgemeinschaft, die die persönlichen Anliegen der Leiter aufnimmt. Dazu gehört auch (wenn nötig) das gezielte Gebet für einzelne Hauskreisteilnehmer aus den Kreisen.

Diese „Beraterrunde" ist den beteiligten Hauskreisleitern sehr wichtig, wie sie mir immer wieder bestätigt haben.

Lutz Röder

(Lutz Röder ist ehrenamtlicher Mitarbeiter der evangelischen Apostel-Petrus-Gemeinde in Berlin, im Märkischen Viertel)

13 Vision und Ziele wollen vermittelt werden

13.1 Zeit und Ruhe – zum Empfangen und Weitergeben

Jeder kann nur das vermitteln, was er selbst hat. In meinen ersten Dienstjahren habe ich nur wenig über Ziele und Visionen nachgedacht. Die Aufgaben waren vorgegeben und es waren so viele, dass ich mit ihrer Ausführung ziemlich eingespannt war. Erst später erkannte ich, wie wichtig es ist, sich einmal zurückzulehnen und in Ruhe über die Ziele für die Zukunft der Gemeinde oder des Hauskreises nachzudenken und darüber zu beten. Wie bei meiner Brille, so brauche ich Nah- und Fernsicht. Es wird Zeiten geben, in denen ein Leiter sich zurückzieht und mit Gott alleine spricht, und Zeiten, wo er mit anderen zusammen über die Zukunft nachdenkt, um sich von Gott zeigen zu lassen, was gemeinsam angepackt werden soll. Wenn jemand fragt, wie er Visionen noch besser vermitteln kann, weise ich auf die folgenden Punkte hin:

1. Du brauchst selbst eine Vision, und musst selbst wissen, in welche Richtung du gehen willst.

2. Dein Vorbild spricht mehr als 1000 Worte.

3. Erzähle – wie du zu diesen Zielen gekommen bist. Das wird in der Bibel oft so gemacht, zum Beispiel in Apostelgeschichte 15 oder Apostelgeschichte 22.

4. Erzähle – was du in der Zukunft vorhast. Lass das, was dir wichtig ist, auch von der Kanzel hören. Sei aber gewiss, dass du nicht deinen Plan, sondern Gottes Plan verkündigst. Deine Vision soll auch die Vision anderer werden, die sie aber vor Gott prüfen müssen.

5. Erzähle – was du zurzeit schon in Bezug auf die Vision erlebst. Das zeigt, dass die Vision von der Zukunft schon heute Folgen hat. Es gibt bei manchen Leitern die Tendenz, von großen Zielen zu reden, aber nicht genug zu tun, um sie zu erreichen.

6. Erzähle – erzähle es aber den richtigen Personen und in der richtigen Reihenfolge. Stelle dein Vorhaben besonders denen vor, die du mit im Boot haben möchtest und die es unterstützen sollen. Sei vorsichtig es denen mitzuteilen, die neue Ideen erst einmal ablehnen. Das Bild von der idealen Zukunft in deinem Projekt muss sich erst festigen, muss klarer werden, bevor es „Wind und Wetter" – der Kritik und den Fragen der kritischen Menschen – ausgesetzt wird.

7. Wähle für das VGS-Leitertreffen bewusst Bibeltexte aus, die dir helfen, die gesteckten Ziele zu erreichen.

8. Schreibe über die Vision und die Ziele für die Gemeinde im Monatsprogramm, dem Gemeindebrief oder dem Finanzbericht.

9. Es könnte sein, dass ein Lied oder ein Theaterstück sich mit der Vision und ihrer Erfüllung befasst. Dann sollte auch über diese Schiene erreicht werden, dass Menschen sich die Vision zu eigen machen.

10. Drucke den Slogan: auf Tassen, auf Visitenkarten, auf T-Shirts, auf Schilder, auf Bilderrahmen im Gemeindesaal.

11. Wo läuft bereits, was du anstrebst? Könnt ihr einmal einen anderen Hauskreis oder eine andere Gemeinde besuchen? Könntet ihr jemanden von dort einladen?

12. Wenn es zum Erreichen der Ziele dient: Wen sollte ich zu einem Seminar, einer Tagung oder einem Workshop mitnehmen?

13. Manchmal bekommen wir in Krisenzeiten oder nach Krisenzeiten neue Ziele gesteckt. So las ich in dem Buch *Church Planter Manual*, dass die Gemeindeleitung nach der Beschäftigung mit einer Krise jeweils eine neue Person für die neue Aufgabe, die durch die Krise erkennbar wurde, bestimmten beziehungsweise anstellten.[37]

14. Wo siehst du in deiner Gemeinde oder deinem Hauskreis Menschen das tun, was deine Ziele unterstützt? Lass sie berichten oder erwähne sie positiv.

15. Nutze Ereignisse, die veranschaulichen, wohin du willst – oder das Gegenteil, was du eben nicht möchtest.

16. Verbringe Zeit mit den Multiplikatoren, also mit denen, die verstanden haben, wo es lang gehen soll und die das anderen vermitteln werden. Gewinne sie für die Vision.

17. Sprich mit Gott über deine Ziele. Visionen sind nicht immer gleich scharf zu erkennen. Gott kann uns einen immer klareren Durchblick geben.

18. Wage Glaubensschritte, die dich und die Gemeinde dem Erreichen des Ziels näher bringen. Wenn wir uns auf den Weg begeben, werden sich andere mit uns zusammen aufmachen.

---

[37] Timothy J. Keller und J. Allen Thompson, *Church Planter Manual* (New York: Redeemer Church Planting Center, 2002), 19.

19. Lass einmal einen anderen darüber reden, was du mit dem Kreis erreichen möchtest (auf der Kanzel, in einem Seminar, usw.).

20. Verschenke oder werbe für neue Bücher, CDs und MP3, die den Lesern oder Hörern vorstellen, was ihr ansteuern möchtet.

21. Und wenn du dich geirrt haben solltest? Wenn jetzt doch etwas anderes im Hauskreis dran ist? Gott hat viele Möglichkeiten, uns zu korrigieren. Wer unterwegs ist, ihm zu dienen, wird auch Zeiten erleben, in denen Gott ihn langsamer schaffen lässt.

22. Lege auch deine Visionen in Gottes Hand, z. B.: „Herr Jesus, deine Zahl zu deiner Zeit". Jesus soll entscheiden, wie schnell und wie groß die Gemeinde wächst. Das ist realistisch, befreit uns von Leistungsdruck, lässt uns entspannter mit uns und den Mitarbeitern umgehen und hilft uns, Gott die Ehre zu geben.

23. Was uns wichtig ist, muss auch an dem sichtbar werden, wofür wir unser Geld ausgeben und was wir in unseren schriftlichen Äußerungen festhalten. Das Budget der Gemeinde, der Jahresbericht und die Gemeindeordnung müssen zeigen, was uns wichtig ist. Deshalb müssen bei uns Gemeindeälteste (der Vorstand) aus dem Kreis derer gewählt werden, die bereits im VGS-Leiterkreis (oder in einem anderen Leiterkreis der Gemeinde) tätig sind. So steht es in der Gemeindeordnung. Denn das sind Leute, die Krisen und Höhen von Kleingruppen, von Hauskreisen und anderen Gruppen in der Gemeinde durchlebt haben.

13.2 Verzahnung – an andere denken

Es tut Christen gut, besonders christlichen Leitern, wenn sie lernen, nach links und rechts zu schauen, auf die, die mit ihnen in der Gemeinde unterwegs sind. Es kann vorkommen, dass eine Abteilung in der Gemeinde sehr erfolgreich ist, aber von den Früchten ihrer Arbeit wenig bleibt, weil sie vergessen haben, an die abzugeben, die in anderen Gruppen in der Gemeinde aktiv sind. Was nützt es zum Beispiel, wenn ein Glaubenskurs erfolgreich durchgeführt wird und davon anschließend nichts in den Kleingruppen sichtbar wird? Hier sollten die Verantwortlichen des Kurses gleich die gesamte Gemeinde im Auge haben. Genauso sollten sich die Leiter der Kleingruppen fragen, wie sie den Verantwortlichen helfen können, den Glaubenskurs durchführen. Man nennt das Vernetzung oder Verzahnung. Die einzelnen Räder sollen sich nämlich nicht nur alleine drehen, sondern auch andere in Bewegung setzen, andere voranbringen. Obwohl es die Aufgabe übergeordneter Stellen in der Gemeinde ist, dafür zu sorgen, dass Verzahnung geschieht, sollte doch auch jede Gruppe selbst daran denken, zum Gelingen des Ganzen beizutragen.

13.3 Vorsicht – interne Konkurrenz

Eine wichtige Aufgabe für jemanden, der für den Bereich der Kleingruppen in einer Gemeinde zuständig ist, besteht darin, die interne Konkurrenz so gering wie möglich zu halten. Alle Veranstaltungen und Kurse, die langfristig zur Konkurrenz für Hauskreise werden, sollten abgelehnt werden. Es gilt bestimmte Abende für Hauskreise freizuhalten, die Hauskreise zu stärken – und nicht sie zu schwächen, indem immer mehr Mitarbeiter und Teilnehmer in andere Bereiche der Gemeinde abgezogen werden.

Zugegeben, es gibt Christen, die sich schwertun, eine Gruppe von vier bis zwölf Personen zu leiten. Sie blühen erst auf, wenn sie vor einer Gruppe von 40 oder mehr Menschen stehen. Auch für sie wird es in der Gemeinde entsprechende Aufgaben geben. Doch darf man nicht erlauben, Veranstaltungen organisieren zu lassen, die zur Konkurrenz für die Kleingruppen werden. Große Gemeindeveranstaltungen sollen die Gruppen stärken, deshalb muss bei ihrer Planung und Zielsetzung daran gedacht werden, ob sie die Kleingruppen fördern oder gefährden. Das geschieht am besten durch einen Vertreter der Kleingruppen im Planungsteam für das jeweilige Event. So wie man von einer Jugendreferentin oder einem Jugendreferenten lobend sagen kann „Er denkt Gemeinde", so sollte man auch von einer Gemeindeleitung sagen können „Sie denken Kleingruppen", d. h., sie haben die Anliegen der Kleingruppen und Jugendgruppen auf dem Herzen, wenn sie für die Gesamtgemeinde planen.

13.4 Ein hohes und motivierendes Ziel: Heimat finden und Heimat geben

Ich werde gefragt: „Wie verhinderst du, dass Hauskreise zu Kuschelklubs werden, wo man sich wohlfühlt und jeder an sich denkt?" Ich antworte dann, dass wir ja wollen, dass Menschen sich in der Gruppe wohlfühlen. Das tut gut und macht einen Kreis auch anziehend. Wenn dann auch die Verkündigung stimmt, werden Menschen die guten Früchte eines Hauskreises nicht für sich allein behalten wollen. Sie werden das Verlangen verspüren, anderen davon abzugeben. Zur gesunden Entwicklung einer Gruppe gehört, dass sie andere einlädt. Dadurch wird die Gruppe größer. Um heimatlich zu bleiben und um anderen in neuen Kreisen eine Heimat zu bieten, brauchen wir neue Kreise. Dazu beizutragen sollte immer mehr der Wunsch eines jeden Christen im Kreis werden. Darum soll das Ziel der Multiplikation von Beginn an bekannt gemacht und angesteuert werden. Wer ein gutes Zuhause hat und sich dort wohlfühlt, der kann auch anderen Heimat bieten.

14 Weshalb die angestrebte Multiplikation so entscheidend ist

Sind nicht deshalb aus bestehenden Hauskreisen heraus oft keine neuen Kreise entstanden, weil die Mitglieder der Kreise dieses Ziel der Vermehrung der Anzahl der Gruppen nicht vor Augen hatten? Haben sie es nicht gekannt? Klang es ihnen zu bedrohlich? Hörte es sich so technisch an? Man kann hier nicht umhin, darauf hinzuweisen, was Christian A. Schwarz erforscht hat:

> Wir stellten allen Christen, die sich an der Untersuchung beteiligten, die Frage, ob ihre eigene Kleingruppe das Ziel habe, sich durch Zellteilung zu vervielfältigen. Wir fragten hier wohlgemerkt nicht nach einer Beurteilung des gemeindlichen Kleingruppenverhaltens generell, sondern nach konkreten Plänen der *eigenen* Gruppe. Das Ergebnis …: Kaum ein Aspekt hat eine derartig starke Beziehung sowohl zum Qualitätsindex als auch zum Wachstum der Gemeinde wie eine positive Antwort auf diese Frage! … es ist ganz einfach ein Lebensprinzip der Gemeinde Jesu Christi, dass sie sich durch Multiplikation fortpflanzt.[38]

Ein anderer Kenner von Gemeinden, Joel Comiskey, ist mehr und mehr von Folgendem überzeugt: Die beste Motivation für die Förderung der Leiterschaft geschieht dadurch, dass man Zellen (Kleingruppen) vermehren will. Die hier erfolgreichen Gemeinden zielen mit ihrem Training auf die Multiplikation der Gruppen ab. Diese Zielsetzung soll jedem Leiter sozusagen als DNA mitgegeben werden, sodass er vom ersten Tag an, an dem er eine Gruppe leitet, dieses Ziel im Auge hat.

Die Multiplikation von Zellen ist in der Zellgruppen-Gemeinde so zentral, dass man sagen kann: Die Aufgabe eines Leiters einer Zellgruppen ist erst dann erfüllt, wenn aus der Gruppe eine neue Gruppe entstanden ist. Eine Gruppe ist erst richtig lebendig, wenn sie in der Lage ist, eine neue Gruppe zu gründen.[39]

Wenn Multiplikation das Ziel ist, müssen nämlich alle hirtendienstlichen und evangelistischen Aufgaben einer Kleingruppe beachtet werden. Dann werden die Kleingruppen immer stärker zum Gewinnen von Menschen für Christus und zur Stärkung des Glaubens der Christen beitragen.

---

[38] Schwarz, *Natürliche Gemeindeentwicklung*, 68.
[39] Joel Comiskey, Leadership Explosion: Multiplying Cell Group Leaders to Reap the Harvest (Houston: TOUCH Publications, 2003), 39.

14.1 Welche Formen der Multiplikation gibt es?

Ausschlaggebend für die Entstehung neuer Gruppen ist nicht die Größe der Gruppe, aus der heraus eine neue Gruppe gegründet werden soll, sondern die Antwort auf die Frage: Wer ist da, um den Kern der neuen Gruppe zu bilden? Wenn zwei oder drei Christen den Auftrag übernehmen, zu beten, zu planen und einzuladen, dann wird eine neue Gruppe entstehen. Wenn fünf oder sechs Christen aus einer Gruppe weggehen, um eine neue Gruppe zu bilden, weil die erste Gruppe so groß geworden ist, darunter aber kein Leiter ist, wird diese Gruppe keine große Zukunft haben. Von den vielen Varianten der Multiplikation sollen im Folgenden zwei gezeigt werden.

Die Multiplikation eines Hauskreises[40]

LiV oder Co-Leiter startet zusammen mit einigen anderen aus der Gruppe einen neuen Hauskreis. Zu beiden Hauskreisen werden wieder neue Teilnehmer eingeladen.

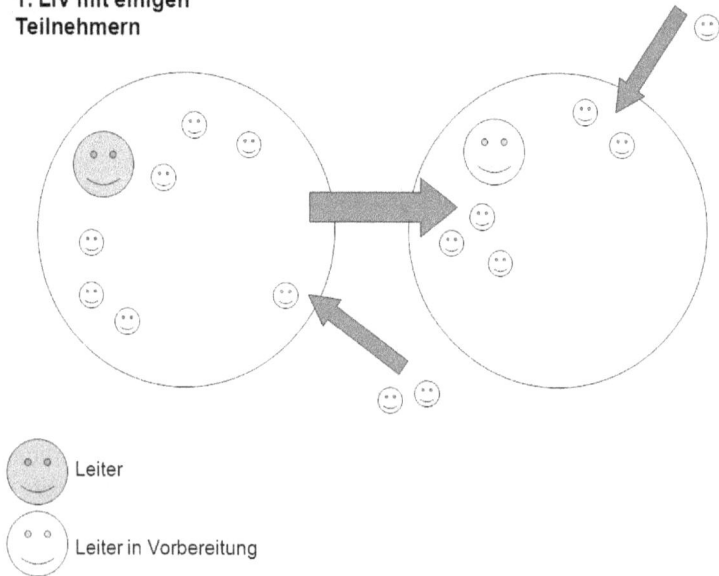

1: LiV mit einigen Teilnehmern

Leiter

Leiter in Vorbereitung

Hier übernimmt der LiV den Hauskreis als Leiter, während der Leiter mit einigen anderen einen neuen Hauskreis startet. Beide haben wieder Platz und laden ein.

---

[40] Grafiken von Silvia Schwing.

**2: L mit 1-2
Teilnehmern**

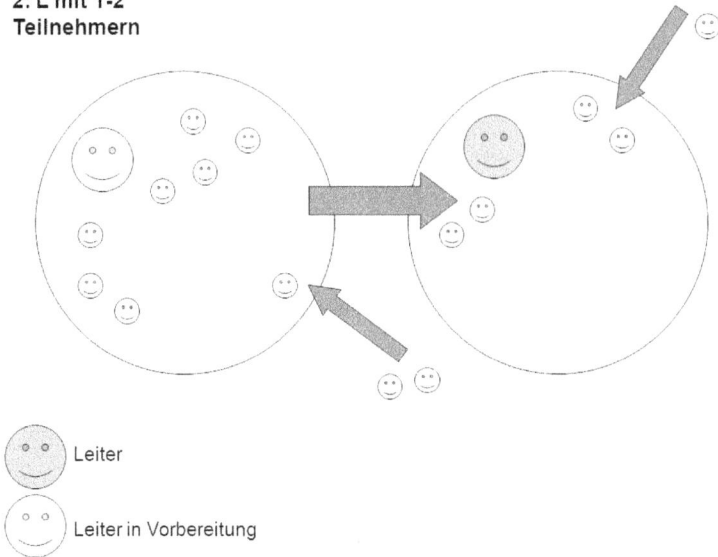

Leiter

Leiter in Vorbereitung

Dies ist ähnlich wie das zweite Beispiel, nur gewinnt der Leiter, der eine neue Gruppe startet, seinen LiV von außerhalb seiner Gruppe.

3: L mit LiV von außen

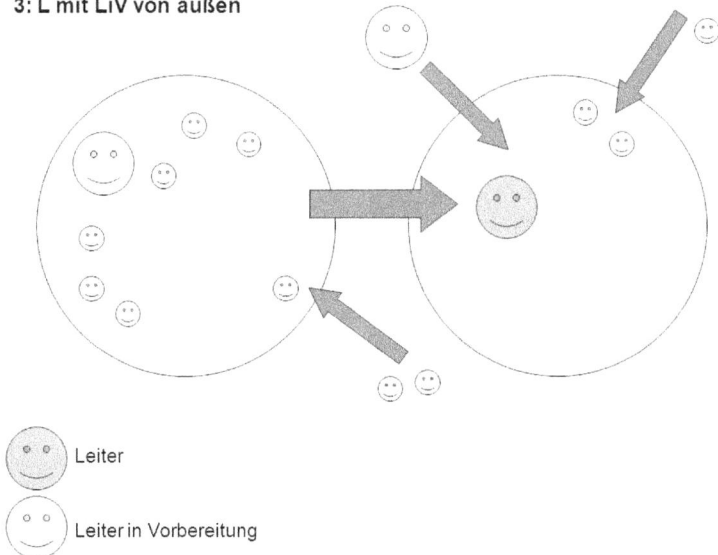

Leiter

Leiter in Vorbereitung

Der Hauskreis ist so groß, dass während des Treffens für einige Aktivitäten zwei Gruppen gebildet werden. Anschließend kommen alle wieder in großer

Runde zusammen. Diese Vorbereitungsphase, die auch eine Testphase darstellt, erlaubt Leitern und Teilnehmern einen behutsamen Übergang in die beiden neuen Hauskreise, die dann räumlich und zeitlich selbstständig arbeiten.

4a: In zwei Schritten

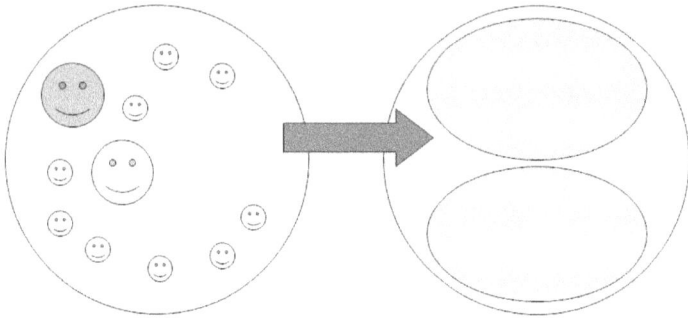

 Leiter

Leiter in Vorbereitung

4b:

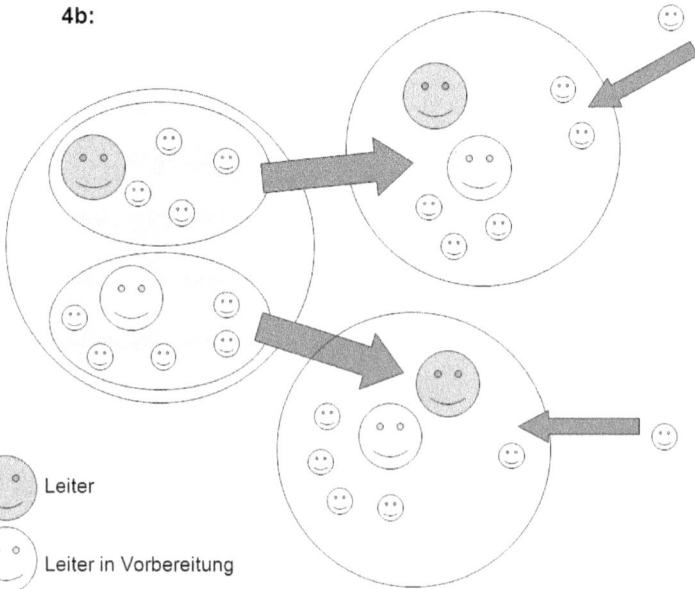

 Leiter

 Leiter in Vorbereitung

Comiskey nennt einige Fehler, die bei der Multiplikation oft gemacht werden:[41]

- multiplizieren, bevor der Leiter-in-Vorbereitung unterwiesen und startklar ist
- Personen eine Gruppe zuweisen (statt sie wählen zu lassen)
- gute Freundschaften trennen
- schwacher Wachstumsschub in der neuen Gruppe (Wenn die bestehende Gruppe allerdings wächst, wird die neue Gruppe höchstwahrscheinlich ebenfalls diese Dynamik haben.)

Wir gehen also die Gründung einer neuen Gruppe erst an, wenn ein neuer Leiter dafür vorbereitet ist. Wir machen zwar Vorschläge, wer in welche Gruppe gehen könnte, aber wir überlassen die Entscheidung den einzelnen Christen. Wir achten darauf, dass Freundschaften durch die Teilung nicht getrennt werden. Gute Beziehungen zwischen den Teilnehmern in den Gruppen zählen mehr als die geografische Lage ihrer Wohnung. Wenn die Beziehung es einem wert ist, nimmt man etwas längere Fahrten auf sich; wenn Teilnehmer keine weiten Wege zueinander haben, ist es noch besser. Wir arbeiten ständig daran, das Leben und das Wachstum in den Gruppen zu fördern, denn wenn es aufwärts geht, lassen sich die Gruppen leichter multiplizieren. Wir bieten den neuen Leitern der Gruppe Fortbildung und Unterstützung an und erwarten, dass sie folgende drei Fragen mit Ja beantworten können:

1. Willst du regelmäßig an unserem VGS-Leitertreffen teilnehmen? Hier sind die Termine.
2. Hast du einen Leiter-in-Vorbereitung oder einen Co-Leiter? Wer ist das?
3. Hast du dir einen Unterstützer (Mentor) gesucht? Wer ist das?

14.2 Wie kann man diese Strategie der Vervielfältigung vermitteln?

Jesus spricht mit seinem Vater: „Ich bete nicht nur für sie, sondern auch für alle, die durch ihr Wort von mir hören und zum Glauben an mich kommen werden. Ich bete darum, dass sie alle eins seien, so wie du in mir bist, Vater, und ich in dir. So wie wir sollen auch sie in uns eins sein, damit die Welt glaubt, dass du mich gesandt hast" (Joh 17,20-21). Es werden mehr – das war die Botschaft Jesu an seine Jünger. Es werden andere kommen, die ihr jetzt noch nicht kennt. Sie kamen dann auch, weil die ersten Jünger ihnen von Jesus

---

[41] Comiskey, *Cell Group Coach*, 78.

erzählten und weitergaben, was Jesus ihnen anvertraut hatte. Wir sehen hier, dass Jesus seine Freunde und Schüler vorbereitete, indem er für sie betete.

So gehört unser Gebet auch zum Vermitteln der Strategie der Vervielfältigung. Wir beten, dass die Hauskreise wachsen, indem sie das Wort Jesu weitergeben. Wir beten, dass die wachsende Zahl der Christen und Interessierten in gute Kleingruppen aufgenommen werden. Wir beten, dass sich die Gruppen vervielfältigen, damit es genug davon gibt, um die wachsende Zahl der Christen aufzunehmen, ja, dass immer mehr Kleingruppen nötig sind. Wir beten, das heißt, wir vertrauen darauf, dass Gott es macht.

Dann rechnen wir auch damit, dass Menschen ihren Teil dazu beitragen. Deshalb geben wir jeder neuen Kleingruppe mit auf den Weg: Sie ist erst dann erfolgreich, wenn sie zum Entstehen neuer Gruppen beigetragen hat. Diese Auftragsbeschreibung halten wir ihnen immer mal wieder vor Augen.

Wir machen es den Hauskreisleitern schmackhaft, neue Gruppen zu bilden, indem wir ihnen die Möglichkeit eröffnen, dann ihrerseits als Unterstützer für die Leiter der neuen Hauskreise zu wirken. Es zählt also nicht nur, wie viele Menschen ein Leiter durch seinen Hauskreis erreicht, sondern auch, wie vielen er oder sie durch die neu begonnenen Hauskreise dienen kann. Es ist so ähnlich wie in der Familie, wo Eltern erleben, dass ihre Kinder selbst Familien gründen und deren Kinder dann wieder ihre Familien. Ein Vater nimmt andere Aufgaben wahr als ein Großvater oder ein Urgroßvater, aber alle freuen sich darüber, wenn es weitergeht und es ihren Nachkommen gut geht. Ein Leiter wird also nicht klammern, nicht alle im Kreis festhalten wollen, sondern freigeben und das Wachstum als Unterstützer begleiten.

Bevor man eine Gruppe teilt, muss man „Verantwortung rechtzeitig teilen"[42]. Swen Schönheit weist hier darauf hin, dass ein Leiter nicht nur darauf sehen darf, dass er seine Arbeit jetzt gut macht, sondern, dass er auch an die Zukunft denkt und seine Arbeit Frucht bringt. Dazu gehört für ihn, frühzeitig Verantwortung zu teilen und sie auf mehrere Schultern zu legen. Ich möchte betonen, dass die Bereitschaft dazu auch davon abhängt, was im Hauskreis und in der gesamten Gemeinde als „Erfolg" verstanden wird. Etwas einseitig gesagt: Erfolg ist nicht, wenn ich viel tue, sondern wenn viel getan wird. Erfolg ist nicht, wenn alle im Hauskreis bei mir anrufen, mich um Rat fragen, mein Gitarrespiel bewundern, sondern wenn andere diese Aufgaben und Dienstbereiche mehr und mehr übernehmen und auch gestalten dürfen.

Wir erinnern an den biblischen Missionsauftrag und das Liebesgebot. Durch die Hauskreise wollen wir hingehen und Menschen zu Nachfolgern Jesu ma-

---

[42] Swen Schönheit, *Gemeinde, die Kreise zieht: Das Kleingruppen-Handbuch* (Glashütten: C&P Verlagsgesellschaft, 2008), 212.

chen. Dazu gehört auch, dass wir lehren, was Liebe tut. Sie behält nichts für sich, teilt und gibt ab von dem, was sie selbst empfangen hat. Sie gibt auch weiter – auch von dem, was sie in einer Kleingruppe empfangen hat – sei es nun Zuwendung, Erkenntnis oder auch Aufgaben.

Außerdem zeigen wir auf, dass in Gottes Schöpfung die Multiplikation eine große Rolle spielt. Durch Zellteilung hält sich unser Körper „frisch". Das gehört zum gesunden Wachstum, selbst wenn es auch einmal Wachstumsschmerzen gibt.

Den Verantwortlichen der Kleingruppen vermitteln wir einen Blick für die gesamte Gemeinde und darüber hinaus. Dieser Durchblick lässt sie ganz anders mit dem Gedanken der Multiplikation umgehen. Sie sehen, dass es logisch ist, dass es Sinn ergibt. Davon müssen die Mitarbeiter, die es vermitteln möchten, selbst überzeugt sein. Wenn sie glauben, dass es wichtig ist und umgesetzt werden kann, leisten sie selbst einen wesentlichen Beitrag zum Gelingen. Anders gesagt, wenn sie selbst nicht vertrauen, dass Vervielfältigung umgesetzt werden wird, fehlt ihnen selbst die Überzeugungskraft.

Trotz aller Betonung der gesunden Multiplikation werden manche Gruppen sich nicht teilen wollen. Ihnen darf man kein schlechtes Gewissen machen, sondern sollte sie ermutigen, weiterzumachen und für neue Mitglieder offen zu sein.

14.3 Multiplikation ergibt Sinn

Weshalb ist es wichtig, dass sich ein Hauskreis an der Gründung weiterer Hauskreise beteiligt? Es müssen nicht immer gleich mehrere Personen sein, die von einem Hauskreis zu einer neuen Gruppe wechseln. Allerdings ist es für die Gesundheit einer Gruppe wichtig, dass sich ab und zu jemand an der Gründung eines neuen Kreises beteiligt. Weshalb ist das so?

Zuerst halten wir fest, dass vieles in Gottes Schöpfung darauf angelegt ist, dass es sich vermehrt. Hauskreise tragen dazu bei, dass Gottes Wort sich ausbreitet, es wird verkündigt durch Menschen, die es sich zu Herzen nehmen und danach leben wollen. Das geschieht nicht so sehr durch das grenzenlose Wachstum eines Hauskreises, sondern dadurch, dass mehr und mehr Hauskreise entstehen – durch Multiplikation. Der erste Grund, weshalb sich ein Hauskreis an der Gründung eines anderen Kreises betätigen soll, kann man also aus dem ableiten, was Gott geschaffen hat.

Der zweite Grund ist, dass es eine menschliche Sache ist, eine logische Sache: Durch zwei Kreise kann mehr geschehen als durch einen. Als Petrus zusammen mit seinem Bruder diesen gewaltigen Fischfang machte, den Jesus ihnen beschert hatte, riefen sie Jakobus und Johannes und baten sie um Hilfe. Nur zwei Boote gemeinsam konnten diesen reichen Fang sicher an Land bringen (vergleiche Lk 5,7).

Ein dritter Grund ist, dass Jesus uns Leben im Überfluss gebracht hat (Joh 10,10). Im Überfluss heißt doch auch, dass er mehr gibt als wir selbst brauchen. Die Folge soll doch sein, dass ein Christ abgibt, von dem, was ihm reichlich gegeben ist. Wer durch eine Kleingruppe Segen empfangen hat, will auch anderen solchen Segen durch die Gruppe zukommen lassen.

Der vierte Grund, den ich hier nennen möchte, ist ein Wort Jesu. Der Leser möge prüfen, ob die Aussage auch auf eine Kleingruppe zutrifft: „Amen, ich versichere euch: Das Weizenkorn muss in die Erde fallen und sterben, sonst bleibt es allein. Aber wenn es stirbt, bringt es viel Frucht" (Joh 4,24; GNB). Gilt das nicht auch für Kleingruppen? Es ist manchmal schmerzlich, sich von einem Kreis zu verabschieden, um einen neuen aufzubauen, obwohl die, die eine neue Arbeit anfangen, voller Erwartung sind. Schwerer ist es für die Gruppenmitglieder, die zurückbleiben. Jesus möchte, dass wir Frucht bringen, das bedarf dann und wann dieses „Sterbens" – ein Abschiednehmen. Noch ein Gedanke: Wird nicht auch so wieder Zeit frei für neue Freunde? Man darf gespannt sein.

Damit Multiplikation geschieht, müssen Hauskreisleiter sich früh nach denen umsehen, denen sie ihre Leitungskenntnisse weitergeben. Die Unterstützer helfen ihnen dabei, solche zukünftigen Leiter zu finden. Wer das Ziel der Multiplikation im Auge behält, der ist wiederum schon dadurch angehalten, nach neuen Hauskreisgründern Ausschau zu halten. Ja, er wartet nicht nur, bis solche hoffnungsvollen Leiter auftauchen, er nutzt die regelmäßigen Hauskreise auch zur Schulung, damit sich herauskristallisiert, wer darauf positiv reagiert.

Den Trennungsschmerz überwinden

Peter und ich trafen abends in der Nähe von Mering bei unseren Gastgebern ein. Wir waren gekommen, um am Forum für Gemeindegründung des Bundes evangelischer Gemeinschaften (BeG) teilzunehmen. Gastgeber war in dem Jahr der *Christustreff Mering*. Einige Mitglieder dieser Gemeinde sollten wir gleich kennenlernen, denn wir trafen bei Jutta und Karl Stadelmayr – unseren Gastgebern – ein, als einer der Hauskreise dieser Gemeinde noch lief. Wir fühlten uns gleich wohl in der Runde und hörten dann, wie es zur Gemeindegründung gekommen war. Dabei spielten verschiedene Hauskreise eine Rolle – Gebetskreis in Königsbrunn, Gründungskreistreffen in Mering, der Frauenhauskreis und nach und nach weitere Hauskreise.

Der Wechsel von der vertrauten Gemeinde in Königsbrunn zur neuen Gemeinde in Mering war für manche der beteiligten Christen mit Trennungsschmerzen verbunden. So ist es auch, wenn man von einem Hauskreis in einen neuen Hauskreis wechselt. Doch hier hörte ich, was die Christen taten, um diesen Wechsel leichter zu machen. Was ich bei ihnen entdeckte, kann man kurz so formulieren:

1. Der Leiter und die Christen in der Gruppe wissen, dass durch diesen Kreis andere Menschen zu Jesus Christus kommen sollen. Fritz Meyer schreibt: „Wir in Mering möchten, dass möglichst viele Menschen (Christen, aber auch Nicht-christen) sich in Kleingruppen treffen."

2. Die Gemeinde- und Hauskreisleitung halten den Gedanken der Teilung wach und wirken auf Multiplikation hin. Der Gruppe war das Wachstum des Kreises wichtig und um dieses Wachstum auch in Zukunft möglich zu machen, müssen neue Gruppen gebildet werden. Fritz Meyer schreibt: „Steigt die Zahl der Teil-nehmer dann, sollten sich die Hauskreise teilen. Es gibt dafür keine feste Gren-ze, aber etwa bei acht bis zehn Teilnehmern im Hauskreis sollten diese Teil-nehmer über eine Teilung sprechen und überlegen, wie dies geschehen kann."

3. Ganz offen redeten die Teilnehmer bei unserem Besuch darüber, dass die Trennung zunächst emotional schmerzhaft war. Doch sie hatten sich dadurch nicht abhalten lassen, die Ausbreitung des Evangeliums durch die Gründung neuer Hauskreise und einer neuen Gemeinde zu fördern. Sie wussten um den Trennungsschmerz; sie taten aber auch etwas, um ihn zu lindern. „Um den ‚Trennungsschmerz' der Teilung zu mindern, haben wir in unserem Hauskreis bei der letzten Teilung vereinbart, dass sich die Mitglieder beider Hauskreise zunächst einmal im Monat gemeinsam treffen würden. Die anderen drei wö-chentlichen Hauskreise würden sich die beiden Gruppen dann getrennt treffen. Wie lange dieser Rhythmus dauern würde, legten wir nicht fest."

Mit der Zeit wurden diese monatlichen gemeinsamen Hauskreistreffen sogar überflüssig, wie Fritz Meyer schreibt: „Wir haben festgestellt, dass jeder Haus-kreis im Laufe der Zeit seine eigene Identität entwickelt (u. a. auch durch neue Leute, die sich der Gruppe anschließen) und nach ungefähr einem Jahr wächst der Wunsch, diese gemeinsamen Treffen wieder auslaufen zu lassen. Es bleiben ja außerdem die Möglichkeiten zur Begegnung in den Gottesdiensten am Sonn-tag. In Mering betonen wir, dass der Gottesdienst nicht mit dem Segen endet, sondern im Obergeschoss bei Kaffee und Kuchen und Gesprächen weiter geht." Außerdem pflegen Christen ja auch Freundschaften über den Hauskreis und den Gottesdienst hinaus.

15 Die Planung und der Start einer Kleingruppe

Aber oberhalb des Rosstors bauten die Priester, ein jeder gegenüber seinem Hause (Neh 3,28).

Bemühe dich darum, dich vor Gott zu erweisen als einen rechtschaffenen und untadeligen Arbeiter, der das Wort der Wahrheit recht austeilt (2Tim 2,15).

15.1 Gut geplant ist halb gewonnen

Nehemia, der damals von Gott gebraucht wurde, um die schützende Stadtmauer Jerusalems wieder aufzubauen, hatte gut geplant. Schon als er weit weg von Jerusalem von seinem Chef, König Artahsasta, gefragt wurde, was er für ihn tun könnte, wusste Nehemia genau, was er brauchte. Er hatte die Sache betend durchdacht. Ja, das Gebet spielte in seinem Leben eine sehr wichtige Rolle. Er klagte Gott die Not seines Volkes, er betete für sie und um das Gelingen seines Vorhabens. Nehemia redete von dem, wie Gott ihn berufen und geführt hatte, er packte durch Planung und praktisches Vorwärtsgehen die Lösung der Nöte an, er betete und nahm andere zum Beten mit – so dass andere Leiter erkannten, dass die Hand Gottes mit ihm war, dass Gott auf seiner Seite war. So wird es auch dem Leiter eines Hauskreises oder einer anderen Kleingruppen gehen, wenn er betet, plant und mit gutem Beispiel vorangeht: Es werden andere kommen und mitmachen, wenn er sagt: „Auf, lasst uns bauen! Und sie nahmen das gute Werk in die Hand" (Neh 2,18).

Nun geht es bei unseren Hauskreisen selten um das Bauen einer Schutzmauer, sondern um ein unsagbar größeres Projekt. Wir bauen an einem Teilabschnitt des Reiches Gottes. Dazu wird auch unsere Planung beitragen. Welche Fragen müssen bedacht werden?

15.2 Günstige Gelegenheiten für den Start neuer Gruppen

Obwohl der Start einer Kleingruppe nicht an Jahreszeiten oder andere Ereignisse gebunden ist, gibt es doch Umstände, die von großem Vorteil für einen gelingenden Start sind.

15.2.1 Im Anschluss an …

Im Anschluss an einen Glaubenskurs sind die Chancen für einen neuen Hauskreis oder gleich mehrere Hauskreise günstig. Sie sollten bei der Planung des

Glaubenskurses gleich vorgesehen werden. Auch nach Evangelisationen mag das Angebot eines neuen Hauskreises gut genutzt werden.

Wenn Menschen vermehrtes Interesse an einer Kleingruppe zeigen, sei es nun, dass sie ein Seminar über Kleingruppen besucht haben oder wenn sie neu in die Gemeinde gekommen sind, gilt es, diese Gelegenheiten zu nutzen. Eines der Ziele einer Predigtreihe in den Gottesdiensten kann ebenfalls der Start einiger neuer Hauskreise sein. Es kann dadurch informiert werden und ein Momentum entstehen, das viele Gottesdienstbesucher dazu veranlasst, sich an Hauskreisen zu beteiligen.

15.2.2 Wenn es hilft, dann…

Wenn wir eine Not oder einen Bedarf in der Gemeinde oder im Umfeld der Gemeinde erkennen, könnte das eine Gelegenheit und eine Aufgabe für neue Gruppen sein. Oft sind die Nöte, die in der Gemeinde zutage treten, auch im Umfeld der Gemeinde und in der allgemeinen Bevölkerung akut. Das Motto lautet also: Begegne der Not mit einer Kleingruppe oder wie jemand mal sagte: „Finde einen Bedarf, dann gründe dafür eine Kleingruppe." Hier folgt, was Gemeinden sich einfallen ließen:[43]

- Heilung für die „Wunden" der Vergangenheit
- Hilfen für Ehepartner von behinderten Menschen
- Wieder zurechtkommen – nach einer Scheidung
- Für Menschen auf Arbeitssuche
- Eltern von Teenagern
- Mütter von Kleinkindern
- Väter und Söhne
- Für Frauen, die wegen einer Abtreibung leiden
- Für Eltern, deren erwachsene Kinder unter Süchten leiden
- Bibelkurs für Einsteiger
- Bibelkurs mit Tiefgang
- Gesprächsgruppe in einer bestimmten Sprache
- Kleingruppen für internationale Studenten
- Gebetsgruppen
- Trauerbewältigung
- Hilfen für den Umgang mit dem Impulskaufen

---

[43] Lyman Coleman, *Small Group Training Manual – 6 Sessions for Training Leaders* (Littleton: Serendipity, 1991), 33ff; im Folgenden zitiert als Coleman, *Trainings Manual*.

- Essgewohnheiten – Essen, wie es gesund ist
- Für junge Ehepaare

15.3 Fragen – damit die Planung gelingt

Die folgenden Fragen werden den Leitern – also der Kerngruppe – helfen, Antworten zu finden, damit es zu einem kraftvollen Start kommt.

15.3.1 Das Team:
Wir schmieden die Pläne
Wer macht mit? Wer leitet? Wer wird Leiter-in-Vorbereitung?

15.3.2 Motivation und Auftrag:
Wir sind motiviert und wissen um Gottes Auftrag
Weshalb? Wozu? Was? Was soll das Ziel des Kreises sein? Was sollen wir uns vornehmen, um dieses Ziel zu erreichen? Sollen wir uns ein Thema erarbeiten, verschiedene Bibelstellen dazu lesen und durchsprechen oder sollen wir vom Bibeltext ausgehend ins Gespräch kommen? Das sind nur zwei der vielen Möglichkeiten, um die Bibel zu Wort kommen zu lassen.

15.3.3 Namensliste:
Wir durchforsten unsere Kontakte und beten für die Menschen
Wen einladen? Wer hat bereits Interesse signalisiert? Wem würde es gerade jetzt gut tun? Wer geht noch nicht zu einer Kleingruppe – aus der Gemeinde oder aus meinem Bekanntenkreis?

15.3.4 Countdown:
Wir sammeln Zusagen, dann fangen wir an
Gibt es eine Mindestzahl von Teilnehmern? Als wir im Mai 2007 wieder einen Hauskreis gründeten, hatten wir zuvor mit denen, die mitmachen wollten, Folgendes abgesprochen: „Wenn wir noch vier zuverlässige Teilnehmer finden, fangen wir an." Das veranlasste uns, gezielt zu beten, half uns konkret zu planen und zu überlegen, wen wir ansprechen sollten.

15.3.5 Das Angebot:
Wir sagen unseren Bekannten, was sie davon haben könnten
Wie wird eingeladen? Gibt es zur Unterstützung der persönlichen Einladung einen Flyer oder ein originelles Geschenk, das auf die neue Gruppe aufmerksam macht?

15.3.6 Zeitpunkt:
Wir suchen einen Tag und eine passende Tageszeit

Wann? Wochentag und Uhrzeit sind zu beachten. Es kann auch sein, dass wir nach dem ersten Treffen die Zeit oder den Tag für die Kleingruppe ändern.

Welche Zeiten eignen sich gut für den Beginn eines neuen Hauskreises? Sicherlich nicht an einem Abend, an dem gleichzeitig ein Länderspiel läuft oder auch nicht an dem Abend, wo z. B. in Hannover die Messegäste anreisen. Dies sind Tage, an denen man nicht beginnen sollte, aber welche Zeiten sind besonders günstig? Die folgende Liste bringt einige gute Zeiten, die geprüft werden müssen und zwar mit der Zielgruppe im Auge:

Jahreszeiten:

* in der Adventszeit, z. B. „Weihnachten neu entdecken"

* im Herbst, der sich besonders für zusammenhängende Themen eignet

Gemeindekalender:

* im Anschluss an einen Glaubenskurs

* oder der Glaubenskurs wird in Hauskreisform durchgeführt

* im Rahmen einer Aktion wie „Leben mit Vision" werden gleich mehrere Hauskreise begonnen. So kann gezielt geschult, geworben und umsichtig geplant werden

* nach einer Gemeindefreizeit

* im Anschluss an eine Evangelisation

* nach der Sommerpause, wenn es mit neuem Schwung mit der Gemeindearbeit weitergeht

Lebensphasen:

* wenn mehrere Eltern in der Gemeinde und in ihrem Bekanntenkreis gleichzeitig die Einschulung ihres jüngsten Kindes durchmachen – oder Sohn oder Tochter in die Selbstständigkeit ziehen

* wenn gleich mehrere Ehepaare jung verheiratet sind und sich miteinander treffen wollen – vielleicht als Fortsetzung des Ehevorbereitungskurses

* wenn Kinder aus dem Alter für die Jungschargruppe herauswachsen, es aber noch keinen Teenkreis gibt

Probleme sind Gelegenheiten:

* wenn mehrere Menschen im Wirkungskreis der Gemeinde ein Problem erkennen, für dessen Lösung oder Verarbeitung ein Hauskreis nützlich

sein könnte (wie wäre es mit einer Gruppe für die Menschen, die gern mit dem Rauchen aufhören möchten?)

- wenn Gott es so fügt und ein Mensch das erkennt

Wachstumsgründe:

- wenn das Datum näher kommt, das man für den Beginn eines neuen Kreises geplant hatte

- wenn der Raum im Haus eng wird oder die maximale Teilnehmerzahl fast erreicht ist

- wenn Christen Tiefgang suchen und sie für sich selbst Verantwortung übernehmen und einen Hauskreis beginnen, um ein Buch der Bibel, z. B. die Offenbarung, durchzunehmen

- wenn Menschen sich in einer Gruppe in ihrer Muttersprache unterhalten wollen – oder den griechischen Text als Vorlage benutzen möchten

- wenn jemand Christ geworden ist und er die Bibel und das Leben als Christ kennenlernen will. (Hier sehen wir einen wichtigen Punkt: Wenn ein Mensch diesen Hauskreis brauchen kann, dann sollten die Leiter fragen: „Wer könnte ebenfalls von solch einer Gruppe profitieren?")

15.3.7 Gastgeber:
Wir wählen einen Ort, zu dem man gerne wieder zurückkommt

Wo soll der Hauskreis stattfinden? Bei wem wollen wir uns treffen? Manchmal ist der Treffpunkt naheliegend, aber meistens sollten sich die Leiter mehr als zwei Alternativen überlegen. Je mehr Möglichkeiten auf der Liste stehen, desto besser wird die Wahl ausfallen.

15.3.8 Häufigkeit:
Wir reden darüber, wie häufig man sich freimachen könnte

Wie oft sollte man sich treffen? Wöchentliche Treffen haben Vorteile, aber manchmal geht es nur alle zwei Wochen. Doch wenn die Teilnehmer verbindlich teilnehmen, kann eine Gruppe auch in diesem Rhythmus zusammenwachsen und etwas erreichen.

15.3.9 Zeitraum:
Wir einigen uns darüber, wie viele Wochen der Hauskreis (zunächst) dauern soll

Will man nur für die ersten sechs Wochen einladen oder gar zunächst für einen Abend zur Probe mit der Option, an einer Reihe von insgesamt sechs Abenden teilzunehmen? Oder will man sich für ein Jahr treffen, weil die Gruppe ein längeres Buch der Bibel intensiv durcharbeiten möchte?

15.3.10 Inhalte:
Wir besprechen die Werte und Ziele der Gruppe

Entscheidende Werte für Kleingruppen

Wähle bitte vier der folgenden Werte, die dir für unsere Gruppe besonders wichtig sind.

Bestätigung	Verfügbarkeit
Gebet	Offenheit
Ehrlichkeit	Sicherheit
Vertraulichkeit	Sensibilität
Verbindlichkeit	Evangelisation
Multiplikation	Zeitrahmen

Wir nahmen uns diese einfache Liste vor, als wir uns zu Beginn eines neuen Hauskreises in einer neuen Zusammensetzung zum ersten Mal trafen. Ich erklärte kurz, was mit dem jeweiligen Begriff gemeint ist. Dann durfte jeder Teilnehmer vier Begriffe heraussuchen, die ihm am Wichtigsten waren. Jeder hatte nun die Möglichkeit zu sagen, was er als wichtig ansah und weshalb. Als Leiter notierte ich mir die drei am häufigsten genannten Begriffe, so auch bei anderen Gelegenheiten, denn es ist gut, wenn man später darauf zurückgreifen kann. So wurde mir in einem Hauskreis nach einigen Monaten klar, dass wir zwar anfangs das Gebet als wichtig angesehen hatten, dies aber in unserem Hauskreis nicht in diesem Maße sichtbar wurde.

Sehr belebend für das Gespräch ist die folgende bildhafte Aufstellung, die Bill Donahue vorschlägt:[44]

Wie würden Sie einen Hauskreis beschreiben? Welches der folgenden Bilder passt dazu?

- Ein **Krankenhaus** (ein Ort, an dem Verletzungen geheilt werden)
- Eine **Tankstelle** (ein Ort, an dem man geistlich auftanken kann)
- Ein **Trainingslager** (ein Ort, an dem wir daran arbeiten können, so zu werden wie Christus)
- Eine **Burg** (ein sicherer Ort, an dem man über persönliche Probleme sprechen kann)

---

[44] Donahue, *Kleingruppen*, 152.

- Ein **Berggipfel** (ein Ort, an dem man neue Perspektive erhält und ermutigt wird)
- Eine **Party** (ein Ort, an dem man Spaß haben kann, Begeisterung und Aufregung erlebt)

15.3.11 Beziehungen vertiefen:
Wir klären, wer während der Woche den Kontakt aufnimmt

Wer und wie werden die neuen Teilnehmer in den Tagen nach dem ersten Hauskreis kontaktiert? Durch einen kurzen Anruf, eine SMS, eine E-Mail oder durch eine Karte? Jemand vom Team wird seiner Freude über die Teilnahme des Gastes konkret Ausdruck verleihen und gleichzeitig zum nächsten Hauskreistreffen einladen.

15.3.12 Mehr Christen, mehr Hauskreise:
Wir planen, wann wir einen zusätzlichen Hauskreis beginnen und wie wir das anfangen wollen

Wann multiplizieren? Wie vermittelt der Initiator der Gruppe den ersten Teilnehmern, dass die Multiplikation des Kreises ein erwünschtes und angesteuertes Ziel ist? Will man einen Zeitrahmen dafür festsetzen oder geht man von der Größe der Gruppe aus, die erreicht werden soll, bevor es an die Multiplikation geht?

15.3.13 Vernetzung:
Wir wissen, wer den Hauskreis im VGS-Leitertreffen vertritt und wie wir den Kreis der Gemeinde vorstellen wollen

Wird der Hauskreis im Gottesdienst der Gemeinde offiziell vorgestellt? Wenn ja, wann und durch wen geschieht das?

15.4 Checkliste

Wir gehen die folgende Liste nochmals durch und prüfen, ob wir alles Nötige bedacht haben.

Schlagwort	Checkliste zum Start eines neuen Hauskreises	erledigt ✓	Wer ist dafür zuständig?	Bis wann sollte es erledigt sein?

Motivation	Unser Ziel ist schriftlich fest- gelegt			
Namensliste	Wir haben gründlich überlegt, wen wir einladen könnten			
	Wir haben für unsere Bekann- ten namentlich gebetet			
Countdown	Wir haben _____ Bekann- te, die ihre Teilnahme zuge- sagt haben			
Das Angebot	Wir wissen, wie wir unsere Bekannten einladen wollen			
Zeitpunkt	Tag und Zeit stehen fest			
Gastgeber	Es ist klar, wo wir uns treffen			
	Es ist klar, wer Getränke und Knabbersachen besorgt			
	Es ist klar, wer an der Tür begrüßt			
	Alle Eingeladenen wissen, wie sie das Haus finden			
	Der Raum muss gut beleuch- tet, frisch gelüftet und ange- nehm beheizt sein. Jemand achtet darauf.			
Nicht vergessen	Zusätzliche Bibeln liegen bereit			
	Stifte liegen bereit			
Zeitraum	Es ist klar, wie oft wir uns treffen wollen (Angebot an Teilnehmer machen)			
Beziehungen vertiefen	Wir haben ausgemacht, wie wir die Teilnehmer anschlie- ßend kontaktieren wollen			
mehr Chri- sten, mehr	Wir haben festgelegt, wer über die Werte und das Ziel der			

Hauskreise	Multiplikation des Kreises im Hauskreis informiert			
Leitung	Es ist klar, wer die Vorstellungsrunde durchführt, und wie			
	Es ist abgesprochen, wer den gemeinsamen Abend in der Runde eröffnet			
	Es ist abgesprochen, wer das Bibelgespräch leitet			
	Es wurde besprochen, ob gemeinsam gesungen werden soll oder nicht			
	Es ist geplant, dass _____ den Gebetsteil leitet			
	Es wurde besprochen, wer anschließend noch zum Aufräumen bleibt			
	Der Unterstützer wurde für den Abend eingeladen – oder für einen absehbaren anderen Abend			
	Falls nötig: Es wurde bedacht, ob Kinder mitkommen dürfen oder sollen (falls der Kreis z. B. morgens stattfindet)			
	Störungen durch Straßenverkehr, Fernseher oder Telefon wurden so gut wie möglich ausgeschlossen			
	Der Leiter hat jemanden beauftragt, mit auf die Uhr zu achten, damit genug Zeit zum Berichten und für das Gebet bleibt und damit der offizielle Teil des Abends pünktlich beendet wird.			

15.5 Praktische Übung:
Der Start einer Kleingruppe auf dem Papier

Führen Sie eine praktische Übung durch, mit der Sie die bisher erfassten Aktivitäten vertiefen. Diese Übungen könnten Sie z. B. mit denen durchführen, die sich bereits zur Mitarbeit gemeldet haben. Nehmen Sie sich Zeit und notieren Sie auf Karteikarten alle Aufgaben, die für den Beginn Ihrer Gruppe nötig sind:

1. Welche Aufgaben müssen beim Start einer Kleingruppe angegangen werden?

   Beschriften Sie die Karten mit den benötigten Aktivitäten: Einladen (wen? wie? wann?), Methode des Bibelgesprächs festlegen, Gastgeber finden, usw.

2. Welche Aufgaben müssen zu einem bestimmten Termin erfüllt werden?

   Welche Aufgaben sind immer wieder nötig, wie z. B. das Gebet? Sortieren Sie die Karteikarten in zeitlicher Reihenfolge und legen Sie die sogenannten Dauerbrenner etwas neben die zeitlich festlegbaren Aktivitäten. Bei der Übung werden Sie außerdem merken, dass die Schritte voneinander abhängig sind – ein Hauskreis kann erst beginnen, wenn erste Teilnehmer feststehen. Nutzen Sie das zeitliche Zuordnen zur Diskussion. Es wird Ihnen helfen, die Strategie klarer zu sehen und Lücken zu entdecken.

3. Als Nächstes schreiben Sie die Person auf die Karte, die für die jeweilige Aufgabe verantwortlich sein soll, falls Sie dies bereits sagen können.

4. Wenn Sie schon planen können, wann die Aufgabe erfüllt sein sollte, schreiben Sie auch den Termin auf die Karte.

5. Fotografieren Sie die sortierten Karten oder, was noch besser ist, heften Sie den so erstellten Plan an eine Wand, so dass Sie immer wieder daran erinnert werden und eintragen können, wann Sie die einzelnen Etappen erreicht haben. Es werden im Laufe der Zeit noch weitere Tätigkeiten hinzukommen und eingetragen werden, die zunächst gar nicht bedacht worden sind, die sich durch neue Gelegenheiten ergeben. Denken Sie dann daran zu fragen: Wer könnte diese Aufgabe übernehmen? Dieser Plan lässt sich außerdem gut als Gebetsplan verwenden.

15.6 Den Ablauf eines Hauskreises näher betrachtet

15.6.1 Schritt für Schritt geplant – was und weshalb?

Wie sollte der Ablauf des ersten Abends aussehen?[45] Es ist empfehlenswert, die Schritte schriftlich zu planen und sie durchzusprechen – von der Begrüßung an der Tür bis zur Verabschiedung der einzelnen Teilnehmer. Wer übernimmt was? Wird gesungen oder nicht? Haben wir Bibeln bereit (für neue Besucher)? Wer leitet das Gespräch über die Werte, über die Regeln, an die sich alle halten sollen? Wie soll das geschehen?

Die vier „Gs" können ein Gerüst sein, um diese Phasen zu planen. Dabei geht es um die einzelnen Schritte, die zugleich den Inhalt beschreiben. Daneben stelle ich die vier Ls, weil sie die Inhalte des geplanten Treffens ins Gedächtnis rufen und mit darauf achten, dass sich eine Gruppe gesund entwickelt.

Möglicher Ablauf eines Hauskreises		
Die „Gs" eines Hauskreis-abends – für einen überzeugenden Ablauf	Die „Ls" als Test für gesunde Inhalte: Lieben, Lehren, Liefern, **logistische Planung**	Der Zweck des Ganzen
Gäste empfangen		
– An der Tür begrüßen – Für die Garderobe sorgen – Einander und anderen vorstellen, falls nötig – Der Freude über den Abend und die Gäste Ausdruck verleihen: „Schön, dass ihr hier seid."	Es ist ein Zeichen der **Liebe**, wenn ich freundlich begrüßt werde, wenn ich beachtet werde, wenn ich in einer möglicherweise fremden Umgebung Orientierung erfahre.	
Übergang: Wer gibt das Signal zum nächsten Abschnitt des Abends? Wie wird es gegeben?		Der Leiter soll freundlich zum nächsten Punkt überleiten – freundlich und deutlich

---

[45] Joel Comiskey gliedert den Ablauf eines Abends mit folgenden Begriffen: *Welcome* (15 minutes), *Worship* (20 minutes), *Word* (40 minutes), *Works / or Witness Time* (15 minutes). Joel Comiskey, *How to Lead a Great Cell Group Meeting: So People Want to Come Back* (Houston: Cell Group Resources, 2001), 29-41.

Gottes Gegenwart gewiss werden		
– Durch ein Lied oder mehrere Lieder – Durch ein Gebet oder – Durch eine Aussage über die Gegenwart Gottes: „Weil Jesus Christus versprochen hat, bei seinen Leuten zu sein, gehen wir fest davon aus, dass er jetzt hier ist und uns hört und sich uns mitteilen kann."	Menschen sollen die **Liebe Gottes** erfahren. So gehen einem Liedtexte immer mal wieder unter die Haut.	
Übergang		
Gemeinschaft fördern		
– In der Runde einander vorstellen (falls nicht bereits geschehen) – Zum Vorstellen eine Eisbrecherfrage benutzen – Die Frage soll auch zum „Ankommen" in der Gruppe dienen – jeder ist ja gerade noch mit anderen Ereignissen im Haushalt oder bei der Arbeit beschäftigt gewesen – An unsere Regeln erinnern, z. B. dass wir einander ermutigen wollen und deshalb unsere Worte und den Ton genau dies zum Ausdruck bringen lassen. „Lass Kritik und Klatsch" wäre eine weitere Regel. Oder: „Wir können in diesem Kreis über alles reden, außer über unsere Männer und unsere Diät."	Menschen sollen in der **Liebe** wachsen, sie brauchen aber auch **Liebe**, um zu wachsen. Deshalb ist alles, was schon vor und dann auch nach der Bibelarbeit geschieht, kein Rahmenprogramm – es ist ein Teil des Ganzen. Wie ernst das Bibelgespräch genommen wird, entscheidet sich oft vorher und nachher.	Die Teilnehmer sollen sich kennenlernen und sollen die Möglichkeit haben von sich zu erzählen, ohne gedrängt zu werden. Diese Phase ist zu Beginn einer Hauskreisserie besonders wichtig, weil Menschen wiederkommen sollen. Das hängt oft daran: Bin ich gern gesehen? Passe ich dazu? Hab ich etwas davon? Fühle ich mich dort wohl?

G – diesmal nicht G, sondern K: Kalender Je aktiver eine Gruppe ist, umso mehr muss angesagt und geregelt werden. Hier sollen auch Anliegen der Gemeinde, zu der der Hauskreis gehört, vermittelt werden. Hier werden Einladungen ausgesprochen.	„**Logistische Planung**" ist für einen reibungslosen Ablauf der Abende und der gesamten Aktivitäten nötig. Unnötige Reibung wird vermieden, wenn man gut plant und wirkungsvoll kommuniziert.	Es ist von Vorteil, wenn man Termine und andere Ansagen schon jetzt klärt. Dann zieht sich später der Abend nicht so lange hin.
Übergang: Der Griff des Leiters zur Bibel und die freundliche Aufforderung zum Weitermachen laden zum nächsten Gesprächsgang des Abends ein.		
Gottes Wort hören		
– Hat jeder den Bibeltext vor sich? – Hat die Eisbrecherfrage möglicherweise schon etwas mit dem Bibeltext oder dem Thema zu tun gehabt? – Sollen hier noch einige Regeln genannt werden? (Z. B.: Jede Frage kann gestellt werden. Wir hören einander an und lassen uns ausreden. Wir fragen nicht gleich: „Was hat uns der Text zu sagen?", sondern zuerst: „Was steht da?") – Hat der Leiter Fragen bereit, mit deren Hilfe er der Gruppe hilft, den Bibeltext zu ergründen, zu verstehen und anzuwenden?	**Lehren**: Menschen sollen etwas lernen, damit ihr Leben mehr und mehr Gott ehrt und Freude macht. Die „Gebrauchsanweisung des Herstellers" für den Menschen ist die Bibel. Sie soll zu Wort kommen. Es ist ein Erfolg, wenn jemand etwas Neues gelernt hat, eine alte Erkenntnis vertiefen konnte oder sich die Anwendung eines Textes vorgenommen hat. Weil man Lehren immer besser lernen kann, findet der Leser an anderer Stelle mehr	

– Hat der Leiter die Uhr im Auge, damit noch Zeit für den nächsten Schritt ist und noch Zeit für anschließende Unterhaltungen bleibt?	zu diesem Thema.	
Übergang	Ein Leiter lernt immer besser zu erkennen, wann es Zeit ist für den nächsten Gedankenkreis, für die nächsten Fragen.	
Geht es dir gut? **G**ebet: Gottes Hilfe erbitten – für **G**ottes Hilfe danken – von Gott weitersagen		Diese Frage kann tiefgehende Antworten ans Licht bringen. Sie darf nicht in Hektik oder unter Zeitdruck gestellt werden. Sie darf auch nicht mit einem „therapeutischen Unterton" versehen sein.
– Gibt es, aufgrund der Gespräche des Abends, etwas für die Gruppe zu tun? – Welche Gebete, die beim letzten Treffen an Gott gerichtet wurden, hat Gott in der Zwischenzeit beantwortet – was ist weiterhin ein Anliegen? – Wofür sollen wir beten? Was liegt am Herzen? – Wer plant, jemanden zum nächsten Hauskreis einzuladen? Für wen sollen wir beten? (Dieses Anliegen muss der Leiter der Gruppe immer wieder mal einbringen und es so wach halten.)	**Liebe** kommt auch zum Ausdruck, wenn jemand für mich und meine Anliegen betet. Ebenso geht es anderen. Darum ist das Hören auf Gebetserhörungen wichtig. Wir wollen nicht nur hören, für was wir beten können, sondern auch, was Gott bereits getan hat. Gebet drückt aber nicht nur Liebe aus, es gehört auch zu den Aufgaben – also zum	

	Liefern – der Gruppe. Deshalb wollen wir nicht nur für die Menschen in der Gruppe beten, sondern für andere weit über die Gruppe hinaus. Diese Gebetszeit ist aber auch **Lehren**, denn hier können Menschen miterleben, hören und selbst praktizieren, wie man beten kann.	
Geh unter dem Segen / Verabschiedung		
– Ob ausgesprochen oder still gebetet, es drückt die Haltung des Leiters einer Gruppe aus: Geh unter Gottes Schutz! – Die Verabschiedung geschieht praktisch zweimal: einmal in der Runde – als Signal, dass nun der offizielle Teil des Abends vorbei ist. Dann aber auch an der Tür, wenn die Gäste gehen. Dazwischen finden lockere Unterhaltungen oder auch tiefgehende Gespräche statt, z. B. über den Kummer, den einer der Teilnehmer gerade durchlebt. Weil in diesen Gesprächen oft weitreichende Hilfe geschieht, wird bei der Verabschiedung in der Runde auf zwei Dinge hingewiesen: „Wir sind nun mit dem offiziellen Teil des Hauskreises zu	Die aufrichtig freundliche Verabschiedung – wie schon die freundliche Begrüßung – lassen andere unsere **Liebe** spüren. Das gilt für die offiziellen Worte in der Gruppe wie auch für das Händeschütteln – oder Umarmen oder *High Five* – an der Tür.	

Ende; wer noch möchte ist herzlich eingeladen, noch etwas hier zu bleiben und sich weiter zu unterhalten." Später an der Tür: „Tschüss, bis zum nächsten Mal" oder „Bis dann im Gottesdienst."		
nach **G**ehen		
Das Gelingen einer Gruppe hängt oft an dem, was jetzt geschieht, was zwischen der Verabschiedung in der Gruppe und der Begrüßung im Hauskreis in der nächsten Woche stattfindet.		Diese Tatsache wird häufig übersehen. An anderer Stelle werden wir mehr darüber lesen.

15.6.2 Entdecker-Bibelstudium für Einsteiger

Kürzlich probierte ich in unserem Hauskreis eine etwas andere Vorgehensweise, um den Bibeltext zu ergründen. Ich schlug vor, dass wir den Text lesen, um ihn dann Vers für Vers mit unseren eigenen Worten wiederzugeben. Da es sich um eine schwierige Stelle aus dem Epheserbrief handelte, war dies eine treffende Methode. Beim Formulieren achteten wir darauf, wie die verschiedenen Bibelübersetzungen, die wir zur Hand hatten, den Text wiedergegeben hatten. Diese Übung half uns, den Abschnitt tiefer zu erfassen. Recht einfach aber wirkungsvoll ist diese Methode des Bibellesens. Sie ist Teil eines größeren Konzepts, das zum Beispiel von David L. Watson vorgestellt wird.

Er sagt, dass das einfache induktive[46] Bibellesen aus drei Schritten besteht:

1. Beobachtung der Schrift (Was steht da?)
2. Auslegung der Schrift (Was bedeutet es?)
3. Anwendung der Schrift (Was werde ich als Antwort tun?) [47]

---

[46] „Induktion (lat.) ,Heranführung'; Erkenntnisverfahren, das von der genauen Beobachtung eines oder mehrerer Einzelfälle ausgeht und daraus auf ein allgemeines Gesetz schließt." Quelle: Uwe Swarat, *Fachwörterbuch für Theologie und Kirche* (Wuppertal: R. Brockhaus, 3. verbesserte und erweiterte Auflage 2005), 105.

Zunächst muss jemand herausfiltern, was eigentlich dort steht, damit man nicht etwas in den Text hinein legt, was nicht zutrifft. Dann muss man verstehen, was die Aussage bedeutet. Was bedeutete es, als der Text zuerst geschrieben wurde? An wen richtete sich der Text damals? Wer spricht? Was bedeutet das heute? Nur wenn man etwas versteht, kann man daraus für die Praxis lernen. Das ist aber dann auch ein entscheidender Schritt, der nicht fehlen darf: die Umsetzung des Erkannten ins Leben. Die biblischen Autoren hatten immer eine Absicht, mit dem, was sie schrieben. Der Heilige Geist wollte, durch das was geschrieben steht, damals etwas erreichen. Er will damit auch heute etwas erreichen.

Der Ablauf eines Treffens könnte folgendermaßen aussehen:

- Teilen Sie einander eine Sache mit, für die Sie dankbar sind, und eine Sache, die Ihnen Schwierigkeiten macht.

- Fragen Sie die Gruppe, was Gott Ihnen seit dem letzten Treffen durch sein Wort gesagt hat. Frage Sie nach Ihren Gehorsamsschritten aufgrund des Textes der letzten Woche.

- Lesen Sie den Bibeltext laut, während jeder in seiner Bibel mitliest.

- Ein Zweiter soll den Text laut vorlesen, während die Gruppe nur zuhört.

- Einer aus der Gruppe soll den Text nacherzählen. Alle anderen können – wenn nötig – Fehlendes ergänzen.

- Verwenden Sie Entdecker-Fragen, um die Gruppe im Nachdenken über den Text anzuregen.

- Fordern Sie die Gruppe heraus, Gottes Wort Folge zu leisten. Jede Person soll mitteilen, wie er die Schriftstelle in der nächsten Woche in die Tat umsetzen will.

- Die Gruppe soll über Personen nachdenken, der sie den Inhalt des Textes in der nächsten Woche weitergeben will.

- Die Gruppe soll über Personen mit Nöten und Problemen nachdenken und überlegen, wie sie diesen Nöten begegnen kann.

- Schließen Sie mit Gebet ab.[48]

Sehr wichtig an diesem Konzept ist, dass die Bibel im Mittelpunkt steht, nicht der „Bibellehrer", auch nicht Hefte mit Fragen und Erklärungen zum Text – so wichtig diese auch für andere Methoden sein mögen. Dennoch hat der Leiter

---

[47] David L. Watson, *Gemeindegründungsbewegungen: Eine Momentaufnahme* (Schwelm: Deutsche Inland-Mission, 2011), 81. Im Folgenden zitiert als: Watson, *Gemeindegründungsbewegungen.*

[48] Watson, *Gemeindegründungsbewegungen*, 78.

eine Aufgabe, nämlich zu sehen, dass man sich an die Regeln und den vorge-schlagenen Ablauf hält. Außerdem halte ich es für sehr gut, dass die Teilneh-mer angeleitet werden, ihre neuen Erkenntnisse möglichst bald anderen mitzu-teilen. So breitet sich Gottes Wort aus, es erreicht neue Leute, es wird in denen vertieft, die es verstehen, anwenden und weitergeben.

Als ich mit Hergen vor dem Berge[49] telefonierte, erzählte er mir, dass er seit einigen Jahren gute Erfahrungen mit dem induktiven Bibellesen gemacht habe. Sie nennen die Hauskreise einfach Entdeckergruppen. Er betonte, dass diese Vorgehensweise hauptsächlich für Menschen gut geeignet ist, die noch nicht an Jesus Christus glauben. Er schreibt, wo dieses Entdecker-Bibelstudium seine größte Stärke zeigt:

> Sicher kann es auch für Christen einmal hilfreich sein, die Bibel auf eine solche (eher ungewohnte) Art zu studieren. Unsere Erfahrung ist aber, dass das oft nicht gut gelingt. Die vielen theologischen Vorprägungen, Weishei-ten aus Büchern, Lehrmeinungen und Denkgewohnheiten überlagern oft den einfachen Bibeltext, so dass es schwer fällt sich auf das Gelesene neu ein zu lassen.

> Die Erfahrung mit Außenstehenden ist ganz anders: Hier begegnet mir eine oft erfrischende Art, das Gelesene zu verstehen – das heißt ja lange noch nicht, es zu bejahen. Aber wir erleben einen sehr fruchtbaren Prozess: Lang-sam aber sicher verstehen die Einzelnen das Wort Gottes, erleben sein Wir-ken in der Umsetzung, sprechen mit anderen Freunden darüber und langsam wächst Glaube in ihnen. Das ist sehr spannend.[50]

15.6.3   Wie hilft man jungen Christen in einer Gruppe zu beten?

Immer wieder möchten Hauskreisleiter wissen, wie sie die Teilnehmer der Gruppe dazu bringen können, mit zu beten. Wir hatten in einem der Hauskreise anfangs das Gebet als wichtig für uns aufgeschrieben, weil es für manche Teil-nehmer einen großen Stellenwert hatte. Aber als wir nach einigen Monaten die Werte anhand unserer Praxis überprüften, merkten wir, dass es uns in der Pra-xis nicht so wichtig war. Wir hatten etwas versäumt.

Für manche ist es schwer, mit jemandem laut oder hörbar zu reden, den man nicht sehen kann, obwohl wir ja beim Telefonieren unsern Gesprächspartner auch nicht sehen. Andere wissen einfach nicht, was sie beten sollen. Und man hat Angst sich zu blamieren, man könnte ja etwas Falsches sagen, etwas Fal-sches beten.

---

[49] Hergen vor dem Berge ist Gemeindegründer und Berater für das „Team Nordwest" der Deutschen Inland-Mission e.V.
[50] Hergen vor dem Berge (persönl. E-Mail, 30.05.2012).

Wenn es einem Hauskreisleiter am Herzen liegt, dass im Hauskreis gebetet wird und die Teilnehmer sich rege am Gebet beteiligen, dann ist der Kreis auf einem guten Weg. Der Leiter kann einiges dafür tun, dass die Gespräche mit dem unsichtbaren Gott an Gewissheit gewinnen.

15.7 Das aufgeschriebene Gebet

Ingrid erzählte mir, dass sie als Teenager in einem christlichen Jugendkreis war. Dort beteten viele der anderen Teilnehmer oft ein kurzes Gesprächsgebet, also ein Gebet, in dem man wie im Gespräch mit Gott redete. Sie wollte mit beten, hatte aber nicht den Mut eigene Gebete zu sagen. Doch sie wusste sich zu helfen: Sie schrieb zuhause ein Gebet auf, das gut durchdacht war. Diesen Zettel nahm sie mit zum nächsten Jugendtreffen und als wieder gebetet wurde, nahm sie den Zettel und las den Text vor. Sie war aufgeregt. Aber sie betete, dass es alle hören konnten. Der erste Schritt war geschafft. Es war ein gelesenes Gebet, das Gott sicher erfreut hat.

Dieser Hinweis, zuhause ein Gebet aufzuschreiben, ist aber nicht nur für Einsteiger im Glauben wichtig. So mancher Pastor und Verkündiger des Evangeliums hat großen Gewinn davon, wenn er seine Gebete auch mal schriftlich formuliert.

15.8 Das vorformulierte Gebet

Die Jünger beteten den Lobgesang nach dem Abendmahl, bevor sie zum Ölberg gingen. Mit „Lobgesang" sind hier die Psalmen 113 bis 118 gemeint. Die Jünger sangen diese Psalmen sogar: „Nachdem sie das Danklied gesungen hatten, gingen sie hinaus an den Ölberg" (Mt 26,30 Hfa). Am Kreuz betete Jesus mit Worten aus den Psalmen, aus der Bibel.

15.8.1 Das vorformulierte Gebet: aus der Bibel

Warum nicht mal einen Monat lang in jedem Hauskreis mit der Bibel beten? Die Psalmen eignen sich dafür, aber auch viele andere Gebete der Bibel. Ich habe mir in einer meiner Bibel folgende Stellen in der Offenbarung markiert. Sie eignen sich wunderbar, um Gott anzubeten. Wo uns doch oft die Worte ausgehen um Gott anzubeten, wird unser Denken durch Gebete der Bibel neu inspiriert (Offb 4,8 und 11; 5,9 und 12-13; 7,10 und 12; 11,15 und 17; 15,3; 19,1 und 5-6). Nehmen wir zum Beispiel dieses Gebet:

> Herr, unser Gott, du Herrscher der ganzen Welt, wie groß und wunderbar sind deine Taten! In allem, was du planst und ausführst, bist du vollkommen

und gerecht, du König über alle Völker! Wer wollte dich, Herr, nicht fürchten und deinem Namen keine Ehre erweisen? Du allein bist heilig. Alle Völker werden kommen und sich vor dir niederwerfen; denn deine gerechten Taten sind nun für alle offenbar geworden (Offb 15,3-4).

Aussagen der Bibel in Gebete umformen

Da sind einerseits Gebete, die direkt übernommen werden können. Es gibt aber auch Gebete, die von Bibeltexten abgeleitet werden – manche kann man in Büchern finden. Auch dies ist eine gute Praxis für eine Kleingruppe. Im folgenden Beispiel wird die Aussage aus dem Hebräerbrief in ein Gebet umformuliert:

Bibeltext: Wir wollen den Blick auf Jesus richten, der uns auf dem Weg vertrauenden Glaubens vorangegangen ist und uns auch ans Ziel bringt. Er hat das Kreuz auf sich genommen und die Schande des Todes für nichts gehalten, weil eine so große Freude auf ihn wartete. Jetzt hat er den Platz an der rechten Seite Gottes eingenommen. Denkt daran, welche Anfeindung er von den sündigen Menschen erdulden musste! Das wird euch helfen, mutig zu bleiben und nicht aufzugeben (Hebr 12,2-3).

Als Gebet formuliert: Jesus, wir richten unseren Blick auf dich. Du bist uns den Weg vertrauenden Glaubens vorangegangen, der auch uns ans Ziel bringt. Du, Herr Jesus, hast das Kreuz auf dich genommen und die Schande des Todes für nichts gehalten, weil eine so große Freude auf dich wartete. Jetzt hast du den Platz an der rechten Seite Gottes eingenommen. Wir denken daran, welche Anfeindung du von sündigen Menschen erdulden musstest! Das wird uns helfen, mutig zu bleiben und nicht aufzugeben.

15.8.2 Das vorformulierte Gebet: von anderen Christen

Es gibt Zeiten und Umstände, in denen uns die Worte fehlen. Da hilft es, mit den Worten anderer zu beten. Aber auch zum Lernen des Formulierens eigener Gebete und zur Horizonterweiterung ist es wichtig, Gebete vorzulesen, die von anderen Christen in Worte gefasst wurden. Oda arbeitete in einem Seniorenheim. Sie kam mit einer älteren Dame ins Gespräch über den Glauben an Gott und das Gebet. Im Laufe des Gesprächs bat die Dame meine Bekannte Oda: „Bitte beten Sie mit mir." Das kam unerwartet. Was sollte sie in dieser besonderen Situation beten? Um beim nächsten Mal in einer ähnlichen Situation gut vorbereitet zu sein, fragte sie mich, ob ich Gebete für sie hätte. Ich freute mich über den Mut und die Liebe, die Oda aufbrachte, um mit der Dame über den Glauben zu reden. Ich gab ihr einige Gebete aus dem Anhang eines Liederbuches; manche waren direkt für solche Gelegenheiten geschrieben. Das Beten mit den Worten anderer kann im Hauskreis geübt werden.

15.8.3   Das vorformulierte Gebet: Lieder zum Gebet

Viele Lieder sind Gebete. Es lohnt sich, das Singen mal zu unterbrechen oder vor dem Singen auf den Text hinzuweisen. Dann singt man den Text viel bewusster, nämlich als Gebet.

Eine andere Möglichkeit, die die Praxis des Betens bereichert, ist diese: Nachdem ein Lied gesungen ist, bittet der Leiter des Hauskreises die Teilnehmer, über den Liedtext nachzudenken. Dann lädt er ein, die Gedanken über den Liedtext in Worte eines Gebets zu fassen. Die Gebete drehen sich nun um die Aussagen des Liedes, wie sie sich auch um einen Bibeltext drehen können.

15.8.4   Beten lehren und lernen

Es ist gut, über das Gebet zu lehren, sei es im Einzelgespräch oder in der Gruppe. Jedoch darf man dabei die Latten nicht zu hoch hängen. Beten darf nicht zu kompliziert werden, sonst denken junge Christen, sie können nicht beten, weil sie all diese Vorschläge, die schnell als Vorschriften verstanden werden können, nicht erfüllen. Lieber etwas weniger unterrichten und dafür mehr beten und dann wieder unterrichten und beten.

Es ist hilfreich, wenn der Hauskreisleiter nach dem offiziellen Ende eines Treffens fragt: „Könntest du für nächste Woche ein kurzes Gebet vorbereiten? Ich sage dir um welches Thema die Bibelarbeit gehen wird. Schreibe die Gedanken auf, über die du mit Gott reden willst. Dann trage sie bei unserem nächsten Treffen vor." Diese Herausforderung fördert junge Christen.

Beten muss aber immer freiwillig bleiben. Deshalb ist auch das Beten „reihum", wo immer der nächste Teilnehmer in der Runde betet, abzulehnen. Es macht Menschen nervös, sie konzentrieren sich nur auf ihr Gebet, das gleich drankommt, und hören nicht mehr, was der andere gerade betet, wozu sie ja „Amen" sagen sollen.

Hier ist es überhaupt wichtig zu erklären: „Betet auch zuhause, wenn ihr allein seid, mit hörbaren Worten. Gott hört dich natürlich auch, wenn du in deinen Gedanken betest, aber es ist wichtig, dass du lernst, deine Worte über die Lippen zu bekommen. Das wird dir helfen, und außerdem können andere ja nicht wissen, was du nur in Gedanken betest."

Das Gebet in kleinen Gruppen – immer zwei oder drei zusammen – hat schon manchen Christen geholfen, die ersten Schritte im gemeinsamen Gebet zu gehen. In kleinen Gruppen fühlen sie sich sicherer und außerdem bringt eine kleine Gruppe auch eine gewisse Herausforderung, sich zu beteiligen.

Es ist auch weise, den geeigneten Zeitpunkt abzuwarten. Jesus lehrte beten, als er von seinen Jüngern gefragt wurde. Sie hatten erfahren, wie Johannes der Täufer seine Jünger Beten gelehrt hatte und verspürten nun dasselbe Bedürfnis.

Daraufhin gab Jesus ihnen Worte, die nun schon seit 2000 Jahren gebetet werden: das Vaterunser.

Eine ausgezeichnete Möglichkeit in diesem Zusammenhang ist, einige Abende über das Vaterunser zu sprechen. Die Aussagen Jesu könnten dann auch dazu führen, die einzelnen Bitten mit eigenen Worten auszufüllen. Übung spielt beim Beten eine große Rolle: Beten lernt man letztlich durch Beten.

„Prayer for Two"

Wie lernen junge Christen, die also Jesus Christus noch nicht lange nachfolgen, sich an einer Gebetsgemeinschaft zu beteiligen? Aus der Johannesgemeinde in Müden/Aller berichtet Siegfried Spatz, wie sie durch beherztes Handeln den Christen halfen, in den Hauskreisen intensiver zu beten und ca. 40 Gebetspartnerschaften ins Leben riefen. Hier ist sein Bericht:

In unserer Gemeinde gab es eine Zeit, in der es viele Kranke und manche Probleme gab. Sonntags im Gottesdienst hatte manch einer von seinen Nöten erzählt und um Gebetsunterstützung gebeten. Dazu kam, dass ich bei unseren Hauskreisleitertreffen feststellen musste, dass die meisten jungen Leute in den Hauskreisen nicht den Mut hatten, zu beten, (obwohl viele von ihnen behaupteten zu Hause für sich zu beten). Ich sprach mit unserem damaligen Gemeindeleiter darüber, wie wir die jungen Christen zum Beten ermutigen könnten. Wir beschlossen unseren erarbeiteten Vorschlag in der nächsten Mitgliederstunde vorzulegen.

Wir erstellten eine Liste, in der sich ältere Mitglieder, die bereit waren mit einem jungen Christen zu beten, eintragen konnten. Wir waren erstaunt, dass sich gleich ca. 20 Beter eingetragen haben. Sie sprachen selbst jemanden an und vereinbarten einen Termin, oder wir haben vermittelt. So sind innerhalb einiger Wochen etwa 20 Gebetspaare entstanden. Auch einige junge Leute taten sich zusammen, um gemeinsam zu beten. Ihr Auftrag war es, sich einmal in der Woche für 15 Minuten zu treffen. Damit sie auch wussten, wofür sie beten sollten, habe ich einen Gebetsbrief erstellt, der die aktuellen Gebetsanliegen der Gemeinde sowie persönliche Anliegen, die mir mitgeteilt wurden, enthielten. Dieser Brief wurde alle acht bis vierzehn Tage verschickt. Wir haben aber auch dazu ermutigt, seinem Partner ganz persönliche Anliegen zu nennen und dafür zu beten.

Mit dieser Aktion starteten wir im April 2008 und hatten nach einem Jahr ca. 40 Gebetspaare.

Wenn auch die meisten dieser kleinen Gruppen nur für eine gewisse Zeit zusammenblieben, hat diese Aktion doch vielen gezeigt, wie man beten kann. Es blieb nicht bei der Theorie, es wurde praktisch. Siegfried Spatz fasst einige Ergebnisse zusammen:

1) Vorher gab es keine kleinen Gebetsgruppen, jetzt sind noch immer einige Gruppen aktiv.

2) Wir sahen die Notwendigkeit, alte und junge Christen zum Beten zu ermutigen und ihnen die Not der Gemeinde ans Herz zu legen.

Jung und alt zusammenzuführen war nicht immer das Richtige, so haben sich auch Paare mit älteren, und Paare mit jüngeren Betern zusammen gefunden.

3) Die Altersgruppen, die mit beteten, reichten von 20-Jährigen bis 80-Jährigen.

4) Es war nicht immer angebracht, die Gebetspartner zu bestimmen; es klappte besser, wenn sich jeweils zwei Gebetspartner selbst fanden.

(Aus einer persönlichen E-Mail am 2. November 2011)

16 Fragen will gelernt sein

Er [Jesus] aber sprach zu ihm: Was steht im Gesetz geschrieben? Was liest du?
(Lk 10,26).

Wer von diesen dreien, meinst du, ist der Nächste gewesen dem, der unter die Räuber gefallen war? (Lk 10,36).

Sie legten das Buch des Gesetzes Gottes klar und verständlich aus, sodass man verstand, was gelesen worden war (Neh 8,8).

Es leuchtet ein, dass Fragen das Lernen und die Erkenntnis fördert, aber wir denken kaum daran, dass sie auch wichtige Boten zum Vermitteln der Erkenntnis sind. Es geht also darum, wie wir durch gute Fragen die Bibel besser verstehen und anwenden. Außerdem führen sie von oberflächlichem Miteinander zur tieferen Gemeinschaft. In unseren Gruppen soll die Bibel zu Wort kommen, wobei die Fragen helfen, die wir ihr stellen und die sie uns stellt. Da sind also Fragen, die das Gespräch **in Gang bringen**. Andere **halten das Gespräch in Gang** und **halten es auf Kurs**. Fragen will gelernt sein. Sie beleben das Gespräch und zeigen, dass es bei der Verkündigung des Evangeliums nicht um eine Einbahnstraße geht, nicht um einen Monolog, sondern um ein Gespräch.

Johan Lukasse aus Belgien nennt ein zweifaches Ziel, für Gemeindegründer, aber auch für alle Gruppen bestehender Gemeinden: „Es ist unbedingt vorteilhaft, in einer sehr frühen Phase der Gemeindegründung mit Zellgruppen anzufangen, damit sowohl Christen als [auch] zukünftige Christen lernen, wie man mit der Bibel und einander umgeht."[51] Auch in unseren Kleingruppen sollen Menschen lernen, mit der Bibel umzugehen – etwas aus ihr lernen und das dann anwenden, und mit anderen Menschen umzugehen – in Liebe, Fürsorge und allem, was zur christlichen Gemeinschaft gehört. Damit dies gut gelingt, müssen wir u. a. lernen, gute Fragen zu stellen!

16.1 Gut gefragt ist halb geantwortet

Schon im Neuen Testament werden auch Begriffe für Verkündigung benutzt, die das Gespräch betonen.[52] Es geht also nicht um eine Einbahnstraße der Verkündigung. Ein wirksamer Verkündiger „lädt" seine Botschaft nicht nur „ab", sondern setzt alles daran, dass seine Botschaft auch verstanden wird. Das

---

[51] Johan Lukasse, *Gemeindebau im nachchristlichen* Europa (Grenz-Murten, Verlag für kulturbezogenen Gemeindebau, 1994), 39; im Folgenden zitiert als: Lukasse, *Gemeindebau.*
[52] Lukasse, *Gemeindebau,* 41.

schließt ein, dass er auch nicht missverstanden werden möchte. Deshalb sind
Gespräche nötig, und Fragen beleben diese.

Während Paulus in Athen auf die beiden wartete, war er im Innersten em-
pört, weil die Stadt voll von Götzenbildern war. Er **redete** in der Synagoge
zu den Juden und zu denen, die sich zur jüdischen Gemeinde hielten, und er
sprach jeden Tag mit den Leuten, die er auf dem Marktplatz antraf (Apg
17,16-17). [Hervorhebung durch den Autor.]

In den nächsten drei Monaten ging Paulus regelmäßig in die Synagoge. Dort
verkündete er frei und offen, dass Gott schon angefangen hat, durch Jesus
seine Herrschaft aufzurichten. Er **setzte sich mit Einwänden auseinander
und suchte die Zuhörenden zu überzeugen** (Apg 19,8-9). [Hervorhebung
durch den Autor.]

Gehen wir einmal einen Hauskreisabend durch, dann sehen wir, dass in vielen
Phasen des Abends verschiedene Fragen zum Zuge kommen.

16.2 Fragen, die die Einstimmung und die Atmosphäre fördern

Wird eine neue Gruppe gebildet, so können gute Fragen helfen, dass sich die
Teilnehmer etwas kennenlernen und so ein vertrauensvolles Miteinander
wächst. Aber auch bei Gruppen, die sich schon länger treffen, können interessante Fragen helfen, anzukommen oder sich zu sammeln. Die meisten hatten
einen anstrengenden Tag, alle hatten andere Herausforderungen, doch durch
gute Fragen stimmt man sich auf den Abend ein. Sie zeigen, dass der Abend
und auch das Bibelgespräch mit dem Leben zu tun hat. Ja, selbst Erwartungslo-
sigkeit und Ermüdung können durch Fragen besiegt werden. Wie gut es nachher zur Anwendung des Textes oder Themas kommt, hängt oft schon von den
Gesprächen ganz zu Beginn des Hauskreises ab.

Ein Beispiel: Manfred ist von Nils mit dem Auto zum Hauskreis abgeholt
worden. Es ist Manfreds erster Besuch in dieser Gruppe. Nils hatte schon
einmal mit den anderen zusammen für ihn gebetet, aber außer Nils kannte
ihn keiner persönlich. Nachdem der Leiter des Abends alle als Gruppe begrüßt, heißt er kurz Manfred willkommen, richtet dann aber die Aufmerksamkeit von ihm weg (denn er wird schon innerlich etwas unruhig) und sagt
der Gruppe: „Wir haben heute einen Freund von Nils hier, dem wir uns gern
einmal vorstellen. Würdet ihr bitte euren Namen nennen und, wenn ihr
wollt, noch kurz beschreiben, was ihr gesehen habt, als ihr mit zehn Jahren
aus eurem Wohnzimmerfenster schautet? Nils, könntest du beginnen?"

Keiner muss etwas sagen, aber die Frage hilft uns bei der Vorstellung. Wir lernen einander besser kennen; manches werden wir auch nach längerer Teilnahme an der Gruppe vom anderen noch nicht gewusst haben. Außerdem kann zu diesen Fragen jeder etwas sagen, egal wie viel er im anschließenden Gespräch über den Bibeltext beitragen kann. Ein Leiter sollte immer eine oder zwei solcher Fragen bereit haben.

Damit die Vorstellungsrunde aber nicht langweilig wird, muss man immer mal andere Fragen benutzen. Die Fragen müssen auch zu der Gruppe passen, z. B. zur geistlichen Reife oder auch zum Alter der Teilnehmer. Hier folgen einige Beispiele zur Auswahl:

Wir heißen ... heute Abend herzlich willkommen und möchten uns Ihnen vorstellen. Sagt dabei einfach euren Namen und beantwortet folgende Frage:

* *Was gefällt dir an unserer Gemeinde am besten?*
* *Was war eine Zeit in deinem Leben, wo Gott ganz besonders deutlich eingegriffen hat?*
* *Wie und wann hast du zum ersten Mal von dieser Gruppe gehört?*
* *Wo lebtest du, als du 13 Jahre alt warst?*
* *Wer war die erste Person, die du aus dieser Gruppe getroffen hast? Unter welchen Umständen war das?*[53]

Als ich diese Fragen in einem unserer VGS-Leitertreffen vortrug, griffen unsere Leiter zum Kugelschreiber und schrieben mit. Diese Fragen, die ich von Carl George übernommen habe, konnten sie gebrauchen. Eine weitere gute Fundgrube dafür ist das Handbuch von Bill Donahue.[54]

Die Antworten auf folgende Fragen können bereits sehr persönlich werden; sie sollten schon zu einem Thema des Abends passen:

* *Wenn die Post kommt, was öffnet und lest ihr als erstes?*
* *Wenn ihr Kleidung kauft, interessiert euch dann mehr der niedrige Preis oder die gute Qualität?*
* *Wen würdet ihr in einer Krisensituation morgens um drei Uhr anrufen?*
* *Wenn euer Einkommen plötzlich verdreifacht würde, was würdet ihr mit dem Extrageld machen?*[55]

---

[53] George, *Nine Keys*, 121.
[54] Bill Donahue, *Authentische Kleingruppen leiten. Das Handbuch für eine lebensverändernde Kleingruppenarbeit*. Willow Creek Edition. Wiesbaden: Projektion J, 1997, 124-132.
[55] *Serendipity New Testament for Groups* (Littleton: Serendipity House, 1990, 3rd ed.), 93. Diese Bibel ist 1999 in Deutsch unter dem Titel *Die Hauskreisbibel* beim Hänssler, Holzgerlingen, erschienen.

Wir nutzen „Eisbrecherfragen", mit denen wir versuchen, die Stille, die manchmal auch unangenehm sein kann oder sogar eisige Atmosphäre zu brechen, wie ein Eisbrecher im Fluss den Weg frei macht für die Schiffe, die dann ihre Waren ans Ziel transportieren können. Man braucht sie nicht immer, diese Eisbrecher(fragen), aber es ist gut, wenn man sie immer bereit hat zum Einsatz. Sie sind sehr nützlich.

16.3 Fragen, die zum Verständnis des Bibeltextes dienen

Natürlich kann ein Gesprächsleiter die Fragen aus einem Arbeitsheft oder aus einer Bibel für Hauskreise entnehmen. Dennoch muss er dabei prüfen, ob die Fragen ihm liegen, ob er damit zurechtkommt, ob er selbst eine Antwort darauf findet. Er wird in den meisten Fällen Fragen weglassen müssen, weil die Zeit dafür nicht ausreicht. Ein Gesprächsleiter sollte aber auch eigene Fragen zu dem Text stellen können. Er kann sich Folgendes fragen:

1. Was habe ich im Text entdeckt und gelernt?

2. Welche Fragen muss ich stellen, damit andere ebenfalls zu dieser wichtigen Entdeckung kommen?

Dabei ist es ratsam, Fragen zu jedem der folgenden Schritte zu formulieren, die man sich als EVA-Methode gut merken kann:

E = Entdecken (Was steht da?)

V = Verstehen (Was bedeutet das?)

A = Anwenden (Was soll ich tun? Was sollen wir tun?)

Zunächst muss man verstehen, was der Text eigentlich sagt, dann erst kann man eine sinnvolle Anwendung finden. Hier folgen einige bekannte Fragen, die sich auf viele Bibeltexte anwenden lassen:

- Was steht im Bibeltext über Gott? … Jesus Christus? … den Heiligen Geist?
- Was hat er getan? Was wird er tun?
- Wer sagt was zu wem? Wer schreibt was an wen?
- Was ist der Zusammenhang des Geschehens?
- Wo ereignet sich das Berichtete?
- Welche Vergleiche werden angestellt?
- Welche Gegensätze werden geschildert?
- Gibt es ein gutes Beispiel im Text, dem ich folgen soll?
- Wird ein schlechtes Beispiel vorgestellt, vor dem ich gewarnt werde?

- Wenn ich damals gelebt hätte, in welcher Rolle würde ich mich wieder-finden?

16.4 Fragen, die zur Anwendung des Gelernten dienen

Es genügt aber nicht, dieses Wort nur anzuhören. Ihr müsst es in die Tat umset-zen, sonst betrügt ihr euch selbst! (Jak 1,22 GNB)

*Denn Esra richtete sein Herz darauf, das Gesetz des Herrn zu **erforschen** und danach zu **tun** und Gebote und Rechte in Israel zu **lehren*** (Esra 7,10). [Hervor-hebung durch den Autor.]

In dem Auftrag, den Jesus Christus seinen Leuten gab, heißt es nicht nur „lehrt sie alles, was ich euch befohlen habe", sondern, „lehrt sie alles zu befolgen, was ich euch befohlen habe". Das geht einen wesentlichen Schritt weiter. Gelernt hat man etwas erst richtig, wenn man es praktiziert. Deshalb dürfen die Anwen-dungsfragen nicht fehlen, denn sie helfen das Gelernte umzusetzen. Jesus sagt: *Wer diese meine Worte hört und sich nach ihnen richtet, wird am Ende dastehen wie ein kluger Mann, der sein Haus auf felsigen Grund baute* (Mt 7,24).

Hier ist eine Frage besonders wichtig: Was will uns Gott mit dem Bibeltext sagen? Die Anwendung muss im Zusammenhang mit den anderen Fragen und dem Bibelgespräch stehen. Sie soll sich aus dem bisher Gesagten ergeben. Al-lerdings ist manches Nachdenken nötig – Nachdenken darüber, wie man den Text praktisch anwenden kann. Obwohl dies bei den einzelnen Teilnehmern ganz unterschiedlich aussehen kann, sollen doch Beispiele gegeben werden.

1. Johannes 1,1-4

In einer Bibelarbeit über 1. Johannes 1,1-4 könnte der Schwerpunkt mal darauf liegen, dass unsere Worte als Christen zählen und dass unsere Erfahrungen mit Jesus Christus auch für andere wichtig sind. Damit praktische Schritte folgen, könnte man folgende Fragen stellen:

- Deine Geschichte mit Jesus ist wichtig. Hast du sie schon einmal in Worte gefasst? Hast du sie schon einmal aufgeschrieben?

- Wem willst du deine Geschichte mit Jesus schreiben oder erzählen?

- Du darfst davon ausgehen, dass jemand mehr von Jesus wissen will. Wie hilfst du ihm dabei? Erinnerst du dich daran, was dir damals gehol-fen hat?

1. Korinther 9,25-27

Die Beschäftigung mit 1. Korinther 9,25-27 unter dem Thema „Im Glauben Ziele fürs Leben setzen" – ein Thema auch für mehrere Abende – kann durch folgende Fragen unterstützt werden:

- Wir brauchen Lebensziele. Was ist dein Ziel? Welche sind deine tiefen Wünsche? (Schreibe auf, was dir kommt, während du betend darüber nachdenkst.)
- Wann willst du dir dafür Zeit nehmen? (Der Zielformulierung und der festen Entscheidung sollen Taten folgen. Schritte müssen geplant werden.)
- Was und wer kann mir helfen, diese Ziele zu erreichen?
- Was muss ich tun, damit ich dem Ziel näherkomme?
- Was muss ich lassen, damit ich mich auf das Ziel konzentrieren kann?
- Wie beeinflusst Gottes Wille, wie wir ihn im „Vaterunser" lesen, unsere Zielsetzung?

Da der Gesprächsleiter den Text vorher ausgearbeitet hat, kann er schon als Einstieg ins Thema eine Frage stellen, die mit der Anwendung zu tun hat. Wenn, um es konkret zu machen, die Anwendung von Hebräer 13,2 „Gastfrei zu sein vergesst nicht" sein soll, in der kommenden Woche jemanden zum Essen einzuladen, wäre eine passende Einstiegsfrage: „Worüber freust du dich am meisten, wenn du von jemandem zum Essen nach Hause eingeladen wirst?"

Es wird nicht die Regel sein, aber ein Thema kann auch durch ein umfangreiches Arbeitsblatt mit Fragen vertieft werden, wie das folgende „Testen Sie Ihr Hörvermögen":

Testen Sie Ihr Hörvermögen

Ihr sollt wissen, meine lieben Brüder: ein jeder Mensch sei schnell zum Hören, langsam zum Reden, langsam zum Zorn. (Jak 1,19)

Wer antwortet, bevor er überhaupt zugehört hat, zeigt seine Dummheit und macht sich lächerlich. (Spr 18,13; Hfa)

1. Blickkontakt – Schauen Sie Ihr Gegenüber an, wenn Sie mit ihm sprechen?

2. Warten – Lassen Sie den anderen ausreden? (Nicht voreilige Schlüsse ziehen oder schnelle Antworten aus eigenen Erfahrungen einwerfen.)

3. Verstehen – Wollen Sie den anderen wirklich verstehen? Wo drückt der Schuh? Welches sind die Schlüsselworte?

4. Was sucht der andere für jetzt oder für später? („nur" ein offenes Ohr, einen Rat oder mein Handeln?)

5. Ist das Gesagte wahr, ergibt es Sinn?

6. Fragen – Stellen Sie Fragen, die zum Verständnis dienen und zeigen, dass Sie mitdenken?

7. Verzicht – Sparen Sie sich das Schlusswort? (Man muss nicht immer das letzte Wort haben.)

8. Praktisch – Welche der obigen Fragen hat Sie besonders angesprochen? Auf welche Weise können Sie in dieser Woche Ihr Hörvermögen erhöhen?

16.5 Fragen, die helfen, mit schwierigen Situationen umzugehen

Fragen sind auch ein gutes Mittel, um Gespräche auf einem guten Kurs zu halten, wenn Fragen oder Äußerungen aus der Gruppe eine Herausforderung darstellen. Der Leiter kann durch geschickte Fragestellungen ein Gruppentreffen davor bewahren, dass es langweilig oder aufgeheizt strittig, irreführend oder nichtssagend wird.

16.5.1 Umgang mit falschen Aussagen

Norbert macht eine Aussage zum Text, die falsch ist und so nicht im Raum stehenbleiben darf, weil sie eine wichtige ethische oder theologische Sache betrifft. Was macht Martin, der Gesprächsleiter? Er will nicht als der Besserwisser dastehen, will nicht das Gespräch an sich reißen, sondern will Norbert weiterhelfen, will die anderen in der Gruppe beteiligen, will die Bibel zu Wort kommen lassen und will möglicherweise sogar bessere Antworten hören, als die Lösung, die er zurzeit im Sinn hat.

- Er kann die Frage an andere in der Gruppe weiterleiten. „Was meint ihr anderen dazu?" / „Seid ihr alle dieser Meinung – wenn ja, weshalb – wenn nein, weshalb nicht?"

- Er stellt Rückfragen: „Man merkt, dass du vieles durchgemacht haben musst, um eine solche Ansicht zu vertreten. Möchtest du uns von dir erzählen? Was hat dich veranlasst, so zu denken?"[56]

- Er erinnert daran, dass Gott selbst uns eine Antwort geben kann und fragt: „Was sagt die Bibel dazu?"

16.5.2 Umgang mit schwierigen Fragen

- „Diese Frage sucht nach einer Antwort. Lass uns nachher in Ruhe darüber reden."

---

[56] Carl George. *Nine Keys*, 115.

- Wenn jemand vom Thema ablenkt, weil ihn etwas sehr bewegt oder indem er auf sein „Lieblingsthema" kommt und der Gesprächsleiter eine Diskussion jetzt für unangebracht hält, kann er folgende Frage stellen: „Ich merke, dass dich dieses Thema sehr beschäftigt. Die meisten von uns haben sich mit dieser Frage bereits befasst. Würdest du nachher noch bleiben, damit jemand aus unserem Kreis ganz persönlich mit dir sprechen kann?" Dieses Gespräch muss nicht der Leiter führen. Jemand anders könnte helfen und damit gleichzeitig die Beziehungen untereinander vertiefen.

- „Dazu kann ich im Moment nichts sagen. Hat jemand von euch schon mal darüber nachgedacht?"

- Wenn während des Hauskreises eine wichtige Frage über einen biblischen Zusammenhang gestellt wird, auf die ich keine Antwort weiß oder die zu viel Zeit vom eigentlichen Thema kosten würde, kann man auch andere bitten, eine Antwort zu finden: „Du stellst da eine interessante Frage. Ich bin augenblicklich überfragt. Wer aus der Runde möchte bis zum nächsten Hauskreis daran arbeiten, eine Antwort für uns zu finden?"

16.5.3 Umgang mit „frommen" und zu schnellen Antworten

- „Was bedeutet das, was du gerade geantwortet hast, für dich?"
- „Was meinst du damit?"
- „Wie sieht das praktisch aus?"
- „Kannst du das mit einem Beispiel erklären?"
- „Wozu dient das?"
- „Wie bist du zu dieser Überzeugung gekommen?"

16.5.4 Dies sollte ein Leiter beim Fragestellen bedenken

- Der Gesprächsleiter darf die Fragen nicht selbst beantworten! Er muss Zeit lassen zum Antworten, evtl. die Frage noch mal anders formulieren, wenn er den Eindruck hat, dass sie nicht verstanden wurde.

- Der Gesprächsleiter muss das **Gespräch in Gang halten**, indem er rechtzeitig die nächste Frage stellt. Langeweile ist nicht gut. Er kann z. B. sagen: „Wir haben bisher also Folgendes entdeckt … Kommen wir zur nächsten Frage".

- Der Gesprächsleiter und alle anderen können zwischendurch Verständnisfragen stellen: „Wie meinst du das?" oder „Ich verstehe nicht, was in Vers 15 steht, kann mir das jemand erklären?"

- Gerade für Einsteigergruppen ist es sinnvoll, nur bei dem Text des jetzigen Treffens zu bleiben und nicht zu erwarten, dass die Teilnehmer andere Bibelstellen zu Rate ziehen können. Das Behandeln von Themen unter Berücksichtigung der ganzen Bibel ist auch nötig, aber nicht schon in Gruppen, die gerade anfangen, die Bibel zu entdecken.

- Wenn Gesprächsleiter sich Arbeitshefte oder Computerprogramme zur Hilfe nehmen, um ihre Kleingruppe vorzubereiten, so wird durch den Gebrauch der Fragen anderer auch ihre eigene Fähigkeit, gute Fragen zu stellen, immer mehr zunehmen.

- Bei der Auswahl der Fragen muss man auch bedenken, wie offen die Teilnehmer der Gruppe schon zueinander sind. Je tiefer die Gemeinschaft untereinander, je besser sich die Teilnehmer kennen, desto offener kann man fragen.

- Gelegentlich hat man eine Einstiegsfrage bereit, aber das Gespräch vor dem Bibelgespräch läuft auch ohne die Eisbrecherfrage bereits sehr gut. Dann kann man sich die Frage für einen späteren Hauskreis aufheben.

- Wir müssen Fragen vermeiden, auf die man mit Nein oder Ja antworten kann, weil sie das Gespräch nicht fördern. Fragen sollen das Gespräch stattdessen anregen und helfen, das Ziel des Treffens oder des behandelnden Textes zu verfolgen.

- Es gilt viele Dinge zu beachten und vorzubereiten. Deshalb besteht die Gefahr, dass dem Leiter die nötige Lockerheit und Freudigkeit im Zusammensein mit der Gruppe abhandenkommt. Hier helfen eine gute Vorbereitung und der Entschluss, im Vertrauen auf Gott locker in das Treffen zu gehen. So können wir denen frei und freundlich begegnen, denen wir die gute Nachricht von Jesus bringen wollen.

16.5.5 Jesus wirft Fragen auf, von denen wir lernen können

Jesus stellt Fragen, die ins Schwarze treffen. Auf dem Weg zu einer Gemeinde, wo ich eine Schulung über Hauskreise halten sollte, führte Gott meine Gedanken auf eine biblische Geschichte, durch die Jesus uns auch lehrt, wie er mit Fragen arbeitete. Das passte wunderbar zu dem, was ich vermitteln wollte. Bis heute ist mir dieser Bericht in der Bibel eine gute Lektion für die Kunst des Lehrens und des hilfreichen Umgangs mit Menschen. Es ist gut möglich, diesen Text einmal im Hauskreis auch unter diesem Aspekt zu betrachten.

Bibellesen zum Thema „Fragen stellen von Jesus lernen": **Lukas 10,25-37**	
V 25:	Ein theologisch sehr gebildeter Mann stellt Jesus eine Frage.
	Jesus nimmt ihn und seine Frage ernst (siehe das folgende Gespräch).
V 26:	Jesus antwortet mit einer Frage.
V 27:	Der Schriftgelehrte hat eine richtige Erkenntnis – die reicht aber nicht.
V 28:	„Tu das, so wirst du leben", sagt Jesus – damit wirft er ihm den „Ball" wieder zu, er zeigt dem Schriftgelehrten seine Verantwortung.
V 29:	Der Schriftgelehrte nimmt den „Ball" nicht an – will ihn zurückwerfen.
V 30ff:	Jesus erzählt eine Geschichte, ein Gleichnis und …
V 36:	… endet mit einer Frage.
V 37a:	Der Schriftgelehrte hat wieder die richtige Erkenntnis.
V 37b:	Jesus antwortet: „So gehe nun hin und tu desgleichen!" Wieder gibt Jesus den „Ball" an den Fragenden ab, wieder übergibt er ihm die Verantwortung des Handelns.
Wir erkennen – und dies könnte das Ergebnis eines Bibellesens mit diesem Text sein:	
	… wie man mit Fragen antworten kann. Es hilft dem Gefragten, eigene Erkenntnisse zu gewinnen.
	… wie eine Geschichte, in diesem Fall ein Gleichnis, kraftvoll illustriert.
	… wie Jesus Christus die *Anwendung* der Gebote und Erkenntnisse betont (V 28 und 37).
	Wir nehmen uns vor in den nächsten Tagen, wenn es angebracht ist, mit Fragen zu antworten, statt mit einfachen Erklärungen.

17 Zwischen den Treffen –
Wo gute Gewohnheiten fürsorgender Leiter zum Wachstum führen

Es grüßt euch Epaphras, der einer von den Euren ist, ein Knecht Christi Jesu, der allezeit in seinen Gebeten für euch ringt, damit ihr fest steht, vollkommen und erfüllt mit allem, was Gottes Wille ist (Kol 4,12).

In diesem Buch, das Sie gerade lesen, geht es meistens um den Tag, an dem sich die Gruppe trifft. Durch ein Buch von Dave Earley[57] wurde mir deutlich, wie entscheidend es ist, was zwischen den Treffen – außerhalb der Treffen – stattfindet. Dabei trifft Earley mit seinen acht beschriebenen Gewohnheiten nicht nur den Nagel auf den Kopf, er beschreibt auch, wie und weshalb diese acht Aktivitäten zur Gewohnheit eines Leiters werden sollten. Dann stellt er fest, dass diese acht Gewohnheiten für Leiter auf allen Ebenen wirkungsvoll sind, für Kleingruppenleiter, Coaches und Pastoren.

Gewohnheiten lassen aus einer Spinnwebe ein Drahtseil werden. Gelegentliches schlechtes Verhalten, das man zunächst noch leicht abschütteln kann, wenn es sein muss, wird durch ständige Wiederholung zur Verstrickung, zur eisernen Bindung einer schlechten Gewohnheit. Genauso stark wirkt Positives: Wer gute Tätigkeiten regelmäßig wiederholt, macht aus einer gelegentlich erfolgreich getanen Handlung eine starke Gewohnheit, die ihre guten Wirkungen zeigt. Als gute Gewohnheiten sind Verhaltensweisen und Taten auch auf Dauer leichter durchzuhalten. Diese acht Gewohnheiten haben sich bewährt und bedeuten mir selbst viel. Dr. Earley hat mir freundlicherweise die Genehmigung erteilt, sie in diesem Kapitel vorzustellen. In seinem Buch behandelt er sie ausführlicher; ich bringe eine kurze Darstellung, mit kurzen Erklärungen und für unsere Verhältnisse angepasst.

17.1 Träume vom Leiten einer gesunden, wachsenden, sich multiplizierenden Gruppe

Es ist bezeichnend, dass Earley mit dem Hinweis auf Träume beginnt, nicht mit der Frage nach den größten Problemen, nicht nach dem, was der Leser fürchtet,

---

[57] Dave Earley, *Eight Habits of Effective Small Group Leaders: Transforming Your Ministry Outside the Cell Meeting* (Houston: Cell Group Resources, a division of TOUCH Outreach Ministries, 2001; im Folgenden zitiert als: Earley, *Eight Habits*.

nicht nach dem, was ihm Albträume bereitet. Nein, er fängt mit dem an, was jeder Leiter braucht – Träume, also Wünsche und Vorstellungen von einer Zukunft, die er erwartet und mitgestaltet. Träume dieser Art wecken im Menschen die Hoffnung, dass Jesus einem gibt, was nötig ist, um die Erfüllung der Träume zu sehen. Sie stellen uns Sachverhalte vor Augen, die uns beflügeln und die oft der Grund dafür sind, dass sich andere dem „Träumer" anschließen. Wir wissen, dass Träume ohne Planung nur Träume bleiben. Aber darüber sprechen wir später noch.

> Eine hochwirksame Gruppe ist eine gesunde Gruppe. Verschiedene Merkmale zeichnen eine gesunde Gruppe aus. Am offensichtlichsten ist die spürbare Gegenwart Gottes. Die Leute kommen nicht, weil ihre Freunde dort sind, sondern weil Gott da ist.
> Viele gute Dinge geschehen, wenn Gott da ist. Die Leute sorgen aufrichtig füreinander. Gäste werden eingeladen und herzlich begrüßt. Der Herr wird mit ganzem Herzen angebetet. Menschen hungern nach dem Wort Gottes und danach, wie sie es auf ihr Leben anwenden können. Mitglieder der Gruppe fühlen sich geliebt und angenommen. Beziehungen werden aufgebaut. Es geschieht geistliches Wachstum und Leben werden verändert.[58]

Ein Kleingruppenleiter stelle sich einfach mal seine Gruppe vor – eine gesunde, geistlich gesunde Gruppe, eine wachsende Gruppe? Eine Gruppe, zu der die Teilnehmer gern einladen – und die Geladenen kommen. Träumen Sie vom Leiten einer gesunden, wachsenden, sich multiplizierenden Gruppe. Dann denken Sie darüber nach, was für Sie „gesund", „wachsend" und „multiplizierend" heißt. Dies wird die Begeisterung oder auch den Ernst der Lage in Ihr Gedächtnis einprägen. Stellen Sie sich vor, wie durch Ihre Kleingruppe andere Menschen zu Jesus finden und Sie gemeinsam mit Ausdauer und Begeisterung weit über Ihren Kreis hinaus Dinge bewegen zu Gottes Lob.

Ludwig hatte so einen Traum vom Arbeiten unter Menschen fern von zu Hause. Ich stelle ihn mir vor, wie er davon träumte, Menschen in einer ganz anderen Sprache von Jesus zu erzählen – wo er doch gerade dabei war, die Schweine zu misten, denn er arbeitete als Knecht auf einem Bauernhof. Etwas später finden wir den jungen Mann als Eisenbahnarbeiter wieder. Auch während des Streckenbaus bei der Eisenbahn hielt er seinen Traum fest – oder besser, der Traum hielt ihn auf Kurs. Er hatte einen Traum, dafür arbeitete er, dafür lernte er schon, bevor er 1857 ins Seminar der Rheinischen Mission in Wuppertal-Barmen eintrat. Seine Leidenschaft Missionar zu werden hatte mit einem Versprechen zu tun, dass Ludwig als zwölfjähriger Junge an Gott gab. Damals lag er nach einem Unfall ziemlich hilflos im Bett. Ludwig, der von der (damaligen)

---

[58] Earley, *Eight Habits*, 23-24.

Insel Nordstrand stammte (heute mit dem Festland verbunden, gehörte damals zu Dänemark), reiste bis nach Sumatra, wo er der Gründer der Batak-Kirche wurde. Er hatte einen Auftrag und einen Traum, wie wir hier sehen.

Nommensen war kein Phantast, der etwa als missionarischer Abenteurer nach Sumatra gekommen wäre und als solcher den geistlichen Kampf mit den Kannibalen Sumatras aufgenommen hätte. Dies zeigt uns bereits seine Schau aus dem Jahre 1867, als er als einsamer Missionar sich aufmacht, um im Innern Sumatras der Mission einen Platz zu erobern: „Wann wird diese große Schar ihre Knie beugen vor unserem König Jesus? Im **Geiste sehe ich schon** überall christliche Gemeinden, Schulen und Kirchen und ganze Scharen Bataks. Groß und klein sehe ich hinwandern zur Kirche **und höre**, wie überall die Glocken läuten, die zum Hause Gottes rufen. **Ich sehe die** große Fläche der Hochebene, Gärten und Felder auf jetzt kahlen Höhen, Wälder im üppigen Grün, und überall ordentliche Dörfer und Wohnhäuser und wohlbekleidete Nachkommen dieses Volkes. Noch mehr: **Ich schaue** sumatraische Prediger und Lehrer auf allen Kanzeln und Kathedern, jung und alt den Weg zum Himmel lehrend. Sie werden sagen, ich phantasiere. Ich sage: Nein, nein, das tue ich nicht! **Mein Glaube schaut das alles**, denn es muß, es wird so kommen, denn alle Reiche müssen Gottes und seines Christus werden. Ich habe deshalb guten Mut, auch wenn die Leute jetzt noch widersprechen und allerlei Pläne machen, um Gottes Wort abzuhalten. Es beginnt schon zu tagen, bald wird es hell, bald steht die Sonne der Gerechtigkeit in vollem Glanze am Horizont des Bataklandes, überall, vom Süden bis zum Meeresstrand, im Tobaland."

Diese Schau ist wirklich wahr geworden. Bereits in Nommensens Todesjahr [1918] hatte die Batakkirche 170 000 Glieder mit 789 Lehrern und 40 Predigern.[59]

Bleibt die Frage: Was sind Ihre Träume für Ihre Kleingruppe? Für Ihren Bereich in der Gemeinde? Für Ihre Gemeinde? Es lohnt sich darüber nachzudenken und im Bewusstsein der Gegenwart Gottes zu überlegen, wo er Sie beauftragt hat. Sprechen Sie mit Jesus darüber; und wenn sich die Vorstellungen gefestigt haben, reden Sie mit Menschen, denen Sie vertrauen. Wahrscheinlich werden Sie einige der folgenden Gewohnheiten einüben müssen, um zu erleben, wie Träume zur Wirklichkeit werden.

---

[59] Horst R. Flachsmeier, *Geschichte der evangelischen Weltmission* (Gießen: Brunnen, 1963), 267-268. [Hervorhebung durch den Autor.]

17.2 Bete (täglich) für die Teilnehmer deiner Gruppe

Zum wahren Gebet gehört nicht nur Reden, sondern auch Hören. Das Gebet verbindet uns mit Gott, und Gott weiß alles. Wenn wir im Gebet hören, gibt Gott uns Einblick in wichtige Fragen. Plötzlich haben wir ein neues Verständnis davon, welche Bedürfnisse, Stärken, Herausforderungen und welches Potenzial unsere Leute haben.[60]

Wenn wir beten, steht nicht unsere Gruppe im Mittelpunkt, sondern Gott. Wir sind dann ganz bewusst in der Gegenwart Gottes. Wir dürfen ihm auch sagen, was uns auf dem Herzen liegt. Das Folgende könnte uns in dem Wunsch bestärken, für die Gruppe und ihre Teilnehmer zu beten.

Durch Beten sparen wir Zeit, denn wer betet, der kann erleben, wie Gott in kurzer Zeit schafft, was sonst lange dauert oder überhaupt nicht gelingt. Die Vorbereitung für ein Gespräch über einen Bibeltext kann durch eine zündende Idee bereichert und verkürzt werden.

Wir brauchen Ideen. Wir brauchen Hilfe, wenn wir andere beraten sollen. Wir brauchen Mut zum Einladen und die Erkenntnis, wen wir einladen sollen und wann das geschehen soll. Außerdem tauchen immer wieder Probleme auf, für deren Lösung wir beten dürfen.

Weil Beten nicht nur Reden, sondern auch Hören ist, können wir Gottes Weisung erhalten, auch darüber, wer mit in die Leiterschaft für die Gruppe geholt werden soll oder wer besondere Fürsorge benötigt. Wir erfahren, wo Menschen der Schuh drückt und auch, wo es in der Gruppe hakt.

Wir müssen für den Hauskreisabend beten und denken dabei an die einzelnen Abschnitte des Abends: das lockere Gespräch am Anfang, das Bibelgespräch mit der Anwendung, das Planen neuer Aktivitäten, die Gebetszeit – und an den, der das Gespräch über den Bibeltext oder das Thema leitet.

Vergessen dürfen wir nicht, dass es auch viele Ereignisse gibt, für die wir Gott danken müssen. Wenn Woche für Woche Leute in die Gruppe kommen, dann machen die Leiter doch etwas richtig, aber vor allem sollen wir Gott dafür danken. Es ist so leicht, von Menschen enttäuscht zu werden; die Arbeit in Hauskreisen ist manchmal frustrierend. Bei Paulus fällt auf, dass er immer wieder für die Gemeinden dankt.

Damit das Gebet für die Gruppe eine gute Gewohnheit wird, muss man eine Zeit dafür bestimmen, eine der vielen Gestaltungsmöglichkeiten aussuchen und

---

[60] Earley, *Eight Habits*, 31.

es mindestens einen Monat lang täglich durchführen. Drei Möglichkeiten, für andere zu beten, will ich hier aufzeigen:

Beten mithilfe des PCs

Manchem wird es helfen, wenn er die Personen, für die er betet, auf dem Monitor vor sich sieht. Wer dann noch sein Programm auf „Diashow" einstellt, kann festlegen, wie viel Zeit er sich für jeden nimmt, um für ihn zu beten.

Beten mithilfe des Notizbuches

Mancher schreibt die Namen der Menschen, für die er irgendwie verantwortlich ist, in ein Notizbuch. Daneben kann man eine Spalte für die Anliegen anlegen und eine weitere Spalte für Antworten auf die Gebete. Solch eine Liste kann man natürlich auch mit dem PC erstellen.

Beten mithilfe des Kalenders

Sind es viele Menschen, für die man beten möchte, so kann man die Namen auf einem Monatskalender verteilen, sodass man jeden Tag für mehrere Menschen betet. Welche Erinnerungsmittel wir auch immer verwenden, Hauptsache sie helfen uns, am Gebet dranzubleiben.

17.3 Lade ein

Wie wichtig das Einladen ist, habe ich an anderer Stelle in diesem Buch beschrieben. Hier möchte ich zwei Ausarbeitungen weitergeben, die benutzt werden können, um dieses Anliegen an einen Hauskreis oder Mitarbeiterkreis zu vermitteln. Die Fragen dürfen kopiert werden.

Vom Einladen und Hingehen

1. Jesus Christus hat andere eingeladen. Welche Haltung, welche Herzenseinstellung, entdeckt ihr diesbezüglich bei Jesus?
   a. Matthäus 11,28-30
   b. Lukas 13,34
   c. Markus 6,34
   d. Lukas 9,57-62

2. Wie würdet ihr die Haltung des Paulus denen gegenüber, die er zu Jesus Christus einlud, beschreiben?
   1. Thessalonicher 2,7-12

3. Wie gewinnt man die Leidenschaft, von der wir gerade gesprochen haben? Welcher der folgenden Schritte ist dir dabei wichtig und weshalb?

- ich muss es wollen
- ich bete dafür
- ich lasse mich durch Vorbilder „anstecken"
- ich probiere es aus
- ich danke Gott für meine eigene Errettung
- ich kehre um, tue Buße (Offenbarung 2,5)
- ich bete für andere
- ....

4. Empfindest du die folgende Anregung als hilfreich oder bedrückend? Weshalb?

„Willst du dazu beitragen, dass ein Mensch zu Jesus Christus findet? Die nächsten beiden Schritte sind womöglich bereits 90% der Aufgabe (was uns Menschen betrifft). Erstens: Baue eine Beziehung zu der Person auf, die von gegenseitigem Respekt und Wertschätzung gekennzeichnet ist. Zweitens: Stelle deinen Bekannten anderen Christen vor (z. B. im Hauskreis oder Gottesdienst)."

5. Welche der folgenden Aussagen ist dir besonders wichtig?

a. Wer einlädt, tut etwas gegen das Schrumpfen der Gruppe.

b. Wer einlädt, trägt zum Wachstum bei, das wiederum bringt Begeisterung.

c. Wer einlädt, öffnet Bekannten die Tür zu einem neuen Erlebnis, vielleicht sogar zu einer geistlichen Reise.

d. Wer einlädt, zeigt, dass ihm der Kreis am Herzen liegt; er fühlt sich dazugehörig.

e. Wer einlädt, ist überzeugt, dass man durch das Erleben christlicher Gemeinschaft zu Jesus Christus finden kann.

f. Wer einlädt, ist bereit, seine Freude mit anderen zu teilen.

g. Wer einlädt, ist bei den Treffen selbst mit ganzem Herzen dabei und will zum Gelingen beitragen.

6. Wir haben gesehen, dass es einer Gruppe nicht nur gut tut, sondern für ihre Gesundheit auch nötig ist, neue Leute aufzunehmen. Auf welche Änderungen muss sich eine Gruppe vorbereiten, damit sich Gäste bald angenommen wissen und zum gesunden Wachstum beitragen?

Einladen – wie gehe ich dabei vor?

1. Lest bitte Markus 2,13-17.

   a. Wer lädt ein?

   b. Wer kommt?

   c. Was sind die Folgen?

2. Versetze dich einmal in die Lage des Levi. Mit welchen Worten hättest du deine Kollegen (ebenfalls Zolleinnehmer) zu dem Essen eingeladen (unter Berücksichtigung der Tatsache, dass noch andere Gäste geladen waren)?

3. Weshalb fand Levis Einladung so eine große Resonanz? Was können wir davon lernen?

4. Welche negativen Vorstellungen von der Gruppe könnten die Eingeladenen haben – Vorstellungen, die sie möglicherweise vom Besuch abhalten?

5. Welche Aussagen können wir machen, um mögliche Ängste schon bei der Einladung abzubauen?

6. Gibt es im Leben deiner Bekannten Nöte oder Wünsche, für die unsere Gemeinde eine Lösung haben könnte? Zähle ganz allgemein einige auf.

7. Appetitanreger! Mit welcher Aussage über deinen Hauskreis kannst du jemanden neugierig machen? Denke dabei auch daran, was dir die Gruppe selbst bringt.

8. Als Team zusammenarbeiten: Wer für die Bekannten eines anderen Gruppenmitglieds betet, kann sich dann auch mitfreuen, wenn dieser Bekannte zum Hauskreis und zu Jesus findet.

9. Bete...

   – dass Gott uns Gelegenheiten schenkt, um andere zum Hauskreis einzuladen;

   – dass wir die Gelegenheiten erkennen und nutzen;

   – dass wir erkennen, wer für eine Einladung offen sein könnte;

   – füreinander, indem ihr auf die Anliegen zurückgreift, die Paulus in Kolosser 4,2-6 nennt.

17.4 Pflege Kontakte

17.4.1 In Verbindung bleiben – wie macht man das?

Im ländlichen Bereich sieht man sich während der Woche schon gelegentlich, man trifft sich in Geschäften oder bei anderen Gelegenheiten im Ort. Da ist immer mal Zeit für ein kurzes Gespräch. In der Stadt ist es wahrscheinlicher, dass sich Teilnehmer einer Kleingruppe nur sehen, wenn sie es sich bewusst vornehmen. Wer einen Menschen zu Jesus führen oder ihn im Glauben voran-bringen möchte, wird Gelegenheiten nutzen und suchen, um die Beziehung zu vertiefen. Wachstum im Glauben hat mit Vertrauen zu tun, und Vertrauen wie-derum braucht Nähe, braucht Begegnung. Neben den Besuchen bei den Teil-nehmern und Einladungen zu sich oder in Restaurants und Cafés kann ein Hauskreisleiter die Post nutzen, E-Mails schreiben, Telefongespräche führen, Skype, Facebook oder noch neuere Kommunikationsmittel anwenden.

Obwohl es bei diesen Kontakten um ein gegenseitiges Kennenlernen bzw. eine Vertiefung der Beziehung geht, muss ein Leiter darauf achten, dass es um den anderen geht, auch um seine Beziehung zu Jesus Christus sowie seine Bezie-hung zur Kleingruppe und der Gemeinde. Das Folgende ist mir zur Leitlinie geworden, diese Beziehungen zu gestalten: „Jemand interessiert nicht, was du weißt, bis er weiß, dass du dich für ihn interessierst". Ich drücke mein Interesse nicht durch neugieriges Abfragen aus, sondern durch taktvolle Fragen über das, was den oder die anderen gerade freut oder was Kummer bereitet. Die Bibel sagt das so: „Freut euch mit den Fröhlichen und weint mit den Traurigen" (Röm 12,15). Interesse am anderen zeigt sich durch wirkliches Hinhören und daran, dass man sich etwas merkt von dem, was gesagt wurde. Es wird die Familie zur Sprache kommen, manchmal der Beruf, Hobbys, Reisen, Haustiere – was gerade von Interesse ist.

Dann soll sich das Gespräch auch um Jesus Christus und seinen Einfluss auf unser Leben drehen. „Wie hilft dir unser Hauskreis in diesen Wochen weiter, deine Beziehung zu Jesus zu vertiefen?" wäre so eine Frage, die das Gespräch auf diese Ebene bringt. In manchen Gesprächen kommt man ganz natürlich auf solche Anliegen zu sprechen, in anderen Gesprächen muss man durch so eine gezielte Frage darauf hinsteuern. Ein kurzes Sammeln der Gedanken vor einer Begegnung – manchmal sogar schriftlich – macht die Begegnung für beide Seiten bedeutsamer. Mein Gegenüber, Jesus und seine Gemeinde sollen in dem Gespräch vorkommen – vor allem, wenn wir die Nöte und Freuden, die im Gespräch erwähnt wurden, gemeinsam im Gebet zu Gott bringen.

17.4.2 Wir bleiben in Verbindung – wann ist das besonders wichtig?

Dave Earley schreibt:[61]

1. *Bald nach dem ersten Besuch im Hauskreis*[62]
2. *In den ersten Wochen wöchentlich*
3. *Nach einer Abwesenheit vom Hauskreis*
4. *Nachdem jemand im Kreis erzählt hat, dass er durch eine Krise geht*
5. *Nach einer angespannten Situation in der Gruppe*

Ich ergänze:

6. *Bevor sie aus dem Urlaub zurückkommen*
7. *Vor dem Start der Kleingruppe nach einer Pause (Weihnachten, Urlaub usw.)*
8. *Geburtstage und andere Ereignisse*

Neulich besuchten uns alte Bekannte und wir kamen auf einen gemeinsamen Bekannten, hier Robert genannt, zu sprechen. Mir fiel sofort ein, wie ich Robert das erste Mal kontaktieren wollte. Ich war neu in die Gemeinde und den Jugendkreis gekommen und ging die Liste der Jugendlichen durch, die zum Jugendkreis gehörten oder mal dazugehört hatten. Als ich einfach mal unangemeldet bei Robert vorbeischaute, war er nicht zu Hause. Aber ich traf seine Mutter an. Nachdem ich mich vorgestellt und noch einige Worte gewechselt hatte, gab sie mir einen Geldschein in die Hand und bedankte sich herzlich, dass ich ihren Sohn besuchen wollte. So dankbar war sie für diesen Besuch. Solche Besuche bringen noch viel mehr als solche Dankesgesten. Sie können Menschen zurückbringen in eine Gruppe, ihnen weiterhelfen im Glauben und Beziehungen stärken. Dieser junge Mann kam später wieder in den Jugendkreis und lebt heute ganz bewusst mit Jesus Christus.

17.5 Bereite dich vor

Eines der Bibelprogramme auf meinem PC hat die Schaltfläche „Panic!" für Situationen, in denen man wenig Zeit hat, um das nächste Gespräch über einen

---

[61] Earley, *Eight Habits,* 54ff.

[62] Anrufe und E-Mails helfen uns, in Kontakt zu bleiben. Karten und Briefe heben sich mittlerweile von den modernen Kommunikationsmitteln ab, und die Stiftung Marburger Medien kann die Arbeit eines Hauskreisleiters durch kreative Karten sehr erleichtern: www.marbur ger-medien.de.

Bibeltext vorzubereiten. Mit der „Panic-Taste"[63] kann ich recht schnell ein Gespräch über den Text vorbereiten – mit Einleitungstexten, Kommentaren, Fragen zum Einstieg, besseren Verständnis, zur Vertiefung oder Anwendung. Es wäre aber nicht förderlich, würde ich diese Taste zu oft betätigen. Selbst am Text arbeiten, das ist der Mühe wert! Aber eins macht diese Taste deutlich: Wenn die Zeit für die Vorbereitung des Gruppentreffens mal knapp ist, gibt es schnelle Hilfe.

Schon ein wenig Vorbereitung tut der Gruppe gut. Die Kernaussagen von Earley halte ich für sehr motivierend. Wer sie liest, wird Vorbereitung neu schätzen.

17.5.1 Weshalb ist Vorbereitung so wichtig?

* Gott benutzt unsere Planung.
  Es kommt zu weniger Ablenkung und der Teufel hat weniger Chancen, etwas durcheinanderzubringen.

* Wir bekommen mehr Zuversicht und Glauben.

* Uns wird von den Teilnehmern mehr Vertrauen entgegengebracht.
  Sie laden dann auch eher andere ein.

* Die Qualität des Treffens wird gesteigert.

* Die Einsicht, dass die Kleingruppe wichtig ist, wird gefördert.

* Der Erfolg von morgen hängt an der Vorbereitung von heute.[64]

Die **Vorbereitung** auf das Gruppentreffen ist bereits die „halbe Miete". Durch Langeweile und das Gefühl, dass einem das Treffen nichts bringt, sind Gruppen gefährdet. Hauskreise, wie auch andere Gruppen, werden interessant und bringen den Teilnehmern etwas, wenn sich die Leiter darauf vorbereiten.

17.5.2 Was gilt es vorzubereiten?

Earley[65] mahnt Verantwortliche, die in ein Gruppentreffen hingehen, **sich selbst vorzubereiten**. Ein Leiter möchte, dass andere zur Ruhe kommen, dazu braucht er selbst innere Ruhe. Er möchte, dass andere Spaß daran haben, sich zu beteiligen. So wird er sich selbst bewusst machen, wie wichtig dieser Abend für ihn und andere sein wird. Er möchte, dass die anderen Gottes Gegenwart wahrnehmen, so wird er sich selbst dessen bewusst, dass Jesus versprochen hat,

---

[63] LESSONmaker ist ein Programm von WordSearch – ein sehr umfangreiches Bibelprogramm auf Englisch, das mittlerweile auch, was den Bibeltext betrifft, die Gute Nachricht Bibel anbietet.

[64] Nach Earley, *Eight Habits,* 58-59.

[65] Vgl. Earley, *Eight Habits*, 58-62.

bei seinen Leuten zu sein. Nun wird ein Leiter nicht immer alle diese Punkte durchgehen, aber es tut gut, zur Ruhe zu kommen und sich betend mit solchen Gedanken im Gedächtnis auf den Abend vorzubereiten. Ein paar Minuten bedeuten schon viel. Wenn die meisten Teilnehmer gewohnheitsmäßig ihren Stammplatz haben, kann ein Leiter auch im noch menschenleeren Raum die Runde machen und an jedem Platz für den, der dort sitzen wird, beten. Er wird dann auch um Liebe beten für die, die herausfordernd sind oder gerade schwierige Zeiten durchleben.

Die **Atmosphäre** im Raum hängt auch ab von der Sitzordnung, den Lichtverhältnissen, der Musik im Hintergrund (mancher verzichtet auch darauf). Es trägt zu einer guten Atmosphäre bei, wenn Getränke und Knabberzeug auf dem Tisch stehen.

Wer sich auf einem Blatt Papier kurz den **Ablauf** des Abends notiert sowie alles, was angesagt und geklärt werden muss, der wirkt überzeugender. (Außerdem erspart er sich in den kommenden Tagen einiges an Arbeit, denn was man am Abend nicht klärt, muss man in den folgenden Tagen durch Telefonate oder E-Mails nachholen.) Sonst kann es sogar passieren, dass man das Gebet vergisst oder die Absprache für das nächste Gruppentreffen.

Bei der Einstellung auf das vor einem liegenden Treffen muss der Leiter außerdem die **Zeit** im Auge behalten, denn sowohl Langeweile als auch Hektik und innere Unruhe heute könnten die Teilnehmer nächste Woche vom Treffen fernhalten. Für die Teilnehmer wird der Abend mehr Sinn ergeben, wenn sich die Leiter vorher daran erinnern, welches **Ziel** sie für den Abend haben. Kurz vor dem Treffen ist auch ein Blick in die **Zukunft** dienlich: Beziehe ich zukünftige Leiter mit ein? Habe ich einen Blick für die Möglichkeiten, neue Gruppen zu gründen?

Und selbstverständlich muss das Bibelgespräch vorbereitet werden. Darum geht es ausführlich an anderer Stelle dieses Buches.

17.6 Sei ein Mentor für zukünftige Leiter in der Gruppe

An diesem wichtigen Punkt geht kein Weg vorbei, wenn man erfolgreich arbeiten will. Ein Leiter mit einem Nachfolger stellt mehr auf die Beine. Oft habe ich das nicht beachtet. Dann habe ich in den Gemeinden erlebt, wie fähige Mitarbeiter ihre Aufgaben mit Freude und großem Geschick erfüllen – aber wenn sie mal ausfallen, durch Urlaub, Krankheit oder warum auch immer, dann fängt das große Suchen an: Wer kann was übernehmen? Deshalb kann man dies nicht genug betonen. Da ich darüber an anderer Stelle schon ausführlich geschrieben

habe, nenne ich hier nur einige Leitsätze: Unser Vorbild spricht lauter als unsere Worte – aber beides ist wichtig!

**Lerne die Gruppenmitglieder gut kennen und prüfe, worin du sie ausbil-
den kannst.**

Nimm dir Zeit für zuverlässige und tüchtige Leute. „Was ich dir vor vielen
Zeugen als die Lehre unseres Glaubens übergeben habe, das gib in derselben
Weise an zuverlässige Menschen weiter, die imstande sind, es anderen zu ver-
mitteln" (2Tim 2,2).

Beschreibe deine Vision. Erzähle, wie Gott dich geführt hat, woran du gerade
arbeitest, um deine Sicht vom Auftrag Gottes zu erfüllen und wie der Gesprächspartner selbst beteiligt sein kann. Passt seine Sicht der Dinge mit deiner
Sicht zusammen?

Frage sie, ob sie mitmachen. Fleißige Leiter haben oft alle Hände voll zu tun.
Das hat aber auch zur Folge, dass sie sich oft nicht die Zeit nehmen, Nachfolger
heranzubilden, denn das kostet Zeit und anfangs klappt es mit dem Neuen nicht
so gut wie allein. „Dann mache ich lieber alles selbst", hört man als Entschul-
digung. Dann denken fähige Menschen, dass es ja bei uns gut läuft und melden
sich nicht von sich aus zur Mitarbeit.

17.7 Plane gemeinsame Unternehmungen mit der Gruppe

Es gehört schon zur Tradition des Hauskreises bei Gerd und Mathilda in Deger-
sen: Jedes Jahr planen sie eine gemeinsame Unternehmung – etwas außerhalb
der Routine. Einmal war es eine Kanutour; letztes Jahr verbrachten sie einen
ganzen Sonntag zusammen: Morgens besuchten sie den Gottesdienst einer
Gemeinde im Nachbarort, dann besichtigten sie ein Museumsbergwerk und
anschließend trafen sie sich im Garten des Hauskreisleiters zum Grillen.

Sie müssen nicht so umfangreich sein, aber gelegentliche Unternehmungen
außerhalb der normalen Treffen tun gut. Manche in der Gruppe sind für ihre
gedanklichen „Höhenflüge" bekannt, andere krempeln die Ärmel hoch, organisieren und packen an – und alle haben etwas davon, wenn sie sich auch von
einer anderen Seite kennenlernen. Solche besonderen Aktionen hat bereits das
„vier L-Konzept" im Sinn; hier betrachten wir es aber noch mal aus einem
anderen Blickwinkel. Wer feiert, der weist damit das „Ich-hab-keine-Zeit-
Dilemma" auf seinen Platz, der schafft Zeit für neue Frische und Freude. Ob es
nun etwas zum Feiern gibt oder ob die Jugendgruppe in den Seilgarten zum
Klettern geht, die Tatsache, dass man zusammen ist, etwas miteinander unternimmt, miteinander im Gespräch ist, zählt.

Solche besonderen Unternehmungen sind ideal, auch Freunden und Familienmitgliedern eine lockere Gelegenheit zum Kennenlernen der Gruppe zu geben. Es ist eine Chance zu zeigen, dass – wie wir Christen gelegentlich singen – „der Kreis sich niemals schließt"[66], sondern offen ist für andere.

Bei solchen Gelegenheiten sehen Freunde oder Bekannte, wie sich Christen herzlich begegnen, wie Freundschaften gewachsen sind. Earley schreibt: „Wenn ein skeptisches Mitglied einer Familie oder ein Freund erst einmal einige Christen kennengelernt hat, ist es viel leichter für ihn, den nächsten Schritt zu tun und in die Gruppe oder einen Gottesdienst zu kommen."[67]

17.8 Im Glauben und in den Fähigkeiten wachsen

Wer hart arbeitet, bekommt seinen Lohn – wer allerdings nur dumm schwätzt, wird arm! (Spr 14,23; Hfa).

Die Ausbildung im Seminar für Innere und Äußere Mission Tabor in Marburg und das Studium am Luther-Rice Seminary in den USA waren „Turbozeiten" für das Wachstum auf verschiedenen Gebieten meines Lebens. Gott hat die Kurse und die Dozenten benutzt, mich zu fördern. Ein recht diszipliniertes Leben war nötig, um die Aufgaben zu bewältigen und möglichst viel daraus zu lernen. Auch gute geistliche Gewohnheiten wie Bibellesen und Beten konnte ich pflegen. Natürlich bin ich froh, dass es auch Phasen im Leben gibt, in denen es entspannter zugeht. Dennoch muss jeder, der vorankommen will – persönlich, familiär oder beruflich – sein Verhalten in manchen Bereichen seines Lebens ändern und auch Neues lernen. Erleichtert wird dieser Wachstumsprozess durch Gewohnheiten. Will man sich eine bestimmte Handlung zur Gewohnheit machen, so reichen häufig schon dreißig Tage täglicher Durchführung, bis eine gute Gewohnheit daraus geworden ist. Natürlich lassen sich manche Gewohnheiten nicht so leicht einüben, noch lassen sich schlechte Gewohnheiten immer so leicht durch neues Handeln ersetzen. Dann bedarf es der Seelsorge und anderer Hilfen.

Fest steht, dass es ein Geschenk ist, lebenslang lernen zu dürfen. Es wäre ja schlimm, wenn zum Beispiel ein Pastor im Seminar schon alles lernen könnte, was er zum Dienst braucht. Er wird sich weiter in die **Bibel** vertiefen wollen. Das soll zur guten Gewohnheit werden. Als Nächstes wird er Bücher zu seinen Freunden machen; auch Zeitschriften können ihm wichtige Impulse geben. Die Teilnahme an **Kursen** und Seminaren hilft ihm, Abstand zu nehmen und Neues

---

[66] Manfred Siebald in seinem Lied „Gut, dass wir einander haben". *Feiert Jesus: Das Jugendliederbuch* (Neuhausen-Stuttgart: Hänssler, 1995), 237.
[67] Earley, *Eight Habits*, 80.

zu lernen. CDs, DVDs, Videos oder Artikel im Internet bieten Hilfen, die er
gezielt suchen kann. Auch durch Kontakte mit anderen, die in ähnlicher Arbeit
stehen, oder mit deren Organisationen lernt er dazu. Bei aller Freude über
Wachstum in vielen Lebensbereichen darf er Wachstum nicht so verstehen, als
würde er dadurch weniger abhängig von Gott. Er sagt richtig „Je mehr man
weiß, desto mehr weiß man, dass man nichts weiß." Die Bibel sagt: „Doch
richtige Erkenntnis allein führt leicht zum Hochmut, Liebe dagegen baut die
Gemeinde auf" (1Kor 8,1; Hfa).

17.9 Theorie und Praxis

Die folgende Tabelle fasst die acht Gewohnheiten zusammen, nennt einige
Beispiele aus der Bibel dazu und vergleicht sie mit dem Verhalten im Fußball.
Man sieht also, die Prinzipien dahinter greifen auch in anderen Bereichen des
Lebens.

17.9.1 Acht Gewohnheiten auf einen Blick

Acht Gewohnheiten für sorgfältige und erfolgreiche Leiter von Kleingruppen			
Stichwort	Beschreibung	Vorbild	ähnlich wie beim Fußball (als Illustration)
Träumen	eine bevorzugte Zukunft / Kleingruppe vor Augen malen	Paulus / Spanien (Röm 15,24)	Beim Fußball will man Tore schießen und gewinnen
Beten	für Menschen beten	Epaphras (Kol 4,12-13)	Beim Fußball gibt es hierfür keinen Vergleich
Einladen	zum Mitmachen einladen	Aquila und Priszilla (Apg 18,24-26)	Nachwuchsförderung
Beziehungspflege	in Verbindung bleiben	Barnabas (Apg 11,25ff)	Zuwendung vom Trainer
Vorbereiten	Treffen planen, durchgehen, beten	David (1Chron 29 und 1Sam 17,37-40)	Clipboard – Spielzüge aufzeichnen

Begleiten	interessiert und ansprechbar sein	Paulus (Titus und Timotheus)	Co-Trainer einbeziehen
Gemeinsames	etwas gemeinsam unternehmen	Christen in Jerusalem (Apg 2,42-47)	nach Siegen feiern, nach Niederlagen trösten / sich nicht nur auf dem „Rasen" treffen
Wachsen	sich als Leiter persönlich weiterbilden	Maria und Martha (Luk 10,38-42)	persönlich und professionell Neues erleben

Aus der Theorie soll Praxis werden. Welche Gewohnheit(en) möchten Sie sich aneignen oder festigen? Es geht hier nicht um erzwungenes Verhalten, sondern um eine praktische Hilfe. In der folgenden Tabelle können Sie Ihre Vorhaben eintragen und schnell Fortschritte erkennen. (Achtung: Wer sich hier zu viel vornimmt, der wird frustriert. Wer kleine Schritte regelmäßig geht, kommt schneller voran.)

Acht Gewohnheiten: **Planung meiner kleinen Schritte**			
Stichwort	Was will ich mir konkret vornehmen?	täglich	wöchentlich
Träumen			
Beten			
Einladen			
Beziehungspflege			
Vorbereiten			
Begleiten			
Gemeinsames			
Wachsen			

17.9.2   Zum Gitarrenunterricht gegangen und Jesus kennengelernt

Liebe macht erfinderisch. Ottfried und Magdalene sind ein Ehepaar, das einen tiefen Eindruck auf mich gemacht hat. Sie selbst hatten damals erst eine kleine Tochter, dennoch nahmen sie sich vieler Teenager und junger Erwachsener in unserem Ort an. Sie liehen ihre Gitarren aus, gaben Gitarrenunterricht und machten ihre Garage zu einer „Tischtennishalle" für die jungen Leute. Mit dem Wunsch, dass diese jungen Leute Jesus kennen lernen sollten, öffneten sie ihr Haus für viele Begegnungen. Schön und vertrauensbildend waren auch die gemeinsamen Autofahrten (damals noch etwas Besonderes), sei es nun zum Abholen anderer oder die Fahrt zu einer Freizeit.

Ich kann mich noch erinnern, dass wir im Wohnzimmer saßen und Ottfried einen Atlas vor sich hatte, um uns zu zeigen, wo die biblischen Begebenheiten sich ereignet hatten. Damals erfasste ich, dass die Bibel von Ereignissen berichtet, die auch tatsächlich passiert sind. Es dauerte nicht lange, da entschlossen sich einige von uns, auch ich, ganz bewusst mit Jesus Christus zu leben.

Hier wird deutlich, dass es nicht nur um die eigentlichen Gruppentreffen geht, sondern um die vielen Begegnungen zwischendurch. Wie schon Paulus an die Thessalonicher schrieb: „So hatten wir Herzenslust an euch und waren bereit, euch nicht allein am Evangelium Gottes teilzugeben, sondern auch an unserem Leben; denn wir hatten euch lieb gewonnen" (1 Thess 2,8).

18 Die Bewältigung von Störungen und Hindernissen

Liebe Brüder, haltet den Glauben an Jesus Christus, unsern Herrn der Herrlichkeit, frei von allem Ansehen der Person. Denn wenn in eure Versammlung ein Mann käme mit einem goldenen Ring und in herrlicher Kleidung, es käme aber auch ein Armer in unsauberer Kleidung, und ihr sähet auf den, der herrlich gekleidet ist, und sprächet zu ihm: Setze du dich hierher auf den guten Platz!, und sprächet zu dem Armen: Stell du dich dorthin!, oder: Setze dich unten zu meinen Füßen!, ist's recht, dass ihr solche Unterschiede bei euch macht und urteilt mit bösen Gedanken? (Jak 2,1-4).

18.1 Was hindert den ungestörten Ablauf eines Treffens?

Es sind nicht immer geistliche Gründe, die Teilnehmer eines Hauskreises abhalten können, nächste Woche wieder dabei zu sein. Ich nenne einige Störungen, die man abstellen muss: Der Ton eines **Fernseher**s o. Ä. im Nachbarraum dringt durch die Wand, sodass man zuhören „muss". **Haustiere** können ebenfalls störend sein. Hunde oder Katzen sollten die Gäste, die an der Tür klingeln, nicht in Furcht versetzen oder sie begeistert anspringen. Eine Katze, die keine Ruhe gibt und im Wohnzimmer zwischen den Stühlen herumläuft, weil sich ein ahnungsloser Gast auf „ihren" Sitz gesetzt hat, lenkt einfach ab.

Die **Sitzordnung** kann für Gespräche förderlich sein, sie kann aber auch die Leitung des Abends erschweren. Wenn sich die Teilnehmer nicht sehen können, wenn die Stühle zu eng oder zu weit auseinanderstehen, ist dies hinderlich. Die **Raumtemperatur** muss angemessen sein, nicht kalt, nicht zu warm. Der Raum sollte gut gelüftet sein. Die **Lichtverhältnisse** müssen im Auge behalten werden, denn das Lesen wird bei zu wenig Licht schwerer fallen.

Werden kleine **Kinder** mitgebracht, muss die Wohnung kindersicher sein. Mir schwindet immer alle Andacht, wenn sich ein einjähriges Kind, das gerade mal laufen lernt, in Richtung Treppe bewegt, ohne dass die Mutter oder der Vater etwas unternehmen. Dann bin ich bei der Sache, aber nicht beim Gespräch.

Dann wäre da noch der Umgang mit den **Handys** zu klären. Man kann nicht einfach sagen: „Schaltet bitte eure Handys aus." Denn manchmal haben Eltern ihren Kindern die Handynummer oder die Telefonnummer des Gastgebers zu Hause hinterlassen, damit ihre Kinder sich sicherer fühlen und sie ihre Eltern notfalls anrufen können. Wenn möglich, kann jemand im Haushalt, der nicht am Hauskreis teilnimmt, den Telefondienst übernehmen.

Zur Lösung dieser oder ähnlicher Probleme braucht man Taktgefühl, damit sie liebevoll angegangen werden. Wenn sie auftauchen, müssen sie angepackt werden, sonst staut sich Frustration auf.

18.2 Was kann eine Gruppe zerstören?

18.2.1 Missbrauch der Gruppe oder der Autorität

Gruppen sollen geleitet werden, und Leiter haben, wie dieses Buch bezeugt, eine wichtige Aufgabe und sollen geachtet werden. Sie werden aber die Menschen in der Gruppe nicht von sich abhängig machen oder sie unter Druck setzen. So ist eine Offenheit und Ehrlichkeit in den Gesprächen sehr nützlich; diese Offenheit darf aber nicht erzwungen werden, weder vom Leiter, noch von einem anderen Teilnehmer.

18.2.2 Vertrauliches weitertragen

Hauskreisteilnehmer lernen sich recht gut kennen, besonders wenn die Gemeinschaft untereinander enger und herzlicher wird. Immer wieder einmal soll deshalb daran erinnert werden, nichts Vertrauliches aus dem Kreis hinaus zu anderen zu tragen. Dadurch würde aufgebautes Vertrauen zwischen den Mitgliedern einer Gruppe schnell zerstört werden.

18.2.3 Die Gruppe mit Problemen überfordern

Gruppenleiter sollen wissen, dass sie Menschen mit besonders schwierigen Problemen zu anderen in der Gemeinde weiterleiten können oder sogar weiterleiten müssen. Probleme werden zum unüberbrückbaren Hindernis, wenn es zu viele werden, wenn die Handelnden dafür zu jung an Lebenserfahrung oder im Glauben sind oder sie fachlich nicht ausgerüstet sind. Meistens ist die Hilfe nur ein Telefongespräch weit entfernt.

18.2.4 Die Gruppe als Geschäftsbasis missbrauchen

Freundschaftliche Beziehungen oder Adressenlisten dürfen nicht benutzt werden, um irgendwelche Produkte oder Dienstleistungen zu verkaufen. Das heißt nicht, dass ein Teilnehmer nicht mal einen Prospekt von seinen Produkten weitergeben kann oder ein Fachmann aus der Gruppe nicht zu Rate gezogen werden darf. Es ist gut, wenn man sich dient, auch mit seinen beruflichen Fähigkeiten. Schädlich wird es, wenn man den Verdienst im Auge hat oder Hilfsbereitschaft ausnutzt.

18.2.5 Geld leihen

Ein junger Mann wurde in unsere Gruppe mitgebracht, und wir freuten uns über ihn. Aus irgendwelchen widrigen Umständen kam er in Geldnot. Ich entschied mich ihm zu helfen und lieh ihm 250 Euro. Ich tat es gern und hatte es auch nicht eilig, das Geld wiederzubekommen. Damals wusste ich noch nicht, dass Geld ausleihen nicht immer weise ist und dass es Freundschaften zerstören kann. So kam es. Die Zeit verstrich und unser Bekannter konnte nicht zurückzahlen. Ich sagte ihm, dass es Zeit habe und er mit der Rückzahlung warten könne. Das war ehrlich gemeint, aber er scheint mir nicht geglaubt zu haben. Er hatte ein schlechtes Gewissen und das hielt ihn mehr und mehr von unseren Gruppentreffen fern. Ich sah mein Geld nie wieder und – was noch schlimmer ist – ich sah unseren Bekannten nie wieder. Ich lernte, was jemand anders so formulierte:

Wie verhält sich das mit dem Verleihen an einen Freund? Unsere natürliche Neigung würde uns sagen, dass wir damit echte Freundschaft zeigen, wenn unser Freund in Not ist und wir ihm Geld leihen. Aber gerade das Gegenteil ist der Fall. Viele Freundschaften wurden durch das Ausleihen zerstört, trotz guter Absichten.[68]

Es wäre besser gewesen, ich hätte meinem Bekannten das Geld geschenkt, als es ihm zu leihen. Dann hätte ich noch gründlicher geprüft und er hätte kein schlechtes Gewissen bekommen, sondern wäre hoffentlich dankbar gewesen – dankbar letztlich für Gottes Hilfe.

18.2.6 Ziele und Werte für die Gruppe nicht ernst nehmen

Wer die formulierten Ziele und Werte einer Gruppe nur in der Schublade aufbewahrt, statt sie bei Planungen und in Gesprächen zu benutzen, verpasst etwas. Ein Unterstützer kann sehr leicht herausfinden, ob die wichtigen Personen in einer Gruppe Ziele haben, indem er sie danach fragt. Oft wurden Ziele formuliert oder von der Gemeindeleitung vorgegeben, aber wenn sie nicht immer wieder einmal vor Augen gehalten und überprüft werden, verlieren sie an Wirkung. Deshalb tun Gruppenleiter gut daran, zu Beginn eines Hauskreisjahres und einmal zwischendurch über die Ziele und Werte zu sprechen: „Lasst uns heute darüber reden, was uns wichtig ist und was wir in den nächsten Monaten erreichen möchten." Eine Gruppe, die nicht weiß, weshalb sie da ist, wird bald nicht mehr da sein.

Um einen Vergleich zu bringen: Ein Fußballspieler wird frustriert aufgeben, wenn er immer nur zum Training kommen soll, ohne dass er zum Einsatz

---

[68] *Men's Manual*, Volume II (Oak Brook, IL: Institute in Basic Life Principles, Inc., 9th Printing, June 1992), 157.

kommt. Er will kämpfen, er will Tore schießen oder gut verteidigen – auf jeden Fall will er spielen und gewinnen. Ziele und Aussichten auf Siege motivieren – sie motivieren auch, sich an die Regeln zu halten und diszipliniert zu arbeiten, wie es schon die Bibel sagt: „Ein Sportler, der an einem Wettkampf teilnimmt, kann den Preis nur gewinnen, wenn er sich streng den Regeln unterwirft" (2 Tim 2,5).

18.2.7 Festhalten an dem, was einst Erfolg brachte

Von Lyle E. Schaller habe ich gelernt, dass Gemeinsamkeit der „Klebstoff" ist, der wesentlich dazu beiträgt, dass Menschen in einer bestimmten Gruppe bleiben und sich wohlfühlen. Verliert dieser „Klebstoff" aber seine Wirkung, fallen Gruppen manchmal auseinander oder bedürfen größerer Anstrengungen, um zusammenzubleiben. Z. B. waren Migranten zu einem Hauskreis zusammen und wurden über Monate und Jahre als eine sehr homogene Gruppe angesehen. Sie hatten eine Sprache, die Geschichte ihres Landes und eine gemeinsame Kultur. Wem solche Gemeinsamkeit allerdings fehlt, wer diesen „Klebstoff" nicht hat, der fühlt sich nicht angenommen, der fühlt sich als Fremder. Was die Einen anzieht und motiviert, das kann andere abstoßen.

Auch hier hilft die Erinnerung an unseren Auftrag. Außerdem kann ein Leiter mit seinen Leuten darüber sprechen, wie sie zusammengehalten werden. Dann fragt er, wie denn das, was die Gruppe zusammenhält, auf andere wirkt. Sei dieses Verbindende nun eine gemeinsame Sprache, ein gemeinsamer Arbeitgeber, das Interesse an einem gemeinsamen Hobby oder ein gemeinsames musikalisches Interesse: Wenn es für andere zum Hindernis wird, in die Gruppe hineinzukommen und angenommen zu werden, wirkt das Verbindende nun kontraproduktiv.

Zunächst ist es gut, wenn Teilnehmer der Gruppe erkennen, dass sie Leute auf dieser Schiene gut erreichen konnten. Und sie sollen dies bewusst weiterführen. Sie sollten aber auch bewusst auf Menschen zugehen, die diese Gemeinsamkeit nicht teilen. Nehmen wir an, dass ein Hauskreis durch das gewinnende Vorgehen eines Golfspielers in seinem Klub entstanden ist. Das gemeinsame Interesse gibt ihnen immer genügend Gesprächsstoff. Sie möchten aber auch offene Türen für Menschen haben, die nicht Golfer sind. Sie werden deshalb nicht erst im Gespräch über den Bibeltext auf andere Themen kommen, sondern sich schon vorher auch auf den Neuen im Kreis, den Nicht-Golfer, einstellen.

18.2.8 Zu viele Teilnehmer klammern

Wenn man die Multiplikation vergisst, hört das Wachstum der Gruppe irgendwann auf, weil die Größe des Kreises die persönliche Zuwendung erschwert und der Einzelne nicht mehr so oft zu Wort kommt. Dazu kommt, dass der

Austausch mit zunehmender Größe einer Gruppe oberflächlicher und die positive Prägung durch das Evangelium schwächer wird.

Der Leiter einer großen Gruppe braucht deshalb eine neue Vorstellung von Erfolg und Wachstum. Wachstum ist nicht nur, wenn Menschen zu einer Gruppe hinzukommen, sondern auch, wenn mehr Gruppen zur Gemeinde kommen. Die unter „Multiplikation" beschriebenen Lösungen sind hier anzuwenden.

18.2.9   Und sonst noch …

„Die kleinen Füchse, die den Weinberg verderben"[69]:

- Das wöchentliche **Einerlei**: Die Vorbereitung des Abends wird zur Last, Telefonate müssen geführt werden, manche Probleme tauchen immer wieder auf …

- **Frustration**: Es scheint sich im Leben der Teilnehmer nichts zu tun, es kommen keine neuen Teilnehmer dazu, kaum jemand scheint Fortschritte im Glauben zu machen, der Leiter verliert seine Stelle oder wird befördert oder bekommt Eheprobleme – irgendwie wird er ausgebremst. Es geht nicht mehr voran – bzw. der Leiter oder die Gruppe hat nicht mehr im Auge, wohin es denn gehen soll, wenn es vorangeht.

- **Schattendasein**: Der Hauskreis oder die ganze Hauskreisarbeit wird von der Leitung der Gemeinde nicht ausreichend beachtet, gewürdigt oder gefördert.

- **Streit** und Antipathie unter den Teilnehmern; kleine Sticheleien, denen man freien Lauf lässt.

- Die gute Nachricht ist, dass ein Leiter diese genannten Probleme im Auftrag Jesu angehen kann. An manch anderen Störungen kann der Leiter allerdings nichts ändern: Menschen werden durch Heirat, Krankheit, **widrige Umstände** oder große Erfolge in andere Gegenden versetzt und verlassen deshalb die Gruppe.

Auf jeden Fall müssen solche Entwicklungen mit dem Unterstützer, der gelegentlich in die Gruppe kommt, besprochen werden. Durch individuelle Beratung oder durch Angebote im VGS-Leitertreffen wird der Leiter den Herausforderungen zusammen mit den Verantwortlichen in der Gruppe begegnen und Lösungen suchen.

18.2.10 Interne Konkurrenz erlauben

Manche Kleingruppe hat nicht die Chance zu wachsen und zu blühen, weil das Klima in der Gemeinde nicht günstig ist. Da plant jemand aus der Gemeinde

---

[69] Hohelied 2,15.

einen besonderen Abend mit einem Gastredner ohne Absprache mit den Hauskreisen, die an diesem Abend stattfinden. Auch ein Glaubenskurs kann so geplant werden, dass er zur Konkurrenz der Hauskreise wird. Man kann solche Veranstaltungen aber auch planen und dabei das Hauskreissystem unterstützen.

Einer unserer Hauskreisleiter hatte eine Idee für die Gemeinde. Nachdem er seinen Hauskreis von dem Vorhaben überzeugt hatte, ging er den nächsten Schritt und sprach mit dem Pastor. Dieser Hauskreisleiter war sich bewusst, wie wichtig Kleingruppen für die Gemeinde sind. Deshalb baute er die Hauskreise mit seinen Plan ein. Der bestand aus zwei Themenabenden und einem Gottesdienst am Sonntagmorgen, Oberthema „Wenn die Angst kommt". Hierzu sollte besonders eingeladen werden, auch Menschen, die noch keine Christen sind. In den Wochen davor bekamen die Hauskreise angeboten, sich anhand eines Arbeitsblattes mit dem Thema Angst zu befassen. So wurde eine Erwartungshaltung aufgebaut, Interesse geweckt, ermutigt andere einzuladen und das Thema schon einmal angedacht. Auf diese Weise wurden die Kleingruppen gestärkt. In der Woche mit den Vorträgen verzichteten sie einmal auf ihre Gruppentreffen und nahmen an den größeren Veranstaltungen teil. Hier hat der Initiator erkannt, dass Hauskreise und andere Gemeindeveranstaltungen sich keine Konkurrenz machen, sondern gegenseitig ergänzen.

19 Mehr Wärme in kleinen Gruppen

19.1 Wohlfühlen erwünscht

Sehen wir doch mal nach unseren beiden Praktikanten, die zu Beginn des Buches schon vorgestellt wurden: Bastian und Carmen. Sie sind wieder im Gespräch mit Andy und Maria. Beim gemeinsamen Mittagessen sprechen sie über die Teilnehmer zweier Hauskreise, die sie letzte Woche besuchten. Bastian und Carmen bemerkten, wie unterschiedlich diese beiden Gruppen waren. In dem einen Hauskreis fühlten sie sich fast wie zuhause. Es war eine freundliche Atmosphäre, die Beteiligung am Gespräch über den Bibeltext war locker und gleichzeitig tiefgehend. Ganz anders der Kreis, den sie dann gestern besuchten: Hier fühlten sie einen Abstand zwischen den Teilnehmern untereinander und erst recht zu sich. Als sie die beiden Abende so schildern, hat Andy eine Idee: Er will dieses Problem in zwei Wochen mal zum Thema im VGS-Leitertreffen machen. Es würde die Buchstaben „G" und „S" betreffen, würde die **G**emeinschaft fördern und gleichzeitig eine **S**chulung darstellen – eine Schulungseinheit, die eine bessere Gemeinschaft und eine wärmere Atmosphäre zwischen den Teilnehmern schaffen würde.

Andy fragt Carmen und Bastian, wie sie vorgehen würden, um die Atmosphäre zu verbessern. Bastian meint daraufhin, dass er auf keinen Fall einen Vergleich zwischen den beiden Kleingruppen anstellen würde.

„Es ist ja nicht unsere Aufgabe, hier zu kritisieren", meint Carmen.

„Und außerdem ist Vergleichen nicht sehr sinnvoll", fügt Andy hinzu. „Es macht dich entweder hochmütig oder es drückt dich runter", führt er weiter aus.

Andy hat eine Idee: „Erinnerst du dich noch an unseren letzten Flug in die USA?", fragt er Maria. „Da fanden wir doch diese kleinen Feedbackkarten so bemerkenswert, mit der die Fluggesellschaft uns die Möglichkeit gab, etwas Positives über die Flugbegleiter zu schreiben und es ihnen mitzuteilen."

„Ich werde mal sehen, ob ich die Kärtchen noch finde" – und schon macht sich Maria daran, in ihrer Mappe mit dem Titel „Ideen" zu suchen. Schnell hat sie sie gefunden. Nachdenklich liest Maria den Text auf den Kärtchen vor. „Wie soll uns das helfen?"

Andy bemerkt: „Die Fluggesellschaft möchte, dass die Passagiere wiederkommen. Deshalb ist es ihnen wichtig, dass sich die Fluggäste wohlfühlen, wozu die Flugbegleiter wesentlich beitragen können."

„Genau," wirft Maria ein, „und das wollen wir doch in unseren Hauskreisen auch."

„Lasst uns mit diesem kleinen Kärtchen das Gespräch im VGS-Leitertreffen eröffnen," schlägt Andy vor.

„Eine herzliche Atmosphäre will doch jeder", stellt Carmen fest. „Aber was ist das schon – eine warme Atmosphäre?", meint sie.

„Mir kommt ein Gedanke", wirft Bastian in die Diskussion ein. „Fragen wir doch einfach mal nach, was die einzelnen Teilnehmer eigentlich unter ‚warmer Atmosphäre' verstehen."

So stellte Andy also die folgende Frage im VGS-Leitertreffen: **„Was empfindet ihr als Wärme im Hauskreis?"**

„22 Grad Celsius", meinte einer der Teilnehmer scherzhaft.

Aber dann wurden Begriffe genannt, die Wärme ausstrahlen:

„Heimat",

„Gemütlichkeit",

„liebevolle Beziehungen",

„wenn man ernst genommen wird",

„wenn man mir zuhört",

„wenn ich über persönliche Belange reden kann",

„wenn man miteinander und nicht übereinander redet",

„wenn ich schon an der Wohnungstür freundlich und aufrichtig begrüßt wurde".

Andy bedankte sich für diese treffenden Zutaten für eine gute Atmosphäre in einem Hauskreis. Dann fuhr er fort: „Wer in einen Hauskreis kommt, hat dafür seine Gründe. Bei manchen ist es die Neugierde, die frohe Erwartung, endlich mal mitzuerleben, was ihre Freundin ihr schon lange begeistert erzählt hatte. Selbst dann ist eine gewisse innere Aufregung vorhanden: Wie wird es werden? Bei anderen ist die Not in irgendeinem Bereich ihres Lebens so stark, dass sie es wagen, an einem Hauskreis teilzunehmen. Der Wunsch nach Hilfe ist größer als die Vorbehalte und Ängste, eine Gruppe von Menschen zu besuchen, von denen man z. B. die meisten Teilnehmer noch nicht kennt."

Maria stimmte dem zu, und weil sie sich gern für die einsetzt, die noch nicht so in der Bibel zu Hause sind, fuhr sie fort: „Deshalb ist es so wichtig, dass jeder ernst genommen und beachtet, aber nicht bloßgestellt wird – auf keinem Gebiet, auch nicht in dem Bereich der Bibelkenntnis. Selbst wenn jemand meint, Abraham habe die Arche gebaut oder der Hebräerbrief stünde im Alten Testament, bringt das den Hauskreisleiter nicht aus der Fassung. So kann es einem

Gast sehr viel bedeuten, wenn er mit freundlichen Worten gezeigt bekommt, dass er auch beim Aufschlagen der Bibel das Inhaltsverzeichnis benutzen darf." Weshalb sind diese Kleinigkeiten so wichtig? Weil sie zur warmen Atmosphäre beitragen. Da kommen Gäste wieder, dort gelingt auch Lernen und Veränderung am besten.

19.2 Liebevoll für Wärme sorgen

Es ist richtig, was jemand sagte: „**Man muss in der Liebe wachsen; man braucht aber auch Liebe um zu wachsen.**" Das gilt für Frauenkreise wie für Gruppen mit Kindern, Alter und Geschlecht spielen keine Rolle. Das gilt für Hauskreise, Theatergruppen, Musikteams und Planungskomitees – wo immer Menschen etwas miteinander erreichen möchten. Es ist tätige Liebe, wenn die Leiter einer Kleingruppe darauf achten, dass folgende Punkte beachtet werden.

Menschen brauchen Zeit um zu **plaudern – über Sorgen und Freuden**, und das am Anfang oder gegen Ende des Treffens. Um diese Zeit zu haben, müssen die Bibelarbeiten gezielt und zügig laufen. Bibelarbeiten dürfen nicht langweilig werden. Damit die Bibelarbeit oder das Bibelgespräch interessant bleiben, braucht man ein klares **Ziel für den Abend**. Kennt der Leiter das Ziel für den Abend? Es sollte mit dem Ziel des Bibeltextes übereinstimmen. Was ist das Ziel des Bibeltextes? Ziele helfen einem Teilnehmer, nach dem Abend zu sagen, dass er etwas Neues gelernt hat, dass er eine Entscheidung zum Handeln getroffen hat oder dass seine Zeit gut genutzt war.

Um das Ziel des Abends zu verwirklichen, braucht man eine gute Vorbereitung des Bibelgesprächs mit **Fragen**. Außerdem gehört Weisheit dazu, damit der Gesprächsleiter richtig entscheiden kann, wann die nächste Frage gestellt werden muss.

Was trägt außerdem dazu bei, dass die Kleingruppen warme Orte sind? Die Stimmung hängt daran, wie wir eingestellt sind. Welche **Einstellungen**, welche Beziehungen ein Gruppenleiter berücksichtigen sollte, wird von Findley B. Edge treffend beschrieben:

- Die Einstellung des Leiters **zu sich selbst**. Seine Haltung sei positiv! Wer sich nicht wohlfühlt, kann schwer Wohlfühlen vermitteln. Das hat auch mit persönlichem Wachstum im Glauben, mit persönlicher Reife, zu tun und kann ein längerer Prozess sein.

- Die Einstellung des Leiters **zu den Teilnehmern**. Wie bekommt er eine positive Einstellung zu ihnen? Er kann vorher für die Teilnehmer beten und dafür danken, was die Einzelnen gewöhnlich zum Gelingen des

Treffens beitragen. Der Leiter darf sich immer mal wieder bewusst machen, wie wichtig das Treffen ist, ja, dass es um die Zukunft der Menschen geht, die kommen. Es könnte sein, dass für sie etwas mit Ewigkeitswert dabei herauskommt. Es motiviert auch, wenn er sich klar macht, dass sein Dienst von der Gemeinde gewünscht und unterstützt wird.

- Die Einstellung des Leiters **zum Bibelabschnitt**. Er wird durch Beten und Arbeiten dafür sorgen müssen, dass der Bibelabschnitt und das, was gelehrt werden soll, ihn begeistert. Überlegungen, wie die Teilnehmer davon profitieren können, motivieren ebenfalls. Der Leiter muss etwas zu sagen haben. Dazu sollte er den Text und die Teilnehmer zusammenbringen, indem er z. B. die Teilnehmer mit ihren Bedürfnissen zu den Lösungen im Bibeltext führt.

- Die Einstellung des Leiters **zu Jesus Christus**. Er muss selbst auf Jesus hören und einer bleiben, der lernt und mit Jesus im Gebet redet. Er wird sich daran erinnern müssen, dass Jesus an ihm selbst interessiert ist und ihn liebt. Er darf gewiss sein, dass er selbst zu Jesu Familie gehört.[70]

19.3 Einfach anfangen

Michael und ich kommen gerade von einem multikulturellen Gottesdienst zurück und sind noch ganz erfüllt von den Eindrücken. Einer der Gäste hatte meinen Freund angesprochen und an dem Abend entschieden, den Weg seines Lebens mit Jesus Christus fortzusetzen. Im Laufe des Gesprächs sagt er meinem Freund, dass er sich heute hier so richtig zuhause gefühlt hatte. Weit weg von seinem eigentlichen Zuhause fühlte er sich hier in einer süddeutschen Stadt zuhause, weil ihm Christen im Zusammenhang mit einem Gottesdienst ein Zuhause angeboten hatten. Er fühlte sich wohl, sicher und angenommen. Michael meinte dann zu mir: Wenn nur mehr Christen auch ihre Häuser und Wohnungen öffnen würden! Es ist richtig, Gemeinderäume freundlich herzurichten, und als Gemeinde von entschiedenen Christen ein Zuhause anbieten, das ist eine gute Sache. Aber was würde das für eine Bewegung werden, wenn Christen mehr ihre Wohnungen und Häuser benutzen, um einfach Gastfreundschaft zu üben!

Der erste Eintrag in unserem Gästebuch, das uns Helgas Onkel zur Hochzeit geschenkt hatte, war von Breffo. Er ist Afrikaner, aus Ghana, um genauer zu sein. Durch eine kleine Hilfeleistung in der Stadt kam ich mit ihm ins Ge-

---

[70] Findley B. Edge, *Teaching for Results* (Nashville: Broadman Press, 1956), 55ff.

spräch Ich fragte ihn: Sind Sie schon einmal von einer deutschen Familie eingeladen worden? Nein, sagte er. Woraufhin ich ihm meine Telefonnummer auf einen Zettel schrieb und ihm sagte, er könne mich einmal anrufen. Einige Tage später rief Breffo an. Er wurde der erste Gast bei uns als Paar, der sich in unser Gästebuch eintragen durfte.

Christen suchen oft nach Gelegenheiten, Jesus Christus zu dienen. Sie möchten gern, dass andere zu Jesus finden. Gratulieren kann man denen, die diesen Wunsch auf dem Herzen haben. Allerdings suchen wir zu oft nach spektakulären Ereignissen, wir sehnen uns nach den großen Gelegenheiten, vergleichen uns mit denen, die Gott auf besondere Weise gebraucht hat. Vor lauter Suche nach dem Besonderen vergessen wir, dass wir längst von Gott gut ausgestattet sind. Wir haben eine Wohnung, vielleicht sogar ein ganzes Haus. Mit Liebe können wir die Wohnung zu einem Ort machen, an dem andere sich wohlfühlen, wenn sie uns besuchen.

Tausende von jungen Menschen kommen Jahr für Jahr nach Deutschland, um hier zu studieren. Es ist schockierend, wie viele von ihnen nie eine Wohnung eines Deutschen von innen gesehen haben. Dabei wäre das so einfach, wenn nur mehr Christen sich sagen würden: Ich will mit meiner Wohnung dem Herrn dienen. Vielleicht würde der Herr dann auch deren Gemeinden mehr anvertrauen:

Und sie waren täglich einmütig beieinander im Tempel und brachen das Brot hier und dort in den Häusern, hielten die Mahlzeiten mit Freude und lauterem Herzen und lobten Gott und fanden Wohlwollen beim ganzen Volk. Der Herr aber fügte täglich zur Gemeinde hinzu, die gerettet wurden (Apg 2,46-47).

19.4 Die Dreiergruppe

Als ich den Gedanken der Dreiergruppen zum ersten Mal hörte, dachte ich, dass das schon wieder etwas Neues auf dem christlichen Markt sei. Hatte ich mich erst von Hauskreisen zutiefst überzeugen lassen, sollte ich nun schon wieder etwas Neues umsetzen. Es dauerte einige Zeit bis ich verstand, dass es nicht um einen Ersatz für Kleingruppen ging, sondern um eine Ergänzung. Manche Themen sind für eine Gruppengröße von vier bis zehn Teilnehmern noch zu persönlich. Deshalb sind kleine Dreiergruppen ebenfalls von großer Wichtigkeit. Manche nennen sie Minigruppen.[71] Leute treffen sich zu dritt miteinander. Obwohl eine Person meistens die Initiative zur Gründung einer

---

[71] Neil Cole, *Klein und stark: Minigruppen – ein Weg zur ganzheitlichen Nachfolge* (Emmelsbüll: C&P, 2005).

Gruppe ergreift, braucht es in dieser Gruppe keinen Leiter zu geben. Man wird sich einig, spricht über den Inhalt des Treffens und lernt miteinander verbindlich umzugehen.

Meine Tochter, die sich schon eher als ich mit dem Gedanken an Minigruppen angefreundet hatte, setzte dieses neue Wissen in die Tat um. Drei junge Frauen trafen sich zum persönlichen Austausch, zum Lesen eines Bibeltextes, mit dem sich jede in den Tagen vorher beschäftigt hatte, und zum Beten. Als dann eine von ihnen zum Studium in die USA ging, waren sie immer noch zwei, die sich weiterhin treffen konnten. Es dauerte aber nicht lange, da kam eine andere interessierte Frau dazu, und schon war die Minigruppe wieder perfekt.

Dietrich Schindler beschreibt im Folgenden Minigruppen, die nicht gesondert von einem Hauskreis stattfinden. Vielmehr teilt sich der Hauskreis im Laufe des Abends in mehrere Minigruppen auf.

> Innerhalb des Hauskreises gibt es verbindliche Minigruppen. Die Hälfte des Hauskreisabends besteht aus einem offenen und ehrlichen Austausch zwischen geschlechtsspezifischen Grüppchen von drei oder vier Teilnehmern. Ein vorgegebener Fragenkatalog ist die Quelle, an der sich diese Minigruppen ohne feste Leitung orientieren.

19.4.1 Die Stärken von Minigruppen

Minigruppen kommen ohne Leiter aus. Durch die kleine Einheit kann hohes Vertrauen ineinander entstehen. In dieser Atmosphäre ist es möglich, Rechenschaft voreinander abzulegen über das, was man die Woche über erlebt hat. Erfahrungen, die jeder Teilnehmer mit Gott gemacht hat (oder die ihm fehlen), können mitgeteilt werden. Auch geistliche Disziplinen können hier ausgelebt werden.[72]

Ich erinnere mich daran, dass in meinem Bücherregal ein kleines Buch von Hans Bürki über Zweierschaften stand.[73] In dem Buch geht es darum, dass sich jeweils zwei Personen treffen, um sich ähnlich wie in den beschriebenen Minigruppen auszutauschen. Interessanterweise hat Hans Bürki ein Kapitel den Gefahren der Zweierschaft gewidmet. Es kann nämlich geschehen, dass die Beziehung so eng wird, dass man nicht mehr offen ist für Dritte. Eine Dreierschaft halte ich deshalb von vornherein für günstiger, damit weiterhin Offenheit für Neue besteht. Eine Dreierschaft kann sich also leichter multiplizieren, ist widerstandsfähiger, wenn eine Person ausfällt und bewahrt vor frommem

---

[72] Dietrich Schindler, *Das Jesus-Modell: Gemeinden gründen wie Jesus* (Witten: R. Brockhaus, 2010).

[73] Hans Bürki, *Zweierschaft: Über Grundfragen des Zusammenlebens* (Moers: Brendow, 1991).

Egoismus: das ist die Haltung, die Freunde und geistliche Gaben zuerst für sich selbst sucht. Aber auch Zweierschaften haben sich bewährt, man denke nur an die Bewegung des Marburger Kreises, wo Zweierschaften schon seit Jahrzehnten zum Konzept gehören.

Kleiner und daher zeitlich flexibler als unsere Hauskreise sind die **„Minigruppen".**

Eine Minigruppe besteht aus 2 bis 3 Personen. Man trifft sich dort, wo es einem gerade passt: In den Wohnungen und WGs, auf einen Kaffee in der Stadt oder in der Mittagspause bei Subway.

Die Gespräche sind persönlich, der Austausch hilfreich. Das Gebet für- und miteinander ist wesentlich, ebenso wie die Gespräche über den Bibeltext, den man während der Woche gelesen hat.

Zwei Kommentare von Minigruppen-Teilnehmern:

„Die Minigruppe ist für mich sehr wichtig, weil ich mich in diesem Rahmen sehr geborgen fühle und mich auch traue meine Gedanken zu äußern, egal ob es sich um Zweifel oder Stärkungen in meinem Glauben handelt. Und dass ich diesen Ort habe, ist für mich ein sehr wertvolles Geschenk, denn so kann ich mich in meinem Glauben zu Gott weiterentwickeln! Es macht gemeinsam auch viel mehr Spaß, die Bibel zu lesen."

„Die Minigruppe ist für mich wertvoll, da ich durch die Gespräche und den Austausch im Glauben weiterkomme. Außerdem bin ich durch die gemeinsamen Absprachen disziplinierter im eigenen Bibellesen."

(Silvia Schwing, Jugendreferentin)

20 Wenn ein Besuch im Krankenhaus nötig wird

– ein Beitrag von Gerhard Baumann –

Die Stärke einer Gruppe oder Gemeinschaft erweist sich besonders in Krisenzeiten. Auch ein Aufenthalt im Krankenhaus kann solch eine Krise sein, in der ein Freund auf die Fürsorge von Seiten seiner Gruppe wartet. Nun ist aber ein Krankenhaus nicht für jeden ein vertrautes Gebiet. Deshalb werden die folgenden Ausführungen des Krankenhausseelsorgers Gerhard Baumann jedem helfen, der einen Freund oder Bekannten dort besuchen möchte.

Besuch in einem Krankenhaus

Die Wichtigkeit von Besuchen bezeugt die Bibel sehr deutlich:

„Gott hat besucht und erlöst sein Volk" (Lk 1,78).

„Ich bin krank gewesen und ihr habt mich besucht" (Mt 25,36).

Mir scheint, das ist genug Motivation für einen Hauskreisleiter, einen seiner Teilnehmer, der im Krankenhaus liegt, dort zu besuchen.

Wir dürfen diesen wichtigen Dienst mit einem von Jesus geschenkten Selbstbewusstsein tun. Dies wurde mir deutlich beim Lesen dieser Bibelstelle: „Ihr aber seid das auserwählte Geschlecht, das königliche Priestertum, das heilige Volk, das Volk des Eigentums, dass ihr verkündigen sollt die Wohltaten des, der euch berufen hat von der Finsternis zu seinem wunderbaren Licht" (1 Petr 2,9).

20.1 Vorbereitung

Ob ein Besuch spontan oder angemeldet stattfinden kann, hängt sehr von der zu besuchenden Person und ihrer Verfassung ab. Ist eine Beziehungsebene vorhanden, signalisiert ein Besuch dem Kranken: Ich bin diesem Menschen wichtig.

Die Entscheidung, ob ich bei einem Besuch nach der Begrüßung auch bleibe, überlasse ich dem Kranken. Wenn es ihm nicht erträglich gehen sollte, wird der Besuch nur kurz sein können bzw. auf einen späteren Zeitpunkt verschoben werden müssen.

Bevor jemand zu einem geplanten Termin ins Krankenhaus geht, würde ich den Betroffenen fragen: „Würde es dich freuen, wenn ich dich besuchen komme? Wenn ja, wann wäre es dir am liebsten?" Einzelbesuche sind Gruppenbesuchen vorzuziehen.

Liegt ein Freund auf der Intensivstation, muss man vorher beim Klinikpersonal auf Station bzw. bei den Angehörigen nachfragen, ob ein kurzer Besuch möglich und sinnvoll ist.

Ich bete während der Vorbereitung für den Kranken, den ich besuchen möchte, dass er Gottes Hilfe erfährt – auch durch die Ärzte und dass die Begegnung für uns beide zum Segen wird. Außerdem bete ich um das rechte Einfühlungsvermögen, um das Reden, aber auch das Schweigen zur rechten Zeit.

Ich überlege, was ich ihm außer meiner Zuwendung schenken kann. Eine passende Karte, Zeitschrift, eine Blume, die seinen Sinnen gut tut? Worüber würde er sich freuen? Ich will ihn nicht mit zu schwerer Literatur belasten. Es darf auch mal was zum Schmunzeln sein.

20.2 Praktische Durchführung

Ich begrüße den Patienten und bemühe mich Ruhe auszustrahlen. Ich frage: „Darf ich mir einen Stuhl nehmen und mich zu Ihnen (oder zu dir) setzen?" Dann überreiche ich die mitgebrachte Aufmerksamkeit und richte in Ruhe die aufgetragenen Grüße aus. (Unruhe und Störungen durch das Personal, Besucher anderer Patienten und Visite lassen sich nicht immer ausschließen.)

Meine Kommunikation mit dem Kranken führe ich in annehmender und wertschätzender Weise. Ich bedenke, dass Menschen in einer Zeit der Krankheit unter Umständen sensibler sind als sonst im Alltag.

Die Erkundigung: „Wie geht es dir?", zeigt mein Interesse und meine Teilnahme an seinem Ergehen. Sein Erzählen sollte mich nicht dazu verleiten, in seine Privatsphäre einzudringen. Er bestimmt, worüber er reden möchte und worüber nicht. Hier muss jeder seine eigene Neugier zügeln.

Ganz wichtig erscheint mir, den Kranken zu Wort kommen zu lassen und ihn nicht mit Worten zu überschütten. Es gilt sich selbst zurückzunehmen und nicht gleich von eigenen Krankheiten zu reden. Nur wenn man dazu aufgefordert wird, erzählt man kurz darüber. Ganz bei dem Kranken sein und sich auf ihn einlassen, das ist dran. Auch ein kurzes oder längeres Schweigen muss man aushalten können, es kann sogar hilfreich sein.

Ein Besuch sollte in der Regel nicht zu lange dauern. Dann freut sich mein Gegenüber evtl. auf einen weiteren Besuch. Da der Patient die Grenze seiner Belastung am ehesten kennt, sollte man die Dauer von seinem Ergehen abhängig machen. Bei Unsicherheit frage ich: „Sollen wir an der Stelle für heute einmal abschließen?", um mein Gegenüber nicht zu überfordern.

Ich will den Freund nicht aufregen, sondern Zuversicht ausstrahlen, still für ihn beten, sowie für die behandelnden Ärzte, das Pflegepersonal und die Therapeuten. Wenn es ihm guttut, kann man dabei auch seine Hand mal für kurze Zeit berühren. Das hängt von der bestehenden Beziehung ab. Manchen Menschen tut das gut, andere können diese Nähe nicht aushalten.

Auch Klagen ist erlaubt als Teil des Gespräches bzw. des Gebets. Jeder braucht eine „Klagemauer", an der man ohne Wertung reden darf. Tränen dürfen sein, aber bitte keinen vorschnellen billigen Trost geben.

Wenn es die Situation zulässt, frage ich den Kranken: „Darf ich dir noch ein gutes Bibelwort sagen (eher kürzer als zu lang)? Darf ich mit dir beten oder betest du lieber in aller Stille für dich?" Das wird sehr davon abhängen, wie aufnahmefähig ein Patient ist. Der Besucher sollte sich nicht unter einen frommen Leistungsdruck bringen.

Ein Wort des Trostes oder der Ermutigung kann einen Menschen immer wieder erinnern, wenn man es ihm in Form einer Karte schriftlich dalässt. Menschen, die im Alltag sehr eingespannt sind und sich schlecht aus dem Leben ausklinken können, gilt es u. U. auch mal mit Worten von Prof. Karl Barth zu entlasten: „Ihr Beruf ist jetzt Patient sein." Mit dieser Einstellung helfen Patienten sich und ihrer Familie am meisten. Hat ein Mensch vor seinem Krakenhausaufenthalt im Hauskreis den Wunsch nach Fürbitte geäußert, fragen Sie ihn: „Wofür sollen wir konkret beten?" und: „Darf ich Grüße an den Hauskreis mitnehmen?" Angebracht ist auch die Frage: „Kann ich dir etwas mitbringen oder etwas für dich tun?"

Liegt jemand in einem Mehrbett-Zimmer, nehmen Sie bitte Rücksicht auf die Mitpatienten und deren Ergehen. Seien Sie freundlich zu den Bettnachbarn. Vielleicht können Sie auch ihnen bei der Verabschiedung eine Genesungskarte anbieten.

Existiert ein **Raum der Stille** (Andachtsraum) im Krankenhaus, kann dieser bei fortgeschrittener Genesung aufgesucht werden. Dort besteht die Möglichkeit für ein ungestörtes Gespräch, Gebet, Segnung.

Auch ein Abendmahl kann eine Glaubensstärkung sein bei Menschen, die eine Beziehung dazu haben. Jedoch muss vorher abgeklärt werden, ob das mit dem Behandlungs- und Ernährungsplan des Patienten vereinbar ist. Will man in den Raum der Stille gehen, muss der Patient sich dafür vorher auf der Station abmelden: „Kann ich die Station für z. B. eine Viertelstunde verlassen oder spricht etwas dagegen?" Es könnte z. B. eine Visite anstehen.

20.3 Nachbereitung eines Besuchs

Ein kurzer Rückblick auf das Gespräch im Krankenhaus hilft, Versprechen zu halten, Hilfe zu verstärken und Beziehungen zu vertiefen. Einige Stichpunkte sollen hier genügen:

- Regelmäßigen Kontakt halten – durch Anruf, Besuch oder Brief
- Den Kranken in die tägliche Fürbitte einschließen
- Das Seelsorgegeheimnis einhalten bzw. Vertraulichkeit gewährleisten
- Grüße und Gebetsanliegen, die für alle bestimmt sind, weitergeben
- Sich mitfreuen an aller erfahrenen Hilfe
- Nicht vergessen, Jesus zu danken
- Gottes Treue mit eigener Treue beantworten, mit ihm leben

Gerhard Baumann,
Krankenhausseelsorger,
Frankenberg, April 2012

Ziel des Besuches

Die Ziele können sehr verschieden sein. In jedem Fall werden sie schwerpunktmäßig von der Situation ausgehen, in der der zu Besuchende ist.

Wenn ich einen Kranken besuche, hoffe ich, ihm Zuversicht oder Geduld oder auch Gemeinschaft zu bringen.

Bei einem ganz „normalen" Besuch überlege ich, was ich hinterlassen möchte, ein bisschen Freude, ein wenig Gemeinschaft und geistlichen und äußerlichen Segen.

Wenn ich jemand in Glaubensanfechtungen besuche, dann ist es mein Ziel, ihm im Namen Jesu zu helfen, die Zweifel oder Nöte zu überwinden.

Einem Trauernden möchte ich menschlichen und geistlichen Trost zusprechen und ihn wissen lassen, dass einer mitleidet und mitträgt.

Glaubens- und Mitarbeiterschule,
Gemeinschaft und EC, München, Seite 27.
© 1990 Ernst Völcker

21 Es gibt noch vieles zu bedenken

Die Erklärungen und Herausforderungen, die dieses Buch bringt, sollen zur Stärkung bestehender Gruppen und zum Start weiterer Gruppen beitragen. Natürlich gäbe es noch viel zu sagen. So wird z. B. der Hirtendienst in der Gemeinde wohl nie zu 100% von einem Kleingruppensystem abgedeckt werden. Wie schafft man eine noch bessere Erfüllung dieser Aufgaben? Eine weitere Frage ist, wie intensiv die Schulung für Gruppenleiter sein muss, bevor diese solch eine Aufgabe übernehmen können. Das wiederum hat damit zu tun, wie gründlich die Begleitung durch Unterstützer und das VGS-Leitertreffen ist.

Ein Vorschlag: Wenn Sie dieses Buch gelesen und sich einzelne Aussagen angestrichen haben, dann teilen Sie Ihre Entdeckungen einem anderen mit. Das festigt Ihre Überzeugungen und fördert andere Mitarbeiter.

Unsere Angebote: Wenn Sie für Ihre Kleingruppe oder Gemeinde einen Workshop oder Beratung wünschen, kontaktieren Sie uns. Ob es nur eine kurze Frage am Telefon ist oder ein Schulungskurs, der auf Ihre Gruppe zugeschnitten wird: Wir helfen gern.

Eide Schwing und Team: eschwing@gmx.de

Für sich und Ihre Gruppen dürfen Sie gern Arbeitsblätter zu den Kapiteln dieses Buches von unserer Webseite herunterladen (kostenlos). Anhand der Fragen können sich Hauskreisleiter, Unterstützer oder andere Gruppenmitglieder über das Buch unterhalten und es gezielt anwenden.

Wer dieses Buch in einer Gruppe durcharbeiten möchte, kann auf unserer Webseite Arbeitsblätter mit anregenden Fragen für das Gespräch finden.

Auf unserer Webseite finden Sie auch mehr über das Tagesseminar, das wir anbieten – um Hauskreise zu starten oder um bestehenden Hauskreises neuen Aufwind zu geben. Dort können Sie Kontakt mit uns aufnehmen und manches über die Entwicklung im Bereich der Kleingruppen erfahren.

Hier finden Sie uns: www.gemeindegruendung-praktisch.de.

Bibliografie

Deutschsprachige Literaturangaben

Bürki, Hans. *Zweierschaft: Über Grundfragen des Zusammenlebens.* Moers: Brendow, 1991.

Cole, Neil. *Klein und stark: Minigruppen – ein Weg zur ganzheitlichen Nachfolge.* Emmelsbüll: C&P, 2005.

Die Bibel: nach der Übersetzung Martin Luthers in der revidierten Fassung von 1984. Stuttgart: Deutsche Bibelgesellschaft.

Donahue, Bill, und Russ Robinson. *Gemeinschaft die Leben verändert: Praktische Schritte zu einer Kleingruppe-Gemeinde.* Asslar: Gerth Medien, 2003.

Donahue, Bill. *Authentische Kleingruppen leiten: Das Handbuch für eine lebensverändernde Kleingruppenarbeit.* Wiesbaden: Willow Creek Edition, 1997.

Comiskey, Joel. Explosion der Hauszellengruppen. Erbach: Barnabas Edition, 2003.

Duden – *Das Synonymwörterbuch*, 5. Auflage, Mannheim 2010 [CD-ROM].

Goetzmann, J. „Haus, bauen" In *Theologisch Begriffslexikon zum Neuen Testament*, von Lothar Coenen, Erich Beyreuther und Hans Bietenhard. Wuppertal: R. Brockhaus, 1972.

Green, Michael. *Evangelisation zur Zeit der ersten Christen.* [Englisches Original: *Evangelism in the early Church*]. Neuhausen-Stuttgart: Hänssler, 1970.

Gschwandtner, Hermann. *Dein Haus für Christus: Kleines Handbuch für Hausbibelkreise.* Neuhausen-Stuttgart: Hänssler, 1976.

Gute Nachricht Bibel. Stuttgart: Deutsche Bibelgesellschaft, 2000. Database, WORD search Corp., 2001.

Hoffnung für alle: Die Bibel. Basel: Brunnen, 1996.

Lukasse, Johan. *Gemeindebau im nachchristlichen Europa.* Greng-Murten, CH: Verlag für kulturbezogenen Gemeindebau, 1994.

Ogne, Steven L. und Thomas P. Nebel, *Coaching praktisch.* Würzburg: Edition ACTS, Christoph Schalk, 1995.

Ott, Craig. *Das Trainingsprogramm für Mitarbeiter.* Gießen: Brunnen, 1996.

Peters, George W. *Evangelisation: total – durchdringend – umfassend.* Bad Liebenzell: Verlag der Liebenzeller Mission, 1977.

Peters, George W. *Gemeindewachstum. Ein theologischer Grundriss.* Bad Liebenzell: Verlag der Liebenzeller Mission, 1982.

Schindler, Dietrich. *Das Jesus-Modell:Gemeinden gründen wie Jesus.* Witten: SCM R. Brockhaus, 2010.

Schönheit, Swen. *Gemeinde, die Kreise zieht: Das Kleingruppen-Handbuch.* Glashütten: C&P Verlagsgesellschaft mbH, 2008.

Schwarz, Christian A. *Die natürliche Gemeindeentwicklung.* Emmelsbüll: C&P, 1996.

Schwing, Eide. *Gemeindegründung praktisch – in Deutschland und darüber hinaus: Wie Gemeinden gepflanzt werden und wachsen können.* Hg. Akademie für Weltmission Korntal. Korntaler Reihe Bd. 7. Nürnberg: VTR, 2010.

Swarat, Uwe. *Fachwörterbuch für Theologie und Kirche,* Wuppertal: R. Brockhaus, 3. verbesserte und erweiterte Auflage 2005.

Watson, David L. *Gemeindegründungsbewegungen: Eine Momentaufnahme.* Schwelm: Deutsche Inland-Mission, 2011.

Englischsprachige Literaturangaben

Coleman, Lyman. *Small Group Training Manual – 6 Sessions for Training Leaders.* Littleton: Serendipity, 1991.

Comiskey, Joel. *How to be a Great Cell Group Coach: Practical Insight for Supporting and Mentoring Cell Group Leaders.* Houston: Touch Publications, 2003.

Comiskey, Joel. *How to Lead a Great Cell Meeting: So People Want to Come Back.* Houston: TOUCH Publications, 2001 .

Comiskey, Joel. *Leadership Explosion: Multiplying Cell Group Leaders to Reap the Harvest.* Houston: TOUCH Publications, 2003.

Earley, Dave. *Eight Habits of Effective Small Group Leader: Transforming Your Ministry Outside the Cell Meeting.* Houston: Cell Group Resources, a division of TOUCH Outreach Ministries, 2001.

Edge, Findley B. *Teaching for Results.* Nashville: Broadman Press, 1956.

George, Carl F. *The Coming Church Revolution: Empowering Leaders for the Future.* Grand Rapids: Fleming H. Revel, 1994.

George, Carl F., und Bird Warren. *Nine Keys to Effective Small Group Leadership: How Lay Leaders Can Establish Dynamic and Healthy Cells, Classes, or Teams.* Mansfield: Kingdom Publishing, 2001.

Gothard, Bill. *Men's Manual, Volume II,* Oak Brook: Institute in Basic Life Principles, Inc., 1983.

Hilt, James. „The Power of Small Groups". Wheaton: The Chapel of the Air. Flyer #7381, o. J.

Keller, Timothy J., und J. Allen Thomson. *Church Planter Manual.* New York: Redeemer Church Planting Center, 2002.

Kreider, Larry. *Authentisches geistliches Mentoring: Anderen helfen, im Glauben zu reifen.* Bruchsal: GloryWorld-Medien, 2009.

Kreider, Larry. *The Cry for Spiritual Fathers and Mothers: Compelling Vision for Authentic, Nurturing Relationships within Today's Church.* Ephrata: House to House Publications, 2000.

Lukasse, Johan, und Teo Kamp. *Divide ... and Multiply: A Vision and a Way to go for Self Multiplying Churches.* Hasselt, Belgium: European Church Planting Consultation, 2010.

Marx, Michael J. *The Processes that Promote Learning in Adult Mentoring and Coaching Dyadic Settings* (Dissertation), 2009.

Schwarz, Christian A. *The 3 Colors of Leadership: How anyone can learn the art of empowering other people.* Emmelsbüll: NCD Media, 2012.

Stichwortverzeichnis

Eide Schwing

Gemeindegründung praktisch

Wie Gemeinden gepflanzt werden und wachsen können in Deutschland und darüber hinaus

Bücher über Gemeindegründung für den deutsch-sprachigen Raum sind große Mangelware. Bücher im deutschsprachigen Raum, von einem Praktiker geschrieben, sind eine echte Seltenheit! Eide Schwing ist ein Mann der Praxis, der auf zwei Kontinenten Gemeinden gegründet hat und somit weiß, welche Themen und Handlungsweisen für Gemeindegründer von heute an der Tagesordnung sind.

Auf den Seiten dieses Buches finden Sie verlässliche und erprobte Inhalte, die Sie als Gemeindegründer vor Fehlern bewahren und in die Segensspuren Gottes führen können. Lesen Sie dieses Buch betend und mit anderen gemeinsam beratend. Denn in Ihrem Bemühen, mehr Menschen mit Jesus Christus durch die Gründung einer Gemeinde in Verbindung bringen zu wollen, ist diese Lektüre ein kostbares Geschenk und eine notwendige Hilfestellung.

Mit Impulsen fürs Gespräch in Teams und Kleingruppen.

Pb. · 242 S.
19,95 € (D) / 20,50 € (A) / 29,95 CHF
ISBN 978-3-941750-29-6

VTR · Gogolstr. 33 · 90475 Nürnberg
info@vtr-online.de · http://www.vtr-online.de

Viele Kulturen. Eine Leidenschaft.

Sie suchen nach Fort- und Weiterbildung? Sie haben Interesse an einem flexiblen, modularen Studiengang? Sie haben Freude daran, Ihre Kompetenzen zu vertiefen, sich neue Kompetenzfelder zu erschließen?

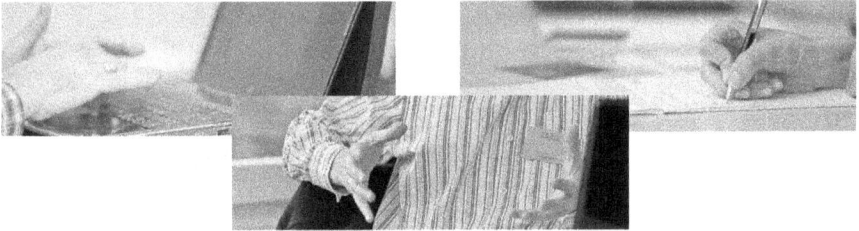

Wenn Sie sich auf das „Abenteuer Bildung" einlassen wollen, informieren wir Sie gerne über unser Seminarangebot (Interkultureller Coach und weitere Themen) sowie unser Studienprogramm (Bachelor of Arts, Master- und Doktoralstudien).

Wir freuen uns auf Sie!

In Kooperation mit Columbia International University

Akademie für Weltmission gGmbH	Tel	0711 / 83965-0
Hindenburgstr. 36	eMail	info@awm-korntal.de
70825 Korntal	Web	www.awm-korntal.de